KB042016

"2010년대는 1850년 이후 처음으로 미국에 경기 침체가 전혀 없던 10년이었다. 그렇다면 그 대가는 언제 치를 것인가?" 2008년 금융위기를 막기 위한 엄청난 유동성이 미처 회수되지 않은 상황에서, 세계 경제는 팬데믹을 맞이해 유례없는 새로운 '눈먼 돈'을 풀었다. '인류 역사상 가장 규모가 크고 가장 제정신이 아닌 정책 실험'이 진행되었고, 지금 우리는 그 끝을 맞이하고 있다. 거품의 정점에서 글로벌 헤지펀드는 무엇을 보았을까. 《트레이더 콜린 씨의 일일》에서 우리는 팬데믹 전후의 급변하는 세계 정세 속에서 매크로 트레이더들이 어떤 지표를 보고 어떤 판단을 내렸는지 일자별로 낱낱이 살펴볼 수 있다. 금융시장과 한 인간이 결부된, 흥미로운 한 편의 활극이다. '외국인 투자자'에 대한 환상을 거둬내자. 그들 또한 불확실성 속에서 헤매는 한낱 인간일 뿐이다. "유니콘 기업들이 파산하고, 전 세계 부채가 250조 달러에 달하고, 부의 불평등이 가속화한다고 해도 걱정하지 마. 파월 의장을 믿자고. 괜찮을 거야."

— 홍진채(라쿤자산운용 대표, 《주식하는 마음》 저자)

시장의 위기는 두 가지 형태로 나타난다. 과열의 정점이 보이지 않을 때와 폭락의 끝이 보이지 않을 때. 사람들은 후자의 경우만 두려워하지만 헤지펀드 트레이더는 전자의 상황에서도 두려워할 줄 안다. 그렇게 훈련받는다. 최고의 수익률은 그 두려움에 대응할 때 나오기 때문이다. 콜린이 그리는 매크로 트레이더의 이야기는 결국 이 메시지를 던지는 것 같다.

— 뉴욕주민(유튜브 크리에이터, 《디 앤서: 어느 월스트리트 트레이더의 다이어리》 저자)

대단히 재미있고 또 귀한 책. 어마어마한 액수의 투기자본을 굴리는 이들의 집과 사무실, 머릿속을 구경할 수 있게 해준다. 그들이 무엇을 기회라고 보는지, 어디에 투자하는지, 어떤 술을 어디서 마시는지, 평범한 사람들을 어떻게 깔보는지 혹은 동정하는지. 그런데 그런 매크로 트레이더들조차 '지금의 금융시장은 완전히 미쳤다, 곧 붕괴가 온다'고 두려워한다. 자본시장뿐 아니라 민주주의와 정신문화 영역에서까지 몰락의 징후를 본다고 한다. 다 같이 빨리 이 책을 읽자. 투자수익을 위해서가 아니라, 붕괴를 대비하고 몰락에 맞서기 위해.

— 장강명(소설가)

투자의 성공을 결정하는 요인은 경제 분석일까, 투자기업 선택일까? 이 책은 주가가 경제에 의해 결정된다는 사실을 실증적으로 보여준다. 투자의 성공은 경제에 달려 있었다.

— 이종우(아이엠투자증권 리서치센터장)

헤지펀드가 어떻게 운영되는지 궁금한가? 경제 시스템과 중앙은행이 어떻게 상호작용하는지 궁금한가? 레이 달리오와 같은 전설적인 투자자들의 생각이 궁금한가? 대폭락 후 세계 경제가 어떻게 전개되는지 궁금한가? 그렇다면 이 책을 보라. 이 책에 그 모든 것이 담겨 있다.

— 에드 하이먼(월가 이코노미스트)

투자 고전 《라이어스 포커》를 기억한다면, 이 책을 놓치지 마라! 혼란 속의 글로벌 마켓을 꿰뚫는 폭주 기관차 같은 책!

— 스티븐 드로브니(클락타워 그룹 창업자)

이토록 불경할 정도로 정확한 통찰력은 없었다! 매크로 트레이딩의 시대가 돌아왔다!

— 벤 멜크만(라이트스카이 매크로 최고투자책임자)

트레이더 콜린 씨의 일일

월가 헤지펀드 트레이더의 글로벌 대폭락 생존기

트레이더 콜린 씨의 일일

월가 헤지펀드 트레이더의 글로벌 대폭락 생존기

초판 1쇄 발행   2022년 8월 5일

지은이   콜린 랭커스터
옮긴이   최기원

펴낸이   김현태
펴낸곳   해의시간
등록   2018년 10월 12일 제2018-000282호
주소   서울시 마포구 잔다리로 62-1, 3층(04031)
전화   02-704-1251
팩스   02-719-1258
이메일   editor@chaeksesang.com
광고·제휴 문의   creator@chaeksesang.com
홈페이지   chaeksesang.com
페이스북   /chaeksesang   트위터   @chaeksesang
인스타그램   @chaeksesang   네이버포스트   bkworldpub

ISBN 979-11-5931-853-5 03320

FED UP!

트레이더 콜린 씨의 일일

월가 헤지펀드 트레이더의 글로벌 대폭락 생존기

콜린 랭커스터 지음

최기원 옮김

해의시간

우리는 보았다.
세수를 모두 저당잡힌 정부가
서서히 체력이 고갈되어 아무것도 하지 못하는
무력한 상태로 침잠하는 모습을.

- 데이비드 흄(1711~1776)

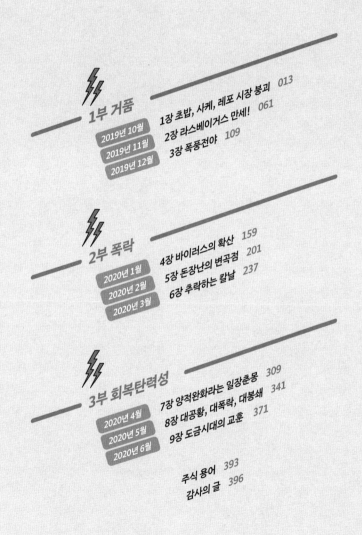

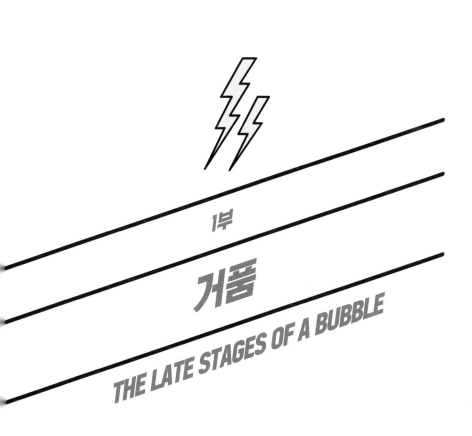

1부

거품

THE LATE STAGES OF A BUBBLE

2019. 10. 1.
• 미국 연준Fed, 최소 10월
10일까지 계속 레포 시장을
통한 유동성 공급 방침을
밝힘. 기존의 '양적완화'와
다른, 대차대조표 확대
방식의 양적완화

2019. 10. 11.
• 트럼프 대통령, 미·중이 1단계
무역 협정에 합의했다고 발표
• 연준, 매달 단기 국채를 600억
달러에 매입한다는 계획을 발표.

2019. 10. 4.
• 지난 9월에 13만 6000개의
신규 일자리가 창출되었다는
통계 발표: 실업률은 3.5%로
1969년 이후 최저 수준

초밥, 사케,
레포 시장 붕괴

월말 기준: 10년물 국채 금리 1.69%
S&P 500 +2.2%
나스닥 +3.7%

2019. 10. 30.
• 연준, 4개월 만에
세 번째 25bps 금리
인하(1.5~1.75%). 제롬
파월 연준 의장은 성장
전망이 악화되지 않는 한
동결 기조 유지 의사 시사

2019. 10. 28.
• 도날드 투스크 EU 정상회의
상임의장과 영국의 보리스
존슨 총리가 브렉시트의
'탄력적 연기'에 합의:
브렉시트의 시한을 이달 말일에서
2020년 1월 31일로 연기

더는 참을 수가 없었다. 마이너스 금리채가 17조 달러에 달하고, 전 세계 성장은 제자리걸음에, 부의 불평등은 통제할 수 없을 정도로 심각하다. 탐욕은 이제 유행이 되었다. 창밖을 보니 가을바람에 낙엽이 지고 있다. 날은 점점 추워지고, 일주일 넘게 비가 추적추적 내렸다. 런던 사람들도 치를 떠는 스산한 날씨다.

그런데 난데없이, 트럼프가 자신의 트위터에 이런 글을 남겼다.

> 이미 강력하게 했던 발언을 반복하겠습니다. 제 위대하고 비할 데 없는 현명함으로 판단할 때 터키가 선을 넘는 행동을 한다면, 터키의 경제를 완전히 파괴하고 없애버리겠습니다. (전에도 그렇게 한 적이 있으니!)

나를 비롯한 전 세계 많은 사람들이 이젠 이런 막말에 무감각해진 지 오래지만, 그래도 이 트윗은 충격적이었다.

정치 문제가 아니었다. 우리 회사에서 높은 투자 수익률을 예상하고 롱 포지션long position(가격 상승을 기대하고 매수하여 보유하고 있는 상태 또는 매수한 수량이 매도한 수량을 초과한 상태)을 취한 터키 리라가 곧 휴지 조각이 될 수 있다는 생각에 자다가도 벌떡 일어날 것 같아서도 아니었다. 자유세계의 리더를 표방하는 트럼프 대통령이 자신의 '위대하고 비할 데 없는 현명함'으로 몇 자 끄적여 또 다른 강국을 공공연히 협박했다는 사실에 어이가 없어서였다. 어떻게 미국 대통령이라는 사람이 이런 글을 SNS에 올릴 수 있는가? 지금 이 상황, 혹시 꿈인가? 아니면 여기가 평행우주인가? **실수로 올린 글도 아니겠지?**

근데 뭐, 이게 대수겠는가. 장은 10년째 강세장bull market(주식 시장 오름세를 뜻하는 말)이고, 다시금 수익이 오름세를 보이기 시작했으니. 장세가 제대로 탄력을 받았다. 이 정도 수익률이 대체 얼마 만인가. 축하의 샴페인을 터뜨릴 때다. 3개월물과 10년물 국채금리 스프레드 spread(두 상품의 가격, 즉 수익률의 차이를 이르는 용어) 등 최근 보였던 수익률 곡선 역전 yield curve inversion *(장기금리가 단기금리보다 낮은 현상. 앞으로 다가올 경제 성장 둔화를 시사하며, 낮은 인플레이션과 금리 인하를 의미한다)도

---

* 3개월물과 10년물 국채 사이의 금리 차를 의미한다. 일반적으로는 미국 10년물 국채가 3개월 국채보다 회수 기간이 길기 때문에 금리가 높다. 3개월물과 10년물 국채의 금리 차이가 거의 없다는 점은 수익률 곡선이 평평해짐을 시사한다. 즉, 10년물 국채와 3개월물의 금리가 거의 같다. 게다가 3개월물과 10년물 국채의 '마이너스 스프레드(3개월물 재정증권의 금리가 10년물 국채의 금리보다 높다는 의미)'는 역사적으로 경기 침체의 신호로 간주되어 왔다. 뉴욕 연방 준비은행Federal Reserve Bank of New York은 향후 2~6분기의 침체를 예측하는 모형에서 각각의 금리와 그 차이를 활용해왔다.

플러스로 돌아왔다.

　이 현상은 앞으로 예측된 경기 침체 예측을 관짝에 넣고 못을 박아버렸다. 시장은 침체를 예측하는 최고의 시그널이고, 수익률 곡선 역전이야말로 거짓말을 하지 못한다고들 말한다. 맞는 말이다. 하지만 오늘은 아니다. 전 세계 최대 중앙은행인 미국 연방준비제도이사회Fed(이하 연준)에서 통화 정책의 접근 방식을 전면 전환하는 피벗 전략을 택한 것이다. 제롬 파월 연준 의장은 '중간 사이클 조정mid-cycle adjustment'(당시 파월은 장기적 금리 인하에 돌입한 것은 아니라고 선을 긋고, 금리 인하가 장기적이고 연속적인 양적완화 정책으로 이어지리라는 예단을 차단했다)에 나섰고, 그 결과로 주가가 뛴 것이다. 현재 상승세를 붙잡을 수단이 없는 듯하다. 연준은 이달 말에 금리를 또다시 인하해야 한다. 상승은 계속된다.

　우리 같은 매크로 트레이더macro trader는 투자 출자를 대가로 돈을 버는 사람들이다. 세계의 시황을 읽고 파악한 후 이를 수익으로 만드는 일을 한다. 조지 소로스와 스탠리 드러켄밀러 같은 전 세계 최고의 투자자들도 이렇게 밥벌이를 한다.

>×<

　그렇다면 대체 '글로벌 매크로'란 무엇인가?

　'매크로'라고 하면 많은 사람들은 조지 소로스가 영란은행을 박살 냈을 때 혹은 폴 튜더 존스가 1987년 증시 붕괴를 예측했을 때 빛을 발한 예지력 정도의 스케일을 떠올린다. 이들의 '트레이딩'은 시장을 살리기도 죽이기도 하며 거시적인 관점으로 시장에 접근하는 데 불을 지폈다. 그러나 이 사람들은 한 건의 트레이딩으로 얻어걸린 반짝 스타가 아니다. 그들의 명성은 체계적이고 분석적인 투자 방식과 노하우를 수십 년에 걸쳐 연마한 결과물이다. 시장이 강세든 약세든, 어떤 상황에서도 이윤을 남기기 위해 고군분투한 세월만 해도 어마어마하다. 분명 범접하기 어려운 일을 하는 전문가들이다.

매크로 트레이더는 전 세계를 넘나들며 거의 모든 상품에 글로벌 매크로 전략 기조에 맞게 투자를 진행한다. 이것이 글로벌 매크로의 고유한 특징이다. 이들은 세계 시황의 거의 모든 것을 알고 있는 박학다식한 사람들이기에 칵테일 파티에서 언제나 빛난다(피터 린치는 시장의 과열과 침체 사이클을 칵테일 파티에서 펀드 매니저에게 몰리는 사람의 수로 비유했다. 시장이 침체기일 때도 매크로 트레이더들에게 사람이 몰린다는 건 이들이 시장의 침체 여부와 상관없이 언제나 투자로 이익을 볼 능력을 갖추고 있다는 뜻이다). 유명한 매크로 트레이더들의 요람을 이야기해보자. 그들은 투자은행에서 자기자본투자proprietary trading(회사 자기자본을 직접 운용하는 투자 방식으로, 프롭 트레이딩이라고도 한다)를 했다. 물론 코모디티스 코퍼레이션, 소로스 펀드매니지먼트 같은 투자회사도 빼놓을 수 없다. 이 같은 선구자들은 사내에서 차세대 매크로 트레이더들을 양성하는 플랫폼을 구축했다. 훌륭한 차세대 트레이더들은 이 회사들에서 경력을 시작했지만, 훗날 두케스너 캐피털, 튜더 인베스트먼트 코퍼레이션, 무어 캐피털, 캑스턴 어소시에이츠, 브레반 하워드 등의 회사를 설립했다. 브리지워터의 레이 달리오처럼 다른 요람에서 첫발을 내디딘 후 창업한 경우도 있다. 최근에는 엘리먼트 캐피털과 로코스 캐피털과 같은 회사가 주목을 받기 시작했다. 대규모로 다각화 전략을 펼치는 헤지펀드 중 많은 곳에도 저명한 매크로 트레이더 인력이 영입되어 있다.

간단히 말하자면, 매크로 투자는 성장과 침체, 인플레이션, 금리 등 거시적인 외부 환경의 변화 국면을 토대로 자산에 투자하는 것을 골자로 한다. 비즈니스 사이클을 이해하고, 정부의 지출 정책과 중앙은행의 정책이 비즈니스 사이클에 어떠한 영향을 가할 것인지를 연구한다. 조지 소로스는 저서 《금융의 연금술》에서 통화 정책과 일반적인 비즈니스 사이클은 상호 영향을 주고받는다고 밝혔다. 또한 신용, 주택, 고용, 물가, 소비와 같은 여러 변수가 이 분석에 녹아들어 있다. 주식 전문가들은 투자 대상 기업의 운영 방식을 이해하는 데 막대한 노력을 기울인다. 매크로 트레이더도 같은 일을 하되, 그 대상이 기업이 아닌 국가다. 매크로의 성배는 거시적인 불균형점이다. 성장, 금리, 혹은 중앙은행의 대응에 균형이 어긋난 상황을 읽어낸 후, 대상 국가의 금리, 환율, 주식, 신용 시장의 움직임을 이용해 수익을 낸다.

투자는 전 세계 여러 시장과 다채로운 자산군을 다루며 전개되지만, 이론적으로 투자 대상 간의 상관성은 높지 않다. 매크로 투자자들에게는 다행인 동시에 큰 악재가 될 수도 있는 부분이다. 투자자라면 누구나 시장에 대해 자신만의 확고한 견해를 펼칠 수 있다. 주식, 채권, 외환 시장에 대한 어떠한 견해든 다양한 방식으로 표현할 수 있다. 그렇기에 매크로 투자자들이 받아들이기 가장 어려워하는 상황 중 하나가, 바로 정확한 관점으로 바라봤는데 그 표현 방식이 잘못되어 손익 profit ans loss, PnL이 제로가 되는 상황이다. 시합에서 득점하긴 했는데, 득점에 대한 금전적 보상은 없는 셈이랄까.

말하기도 입 아프지만, 매크로 트레이더는 자신이 동향을 제대로 파악하고 있는지 끊임없이 점검해야 하는 신세다. 투자할 때도 민첩하고 유연해야 한다. 최고의 매크로 트레이더는 시장 동향에 대한 관점이 수시로 바뀌는 경향을 보인다. 이들은 전망이 변할 때마다 기존의 관점을 언제든 내다 버릴 수 있다는 점을 인식하고 있어야 한다.

한편 매크로 투자자에게는 비관적인 경향이 있다. 투자자들은 시장 상황이 최악일 때 매크로 트레이더가 최고의 실적을 거두길 기대하기 때문이다. 모든 투자자는 매크로 트레이더라면 전반적인 시장 움직임과 연동성이 높은 폭넓은 포트폴리오를 바탕으로 다양한 전략을 구사할 수 있어야 한다고 생각한다. 그래서인지 희망 어린 고공행진 스토리를 좇기보다는 '문제적 상황' 찾기에 급급하게 된다.

그 배경을 설명하기 위해서는 1929년에 시작된 대공황과 2차 세계대전 직후로 거슬러 올라가야 한다. 각 나라들이 금본위제를 포기하여 국제 통화 체계가 혼란스러워졌고 채권 및 통화 시장에 트레이딩 변수가 늘어나게 된 상황이었다. 1944년 브레턴우즈 회의('국제 연합 통화 재정 회의'로 불리며 미국과 영국, 소련 등 44개국 730명의 대표가 모여 향후 국제 금융 시스템의 방향을 논의한 회의)가 개최되었고, 금본위제를 대체할 체제를 찾기 위한 새로운 금융 질서를 논의했다. 결과적으로 미국 달러를 준비통화로 정하고, 미국 달러를 토대로 새로운 환율 체계를 정립하게 되었다. 그러나 1970년대 초반 새로운 체계는 모두 사라졌다. 당시 미국의 대통령이었던 닉슨이 브레턴우즈 체제 협정의 파기를 선언한 것이다. 시장은 난장판이 되었고 연준 의장으로 취임한 폴 볼커가 이를 뒷수습해야 하는 상황이었다. 결과적으로 모든 주요 통화들이 상호 연동하게 되었고, 이는 매크로 트레이더들에게 신세계를 열어줬다. 하루아침에 트레이더들이 거래할 수 있는 상품이 기하급수적으로 늘어났다.

매크로 트레이더들의 전략은 2008년 글로벌 금융위기 이후 다시 한번 바뀌었다. 정보는 사실상 누구나 쉽게 이용할 수 있는 대상이 되었고, 각국의 중앙은행도 자국의 시장 상황을 바꿨으며, 시장 스스로도 계속해서 발전하게 된 것이다. 체계적인 전략들이 생겨났고, 퀀트quant(수학과 통계를 기반으로 투자 모델을 만들거나 금융시장 변화를 예측한다) 집단이 등장하면서 시장 상황을 더욱 파악하기가 어려워졌다. 많은 기업은 예측하기 힘든 외부 환경에서 살아남기 위해 전통적인 매크로 투자 전략보다는 샤프지수sharpe ratio(특정 펀드가 한 단위의 위험자산에 투자해서 얻은 초과수익 정도를 나타내는 지표. 리스크 대비 투자 수익률에 대한 투자자의 이해를 돕기 위해 사용한다) 전략을 도입하기 시작했다. 어떤 면에서 전통적인 매크로 접근법은 지난 10년간 이미 사양길에 접어들었다. 그러나 여전히 어떻게든 전통적인 방식에 매달려 생계를 유지하는 명석한 두뇌를 가진 트레이더들이 많다. 대세를 따르지 않는 다소 정신 나간 여러 브로커와 연구자들도 저들의 노력을 받쳐주고 있다.

❯❮

2019년은 내외부적 악재 때문에 힘들었다. 이 글을 쓰는 지금 시점도 증시 변동성이 장난감 요요처럼 불안정하다. 전년에 대비하면 주가가 소폭 상승했지만, 12개월에 걸쳐 살펴보면 거의 누워 있는 형국이다. 상대적으로 데이터가 많지 않은 채권은 반등하나 싶더니 이내 방전된 듯하다. 교역에 대한 낙관론이 힘을 받으며 주가도 오르나 싶다가도 곧 하락한다. 늘 그렇듯 우리는 급작스러운 폭락 사태, 즉 플래시 크래시flash crash를 예의주시하고 있다. 꽁꽁 얼어붙은 고속도로의 블랙 아이스(도로 표면에 얇게 얼어붙은 얼음. 운전자 눈에 잘 보이지 않아 자동차 사고 위험을 높인다)처럼 소리 소문 없이 나타나는 함정이다. 당신이 신흥 시장emerging market, EM 주식에서 커브 스티프너curve steepener(금리에 강력하게 연동돼 있기 때문에 변동성이 낮은 단기물을 매수하고, 미래 경기 전망에 민감한 장기물을 매도해 수익을 얻는 트레이딩 기법) 전략으로 1bp(0.01퍼센트 포인트)당 75만 달러를 매입한 상태인데, 갑자기 유동성이 '제로(0)'로 치달으며 뒤통수를 때린다고 생각해보라.* 차가 잘 달리는가 싶더니 이내 얼음에 미끄러져 나뒹굴게 된 상황이다.

그렇다. 우리 매크로 트레이더들은 특수한 일을 한다. 사회에 기여하는 생산적인 일이 아닌, 우리에게 주어진 돈다발을 돈더미로 만드는 일을 하는 대가로 돈을 받는다. 돈을 굴려서 '플러스 알파'로 만들고, 시장 상황과 무관하게 절대 수익을 창출시켜, 결국 투자자들이 돈을 벌도록 도와주는 게 우리의 일이다. 그러니 우리가 고민할 것이 한두 가지겠는가.

나는 시장수익률을 웃돌며 군계일학의 '주도주' 대접을 받아왔지만 그런 내게도 슬럼프가 찾아온 지 몇 년 되었다. 나는 이제 더 이상 뉴욕 양키스의 주전 유격수가 아니라 그저 패밀리 오피스family office(투자 가능한 자산 1억 달러 이상을 보유한 부유한 가족을 위한 투자 관리 및 자산 관리 업무를 처리하는 비상장 회사)의 자산관리사일 뿐이다. 그런데 그게 뭐가 중요하단 말인가. 또다시 돈을 굴리고 있으면 그걸로 된 것 아닌가. 업무를 마치면 다 털고 회식이나 하면서 말이다.

세인트 제임스 파크 근처에 있는 자주 가는 일식집으로 직원들과 회식을 하러 갔다. 그곳의 여자 종업원은 우리가 늘 시키는 메뉴를 꿰고 있다.

• 스파이시 에다마메(풋콩)

---

* 이 단위를 'DV01'이라고 한다. 요구 수익률이 1bp 움직일 때 달러 가격이 얼마나 바뀌는지 알려준다. 이 경우에는 수익률 곡선이 1bp 움직임으로 인해 평평해질 때마다 손실액이 75만 달러씩 발생한다는 의미다.

- 할라페뇨를 올린 방어 3접시
- 연어 타르타르 2접시
- 샐러드 회 3접시
- 폰즈 소스를 곁들인 얇게 썬 고베 비프
- 새우&킹크랩 튀김 2접시
- 은대구 요리 3접시
- 장어초밥, 다랑어초밥, 새우초밥, 방어초밥, 게살롤

"아, 그리고 사케 2병 주세요. 사이즈는 잇쇼빙으로." 종업원이 주문을 받고 나가기 전에 황급히 술을 주문했다. "호쿠세츠 오니고로시로요." 이 사케는 데빌 킬러devil killer라고도 불리는 술이다. 잇쇼빙은 가장 큰 사케 병 사이즈(1.8리터)를 의미한다. 1.8리터짜리 병에 담긴 알싸한 마성의 술. 요즘은 시끄러운 잡음을 차단시킬 데빌 킬러가 누구에게나 필요하다.

지난 20년간 일어난 큰 변화 중 하나가 바로 소음의 홍수 속에 살게 되었다는 점이다. 쉴 새 없이 흘러나오는 소음, 트윗, TV만 켜면 등장하는 온갖 논평가들, 연중무휴로 24시간 쏟아져 나오는 사건 사고들까지. 어딜 봐도 상황은 똑같다. 그 홍수 속에서 물이 빠져나갈 배수관을 찾고, 중요한 소식에 대한 선택과 집중이 필요한 시점이다. 그렇지 않으면 홍수 속에서 얼이 빠져버린다. 내년에는 미 대선이 치러진다. 소음이 고막을 터지게 하지 않을까 우려된다.

종업원이 사케를 들고 왔다. 나는 그녀에게 대뜸 왜 잇쇼빙보다 더

큰 사이즈를 판매하지 않냐고 물었다. 그녀는 옅은 미소를 짓고 고개를 저으며 사케 병을 테이블 위에 놓는다. 내가 술을 직접 따르는 스타일인 것을 알기 때문이다. 직원들은 예외 없이 검은 잔을 내 쪽으로 민다. 나를 포함해 다섯 명이 함께하는 술자리다.

엘리아스는 트레이더다. 그는 우리가 낸 주문을 실행하는 역할을 한다. 유동성이 높은 자산을 기가 막히게 찾아낸다. 유들유들해 보이지만, 철저히 자신의 목표에 따라 움직인다. 내가 만나본 사람 중에서 가장 말이 빠르지만 희한하게도 진중함을 잃은 적이 없다. 이 바닥에서는 한순간에 상황이 뒤집힐 수 있다는 점을 염두에 두기 때문일 것이다. 그는 하루에 수백 명과 소통한다. 프랑스계 레바논 사람인 그는 유머 감각도 남다르다. 그가 설치한 소개팅 앱은 종류도 다양하다. 여섯 도시에서 주로 이용하는 앱들로, 설정 언어도 세 가지나 된다. 그는 아무나 가입하지 못하는 아멕스 블랙카드를 갖고 있다. 기꺼이 음식 값을 내겠다고 뻐기며 사람들에게 은근히 카드를 과시한다. 자기 카드로 돈을 지불하는 듯 큰소리치지만, 아무리 큰 금액도 어떻게든 회사 경비로 처리하는 재주가 있다. 그러나 이런 사정은 비밀이니 그가 찜하는 여자들에게는 블랙카드가 제 역할을 톡톡히 해낸다. 사실 땡전 한 푼 저축해놓지 않았지만, 마법이라도 부릴 줄 아나 보다. 여자들이 그렇게도 좋아해주니 말이다.

제리는 투자 모형을 구축한다. 혈색이 보기 좋은 그는 경제학을 전공한 이코노미스트로, 미국 플로리다주의 블루칼라 가정에서 자랐다. 우리 회사의 경쟁사 중 한 곳에서 경력을 쌓아왔는데, 나의 설득으로 우리 회사에 입사하게 되었다. 머리가 비상한 그는 일도 참 열심히 한다. 모형 구축을 위해 코드를 작성하며 죽기 살기로 뼈 빠지게 일하지만, 가끔 지나치게 열정을 불태우기도 한다. 이 업계에서 승부를 보고 싶어 하지만(엄청난 부자가 되고 싶어 한다) 그에 상응하는 희생이 얼마나 큰지는 아직 전혀 모른다. 이 바닥에서 성공하려면 일에 영혼을 갈아 넣어야 한다. 일이 무조건 1순위여야 한다. 오랜 시간 궁둥이만 붙이고 있다고 되는 게 아니다. 때로는 자신의 가치관이나 생각과 반하는 일을 해야 할 때도 있다. 원래의 자아를 버려야 한다. 혹시 아는가, 그의 손길을 원하는 자산이 대폭 늘어나 대박을 낼 수도 있을지. 소문난 트레이더가 되면 금색, 갈색, 빨간색 등 머리 색깔만큼이나 다양한 고객과 만나게 되고, 그러면 또 다른 차원의 투자 기회가 생겨난다. 그는 양복을 몸에 딱 맞게 입는 편인데, 오랜 시간 앉아서 일만 하다 보니 살이 찌기 시작했다. 사실 그의 본명은 제리가 아니다. 어느 영화에 나오는 인물에서 이름을 따 제리로 칭한 것이다.

그리고 랍비가 있다. 다혈질에 고집이 센 친구다. 우리 회사에서 애널리스트로 활동한다. 미국 주립대학 출신인 그는 믿을 수 없을 정도로 편집증이 심하며 폭넓은 지식을 갖추고 있다. 항상 모든 상황에 부정적인 비관론자로, 비유하자면 금융시장의 이요르(《곰돌이 푸》에 등장하는, 우울하고 무감각한 낡은 봉제 당나귀 인형)다. 사람들이 저지르는 대형 사고와 실수(수백만 달러, 혹은 목숨도 날린)를 많이 지켜봤기 때문일 것이다. 2008년 글로벌 금융위기 전, 즉 급물살이 빠지기 전에 역대 최고의 콜옵션을 행사한 이력이 있다.

한번은 우리에게 로스앤젤레스의 한 남자가 딜을 제안했다. 누가 봐도 될성부른 딜이었다. 샤프지수가 3에 달할 정도로 성공률이 높아 보였다(대부분의 딜은 샤프지수가 0.5~1 정도고, 1이 넘으면 성공률이 높은 편이다). 수익률도 믿기 어려울 정도로 높았다. 나중에 알게 된 일이지만, 톰 페터스가 미니애폴리스에서 저지른 사기에서 파생된 펀드였다.* 처음에는 우리도 넋 놓고 얘기를 들었다. 그 남자는 이 펀드가 절호의 투자 기회라고 소개했지만, 랍비의 생각은 달랐다. 우리에게 그 딜에서 물러나라고 말했다. 거품이 빠지고 나니 그 실체가 드러났다. 전형적인 폰지사기(실제 아무런 이윤 창출 없이 신규 투자자들의 돈을 이용해 기존 투자자들에게 수익을 지급하는 다단계 사기 방식)로 밝혀졌다. 여기저기서 쏟아부은 돈은 휴지 조각이 되었다. 우리에게 딜을 제안했던 로스앤젤레스의 그 남자는 친구와 가족에게 약간의 중개료를 받고 그들의 돈까지 투자했다. 사기의 실체가 밝혀지자 그는 심각한 우울증에 빠졌다. 펀드 프로모터가 이미 높은 수익을 올리고 있는 상황에서 왜 군이 자신에게 막대한 수수료를 주면서까지 자본을 키우라고 했는지 랍비는 절대 이해할 수 없었다. 우울증은 치료되지 못했다. 그로부터 두 달 후, 그 남자는 자신의 집 차고에서 목을 맨 채로 부인에게 발견되었다.

---

* 규모가 20억 달러에 달하는 사기 사건이었다. 톰 페터스는 이 사건으로 2009년에 유죄 판결을 받았다.

이처럼 랍비는 질이 나쁜 딜의 냄새를 사냥개처럼 기가 막히게 맡을 줄 안다. 온갖 종류의 판촉 멘트와 스토리를 들어봤기 때문이리라. 그만큼 논리적으로 누락된 부분과 잘못된 부분을 판별할 줄 아는 위인도 드물 것이다. 우리에게 생명줄과 같은 랍비. 워낙 박식해서 퀴즈쇼에 나가면 1등을 휩쓸었을 것이다. 그는 제임스 홀자우어 (미국 역대 세 번째로 많은 수익을 올린 미국 게임 쇼 참가자. 퀴즈 쇼 〈제퍼디〉에서 32연속 챔피언에 등극한 것으로 알려져 있다) 같은 면모와 클리프 클라빈(미국의 TV쇼 〈치어스〉에서 만물박사로 묘사된 우체부)의 모습을 동시에 갖고 있다. 그런데 사람을 쉽게 못 믿는다. 자신의 어머니마저도 예외가 아니다. IQ가 20만 낮았더라도 그는 낡은 지하 벙커에 처박혀 두뇌 조종을 막아주는 바보 같은 모자를 쓰고 경찰 무전을 훔쳐듣고 있었을 것이다. 아, 디제잉 실력도 탁월하다. 그가 한 술집에서 실력을 뽐내는 모습을 봤는데, 그 유명한 DJ 캘빈 해리스도 울고 갈 정도였다.

그리고 '인생 설계사'라는 의미에서 라이프코치라는 별명의 직원이 있다. 변호사이자 공인회계사인 그녀는 이민 2세다. 아직도 직장에서 꼬박꼬박 밤늦게까지 일하는 몇 안 되는 직원 중 하나다. 지방에서 태어나 도시에서 생활하던 그녀는 정략결혼을 위해 원래 살던 시골로 내려갔지만, 강한 독립적 성향으로 이내 결혼 생활에 종지부를 찍었다. 크나큰 용기가 필요했을 것이다. 그녀의 배경은 유럽중앙은행의 총재 크리스틴 라가르드Christine LaGarde와 비슷하지만, 정치적 성향은 판이하다. 한없이 직설적이지만 동시에 충직하기 그지없다.

나는 그녀를 신뢰한다. ISDA 약관*을 달달 외우고, 복잡한 파생상품 거래를 협상하며, 저렴한 레버리지(기업 등이 차입금 등 타 자본을 지렛대처럼 이용하여 자기자본의 이익률을 높이는 것)를 파악하여 물량을 확보하는 기술만큼은 타의 추종을 불허한다. 그녀가 협상하는 모습은 혀를 내두를 정도다. 왕방울만 한 눈에 착해 빠져 보이지만, 입을 열면 그야말로 반전이 시작된다.

마지막으로 나는 1980년대에 유년 시절을 보냈고, 지금은 어느덧 중년이다. 아날로그에서 디지털로 넘어가던 시절의 산증인이기도 하다. 그 과도기에는 희곡《세일즈맨의 죽음》(인간이 일의 능률성을 잃으면서 그 가치마저 상실한 비극을 보여주는 아서 밀러의 작품)이 널리 공감을 받았다. 젊은이들이 세상에 대한 반항과 성공에 대한 야망을 품던 시기였다. 나는 블루칼라 가정에서 하키 선수로 성장했다. 동물원의 늙은 물개마냥, 몸 여기저기에 경기에서 싸운 흔적이 아직도 남아 있다. 물론 키스 리처드 정도는 아니지만. 나는 내 직원들 말고 웬만해서는 사람들을 신뢰하지 않는 편이다. 25년간 월가에서 일하다 보니 사람에 대한 불신이 커진 것 같다. 옛날에는 그렇지 않았는데 지금은 사람들의 좋은 면이 잘 안 보인다. 아무리 혈기 왕성한 사람이라

---

* 월가가 제대로 작동되게 만드는 기준이 바로 국제스와프파생상품협회International Swaps and Derivatives Association(ISDA) 약관이다. 레버리지를 이용하는(즉 대출을 통한) 파생상품 대부분에 대해 법적 기준과 신용에 관한 조건을 세울 때 이용된다. 월가 트레이더들에게 매우 중요한 지침이다.

도 이 바닥에 발을 들이는 순간 급속도로 기가 빠져나간다. 나를 못 잡아먹어서 안달 난 사람들이 득실거리는 공간에 놓인 기분이랄까. 정보를 좀 더 주자면 난 디트로이트 출신이다. 뭐, 이 정도면 될 것 같다. 아, 그리고 흰머리가 하루가 다르게 늘고 있다. 우리 아이들은 나 보고 은발의 베토벤을 닮아간다고 한다.

라이프코치를 제외한 우리의 복장은 거의 같다. 양복바지, 와이셔츠, 양털 조끼를 마치 유니폼처럼 입는다. 메이페어를 거닐거나 〈빌리언스Billions〉[월가의 금융 거래 세계와 외교 정책을 다룬 미국 드라마]를 보면 어떤 느낌인지 알 것이다. 라이프코치는 에르메스를 특별히 좋아한다. 에르메스 스카프에 꽂힌 듯하다.

우리는 늘 앉던 테이블에 앉아서 주문한 음식을 기다린다. 오늘의 헤드라인은 위워크WeWork에 대한 내용이다. 우리는 모두 각자의 핸드폰을 들여다봤다. 위워크는 애덤 노이만이 운영하는 회사다. 최대 주주는 손정의* 회장의 소프트뱅크다. 소프트뱅크는 그동안 급성장 중인 IT기업들에 크게 투자해왔다. 손정의 회장은 1997년 닷컴버블 붕괴 시기에 700억 달러의 손실을 경험한 것으로 유명하다. 주식 시장 역사상 최대 규모의 손실로 꼽힌다. 그런데 닷컴에 다시 뛰어들어 승부수를 띄우고 있다. 위워크는 현재 그에게 가장 가치 있는 핵심 자산으로, 유니콘 기업의 반열에 오른 것으로 평가된다.

---

* 언론에서 '마사 손Masa Son'으로 칭하는 손정의(마사요시 손) 회장은 소프트뱅크의 창립자이며 포브스가 뽑은 전 세계에서 가장 영향력 있는 인물 중 하나다.

유니콘 기업이란 기업 가치가 10억 달러를 상회하며 고공 행진하는 기업을 뜻한다. 단, 이에 걸맞은 수익성을 증명하지 못한다. 수익률이 없다는 의미다. 10년간 이어지는 강세장에서는 이런 현상이 종종 보인다. 그런데 위워크는 특별한 사례다. 욕심이 지나쳤다고 해야 할까? 섣부르게 현금화 노선을 택했고, 기업공개IPO를 거쳐 상장하길 바랐다. 그러다 보니 경영 성과 및 내부 문제가 투명하게 공개되어야 했다. 재무제표 본문에 작은 글씨로 수만 개의 주석을 달아 모든 항목에 대해 일일이 설명해야 했다. 결국 회사가 본격적으로 상장을 추진했을 때, 아니나 다를까 애널리스트들은 경영 성적표에 달린 주석에서 회사의 좋지 않은 실적과 상황을 매의 눈으로 찾아냈다. 현재는 상장이 순조롭지 않은 상황이다.

제리는 노이만 대표를 집요하게 파헤치고 있다. 인터넷으로 그에 대한 온갖 정보를 찾아본다. "대표님, 혹시 손정의 회장이 위워크에 구제금융을 투입할까요?" 제리는 9년 동안 140억 달러를 유치하고 맨해튼에서 가장 큰 사무실 공간을 임대할 정도의 기업이 왜 스스로를 '혁신기술기업'으로 칭하는지 이해할 수 없는 듯했다. 하지만 사실은 자신이 기회를 놓쳤다고 생각하는 게 더 크다. 제리처럼 2008년 글로벌 금융위기 이후에 사회생활을 시작한 세대는 위기 이후의 10년을 성장 침체기로 인식하고 있다(특히 거시경제 차원에서). 그전 수십 년 동안의 실패와 좌절까지 되짚진 않고 말이다.

제리는 내게 "그때 이렇게 했어야 했는데…"라며 한탄 어린 분노를 터뜨릴 때가 많다. "대표님도 잘 아시겠지만, 제가 대학을 졸업하고 금융계에 뛰어들기로 마음먹었을 때만 해도 돈을 만지는 사람들이 세상의 부를 쥐락펴락할 줄 알았거든요. 그런데 이게 뭡니까. 당시 기술로 먹고살겠다던 공대생들이 부모 집 지하실에서 한가로이 실험하고 있을 때, 우리 같은 금융인들은 주 80시간씩 일했잖아요. 차를 타고 고급 식당과 호화 클럽을 돌면서 고객을 접대하느라 영혼까지 빠져나가고 말입니다. 그렇게 제가 뼈 빠지게 일하느라 고생하는 동안, 그 친구들은 고작 사진 필터 아니면 똥 이모티콘이나 개발하고…. 그런데 지금 보세요. 결국 그 친구들이 다 해먹었잖습니까."

나는 전에도 들었던 그의 불만을 못 들은 척하며 그의 질문에 대답했다. "뭐, 노이만 대표가 돈 때문에 위워크를 매각해야 할 수도 있을 거야. 갈림길에 섰을 때 그런 식으로 행동하는 대표들이 항상 있거든."

그때 랍비가 끼어들었다. "소프트뱅크도 리스크 노출도가 워낙 커서 노이만 대표가 위워크 사업을 중단할 수도 없는 상황입니다. 오히려 위워크에 돈을 더 넣어야 할 겁니다." 그는 이렇게 말하며 우리에게 사케 한 잔씩을 따라주었다. 나는 핸드폰에 정신이 팔려 사케 잔이 비어 있는 줄도 몰랐다.

"위워크의 비즈니스 모델이 참 고약한 것 같습니다. 수익을 낸 적이 없으니."

틀린 말이 아니었다. 위워크는 2016년 1분기에 9000만 달러의 손실을 냈고, 그 이후에도 손실이 이어졌다. 랍비가 말을 하는 동안 무거운 정적이 흘렀다.

"그런데도 노이만 대표는 돈을 받아가잖아요. 건물주, 손정의 회장, 그리고 모두에게 빚을 진 셈입니다. 이런 말도 있잖아요. '은행에서 1달러를 빌리면 내가 갚아야 하고, 10억 달러를 빌리면 그건 은행이 알아서 해야 할 문제다.' 엄청난 빚이 오히려 내가 은행을 소유하게 만든다는 뜻인데, 노이만 대표도 지금 똑같습니다. 하지만 저는 상식적으로 이해가 가는 기업에 마음이 갑니다. 창업자가 욕조에 누워 한가롭게 딜을 처리하는 그런 기업 말고요."

그러다 제리는 나를 쳐다보면서 말했다. "이 사건이 시장에 타격을 줄까요?"

"제리, 《라이어스 포커》(미국 채권 전문 투자은행 살로먼 브라더스를 배경으로 한 1980년대 월가 이야기. 투자의 고전으로 꼽힌다)를 읽고 무슨 교훈을 얻었나?"

"2년을 내다보라는 교훈입니다."

"2년을 내다보지 않으면 어떻게 되지?"

"2년 동안 정신을 못 차리면, 그땐 진짜 벼엉신이 되는 거죠."

"맞아, 제리. 앞으로 2년간 증시가 어떻게 될 것 같나?"

"안정적인 흐름을 보일 것 같습니다."

"그럼 답이 나왔네. 연준이 기존 기조를 유지하고 있고 시장 상황도 나쁘지 않고."

"그런데 오요Oyo(소프트뱅크 그룹이 출자한 인도의 신흥 호텔 체인) 이슈도 있습니다." 랍비가 말했다. "소프트뱅크의 투자처 중 한 곳인데, 곧 자금을 조달할 것 같습니다. 그런데 정말 별로입니다. 뭐 호텔 지점이 몇 개고 숙박업계에서 얼마나 입지를 잘 다졌는지 그런 건 모르 겠고, 일단 부채가 너무 많아요."

우리 대화 도중에 종업원이 음식을 테이블에 내려놓았다. 제리는 이미 연어 타르타르 한 접시를 해치운 상태였다. 셔츠에 스파이시 마 요네즈 소스가 묻어 있었다.

엘리아스는 젓가락을 내려놓으며 모니터가 더 필요하다는 이야기 를 했다. 이 친구는 항상 모니터가 더 많이 필요하다고 한다. 트레이딩 데스크는 더 이상 영화 〈월 스트리트〉에 나올 법한 모습이 아니다. 트 레이딩 데스크 하면 떠올랐던, 낡은 IBM 컴퓨터 두 대와 전화기가 여 러 개 흩어져 있던 모양새가 아니라는 뜻이다. 엄청난 변화가 일어났 다. 트레이더들은 데렉 스티븐스(라스베이거스에 위치한 카지노 호텔인 골 든게이트 호텔의 경영자)가 자랑할 법한 스포츠 도박 베팅용 스크린 정 도의 환경을 원하는 것 같다. 컴퓨터 화면으로 벽을 높게 쌓아 아무도 쉽게 다가오지 못하게 만들고자 한다. 소방 담당자가 불안해할 법한 모습이다. 엘리아스의 책상 앞에는 아홉 개의 모니터가 가로로 3행, 세로로 3행을 이루고 있다. 그런데 모니터가 더 필요하단다. 내가 보 기엔 다 쓸데없는 경쟁이다. 저게 다 보이긴 하나? 컴퓨터 하나하나에 데스 스타 혹은 밀레니엄 팔콘(둘 다 영화 〈스타워즈〉에 나오는 우주선 이름 이다)과 같은 닉네임을 붙여서 사용하는 사람도 봤다.

우리의 담소는 접시와 술잔을 싹 비울 때까지 이어졌다. 이제 집에 가서 눈 좀 붙여야겠다. 젊었을 때는 술자리에 빠지지 않고 참석했는 데, 최근에는 몸이 많이 축나는 느낌이다. 게다가 내일 아침 일찍 뉴욕에 간다. 나는 나이츠브리지의 집으로 향했고, 나머지 사람들은 마히키 나이트클럽으로 자리를 옮겼다.

집에 도착했을 때, 아내 캐럴라인은 이미 잠들어 있었다. 내가 눕는 쪽의 이불이 가지런히 정리되어 있었고 아내는 이미 자기 쪽 이불을 얌전히 덮고 있었다. 그녀는 깊이 잠들지 못하는 타입이라, 내가 들어오는 인기척을 느꼈을 테지만 아무 말이 없었다. 나는 조용히 침대에 올라가 잠을 청했다.

>X<

뉴욕에 도착했다. 또다시 일상이다. 제롬 파월이 또 무슨 발표를 했을지 핸드폰을 들여다본다. 트럼프 대통령은 중국과의 무역 협상에서 '아주 좋은 합의'에 도달했다고 트위터에 남겼다. 연준은 자신들의 금리 조정 정책이 태도 변화가 아닌 '순전히 기술적인purely technical 조치'라고 발표했지만, 증시에 미치는 영향은 금리 조정의 명분이 그러하듯 미미할 뿐이다. 정작 가장 중요한 관건은 연준의 발권력이다. 그렇다. 앞뒤 안 보고 즐기는 거다. 지금의 상황을 좀 더 누리자. 니케이Nikkei와 유로스톡스Eurostoxx 주식을 마구 사들이면 유로화도 강세를 띨 것이다. 채권 매각도 원활하니 장기 채권 수익률도 오를 것이다. 'FANG'은 말할 것도 없다. 페이스북, 아마존, 넷플릭스, 그리고 구글의 모회사 알파벳 주식의 인기는 하늘을 찌르고 있다. 지금은 리스크 온risk on〔낙관적인 전망이 많아지면 리스크가 큰 자산에 자금을 투자하는 것〕투자가 답이다. 우리의 투자와 거래 포트폴리오도 이쪽으로 방향을 틀었다.

시장은 한 마디로 광분 그 자체다. 여러 방면으로 매매 시그널은 '롱(매수)'이다. 그런데 나는 이 상황을 그 어느 때보다 부정적인 시각으로 바라본다. 브렉시트, 성장 둔화, 무역 전쟁, 뒤죽박죽 외교 정책, 투자 부족, 탄핵 문제가 동시에 얽혀 있는 지금, 중앙은행이 거의 역대 최고로 수익률을 거두고 있다. 다가올 악재는 아랑곳하지 않는 듯하다. 암흑기를 가져올 수익률 곡선 역전이 곧 본격화할 텐데 말이다.

JFK 공항은 쓰레기장 같다. 도시로 진입하는 고속도로는 전쟁터 같고, 내가 타고 있는 차에는 충격 흡수 장치 따윈 없는 듯하다. 제기랄. 과속방지턱이 하도 많아 귀에 핸드폰을 갖다 댈 수도 없다. 에어팟은 캐리어에 있어서 꺼낼 수도 없다. 무려 1시간 반 만에 시내에 도착했다. 이미 극도로 피곤하다. 오후 4시가 다 되어간다. 호텔 체크인은 생략하고 곧바로 골드만삭스 사무실로 향한다.

온갖 시장 상황에 관한 생각으로 머리가 복잡하다. 어쨌건 뉴욕에 왔으니 새로운 관점을 얻어가리라. 그런데 부정적인 조짐들을 떨쳐내기 어렵다. 내가 만난 골드만삭스 사람들도 모두 인정한 부분이다. 문제가 한둘이 아니다. 그런데도 다들 한 가지 사실에는 확신하는 듯하다. 연준 때문에 주가가 더 올라간다는 사실이다.

그렇다. 축 처져 있을 필요는 없다. 시장 상황이 좋지 않은가. 제기랄. 지난번 금융위기 이후 장세가 거의 500퍼센트에 달하며 천정부지로 치솟고 있다. 그런데 왜, 이 모든 게 장기적으로 안 좋을 것 같다는 찝찝함이 마음 한구석에서 사라지지 않는지 모르겠다. 경험상 뭐든 너무 좋으면 전혀 좋은 게 아니다. 칼날 끝에 아슬아슬하게 앉아 있는 기분이다. 주요 국가들의 중앙은행만 아니었다면 시장은 진작에 폭락했으리라. 이 모든 게 게임같이 느껴진다.

그렇다. 게임이라고 생각해야 할 수도 있다. 그러니 이 게임을 잘 해서, 바닥까지 꺼지는 기분을 좀 털어내야겠다. 중앙은행들이 시장에 줄기차게 힘을 실어주는 마당에 과연 앞으로 닥칠 다른 문제들을 고민하는 사람들이 있을까? 장세는 더욱 좋을 전망이다.

>X<

일찍 일어났다. 런던에 있는 제리와 화상회의가 잡혀 있기 때문이다. 나는 2주에 한 번씩 제리에게 특별 멘토링 수업을 해준다. 그 친구를 보면 새내기 시절의 내가 생각난다. 나는 블루칼라 출신의 제리가 이 바닥에서 성공하길 바란다. 화상회의 시간에 나는 그동안 내가 겪고 배운 것들을 제리에게 알려준다. 보통은 내 아지트와 같은 동네 술집에서 멘토로서 이런저런 조언을 해주지만, 오늘은 출장을 온 탓에 화상으로 한다.

페이스타임 영상통화 버튼을 누르니 제리가 등장했다. 그런데 사무실이 아니라 집이다. 제리 뒤에 상자가 쌓여 있고 진공청소기 소리가 들린다. 화면으로 보이는 그의 집은 난장판이었다. 그의 아내가 태어난 지 얼마 되지 않은 아기와 함께 최근에 미국에서 런던으로 건

너왔고, 그래서 새로운 아파트로 이사를 한다고 듣긴 했었다. 내가 출장 중일 때 재택근무를 하는 직원을 보면 항상 짜증이 밀려온다. 그 짜증이 내 목소리를 타고 고스란히 전달되었다.

다른 미팅 일정 때문에라도 평소보다 짧게 해야겠다.

오늘의 주제는 2008년 글로벌 금융위기다. 10년 전 제리가 대학생이었을 때 일어난 사태였다. 나는 제리에게 그가 겪은 글로벌 금융위기가 내가 겪은 세 번째 금융위기라고 말했다. 첫 번째 위기는 1998년 롱텀캐피털매니지먼트Long-Term Capital Management, LTCM 사태(헤지펀드사인 롱텀캐피털매니지먼트가 엄청난 레버리지를 이용해 공매도했다가 대규모 손실을 냈고, 이를 수습하기 위해 대규모 공적자금이 투입되었다)와 아시아 금융위기였다. 두 번째 위기는 2000년 닷컴버블 붕괴였다. 그러나 2008년을 제외하고 시장을 거시적으로 논할 수 없을 것 같다. 2008년 글로벌 금융위기는 경기의 판도를 바꾼 '게임 체인저'였다. 미친 듯 날뛰는 탐욕과 자본주의를 여실히 드러냈다. 결과적으로 대대적인 구제책이 마련되었고 동시에 양적완화quantitative easing, QE(금리인하를 통한 경기 부양 효과가 한계에 봉착했을 때, 중앙은행이 국채 매입 등을 통해 시중에 유동성을 직접 공급함으로써 신용경색을 해소하고 경기를 부양시키는 통화 정책) 정책을 폈다. 양적완화는 워낙 큰 주제라 계속 다룰 것이다.

1980년대 말 닷컴버블이 본격화되다가, 2000년대에 정점에 달했다. 본래 투자자들은 마코위츠 이론(투자자는 효용 극대화를 추구하며 수익률 분포에 대한 선호에 따라 최적 포트폴리오를 선택한다는 이론) 같은 합리적이고 상식적인 논리에 따라 투자했지만, 이를 다 버리고 펫츠닷컴 같은 기업으로 몰렸다(IT 기업들의 기업공개 열기가 치솟는 가운데 당시 별다른 수익 모델도 없던 온라인 반려동물용품 판매업체인 펫츠닷컴이 기업공개에 나섰다. 8250만 달러를 끌어 모았지만 얼마 뒤 파산으로 내몰렸다). 당시 앨런 그린스펀 연준 의장도 닷컴버블을 키우는 데 한몫했다. 바로 이때가 중앙은행들이 노선을 틀기 시작한 시기다.

당시에는 충분히 타당한 정책 노선이었다. 그린스펀 의장은 저금리 기조로 나아갔다. '저금리 장기화' 기조였다. 그런데 이 조치가 타오르는 인간의 탐욕에 기름을 끼얹은 셈이 되었다. 평범한 수준의 위험부담이나 투기 혹은 일반적인 인간의 탐욕을 이야기하는 것이 아니다. 심지어 80년대에 유명했던 고든 게코(영화 〈월 스트리트〉의 등장인물. 고삐 풀린 탐욕의 상징으로 통한다)의 탐욕과는 비교되지도 않는다. 그의 유명한 대사 "탐욕은 좋은 것이다"보다 한 차원 높은 수준의 탐욕이다. "일단 최대한 많이 훔쳐가라. 잘못되면 우리가 알아서 구제해 줄 테니." 거의 이 수준이다. 대마불사 사상과 도덕적 해이가 판을 치는 세상이 되었다는 의미다. 미국의 탑 가수 리아나가 담보대출 관련 요식행사에 참여한 사기꾼들 앞에서 공연하는 꼴이라니.

이때 제리가 질문을 했다. "그러면 글로벌 금융위기는 그린스펀 의장이 자초한 거라고 봐도 될까요?"

흠. 이 친구 수준 좀 보소. 나와 함께 수업한 시간만 거의 7~8년이 되어 가는데, 이 정도는 알아야 하지 않나. 하지만 뭐 어쩌겠는가. 사람들은 자신이 집중하는 일에만 갇혀 있어 큰 그림을 못 보니 말이다. 나는 설명을 이어갔다.

"그린스펀 의장 외에도 복합적인 요소가 작용했지만 그래도 그의 책임이 막중하다고 할 수 있지."

"그런데 금리 인상 카드를 들고 나오진 않았고요?"

"그렇게 했지. 그런데 25bp씩, 한 치의 오차 없이 예상과 똑같은 수준으로 인상했지. 비이성적 과열irrational exuberance의 조짐이 난무하지만 과격한 변화는 원치 않았던 것이지. 시장은 애써 연준의 노선을 추측할 필요도 없었고, 불확실성에 대한 대가를 고민할 필요도 없었고. 그는 모든 이들이 과도한 리스크를 감수하는 모습을 방관했어."

나는 설명을 이어갔다.

"그의 정책으로 부동산 시장에도 거품이 생겼어. 그런데 당시 사람들의 판단력이 매우 흐릿해지기도 했지. '내 수중에 집 살 돈은 없는데, 그냥 일단 질러보자. 내 수입은 가짜로 표기하고 일단은 집부터 손에 넣고 보자'는 생각이 팽배했어. 결과적으로 부동산 거품은 더욱 커져만 갔지. 금융투자회사, 감정평가관리 전문사, 대출 기관, 신용평가사들도 모두 가세했고. 마지막으로 월가도 이 기류에 편승했어. 서브프라임 모기지(주택담보대출에서 심사에 통과하지 못하거나 신용 등급이 낮은 사람들을 위한 대출)와 시장에서 폭발적으로 성장한 파생상품 꾸러미, 즉 대량살상무기를 제조해서 판매한 셈이야. 그런 다음 부동산 대출에 막대한 자금을 끌어왔지. 부채담보부증권CDO(금융기관이 보유한 대출채권이나 회사채 등을 한데 묶어 유동화시킨 신용파생상품)이라는 상품을 만들어 상상할 수 없는 수준의 레버리지를 더한 거지."

나는 영화 〈빅쇼트The Big Short〉를 보라고 권했다. 그리고 "욕조 장면을 보면 내가 했던 말이 무슨 뜻인지 알게 될 거야"라고 말했다.

"그러다가 2007년 여름, 서브프라임 모기지 시장이 붕괴하기 시작했어. 2008년 9월에 리먼 브라더스가 파산보호 신청을 했어. 금융시장의 재앙이었지. 예금자들은 은행에 지급 청구를 대거 요구했어. 그냥 금융시장에 대한 신뢰 자체에 총체적인 위기가 닥쳤어. 금융 시스템이 무너지기 일보 직전이었고. 바로 그때가 연준이 제로 금리를 선택함으로써 양적완화를 본격화한 시점이야. 연준은 완전히 판도를 새롭게 바꿔야 하는 상황이었고 이것이 '뉴노멀'로 굳혀지게 되었지."

"그러면 양적완화 외에 다른 조치를 시도하진 않았습니까?" 제리가 물었다.

"시도하지 않은 조치가 없을 정도였어. 경제적 인센티브, 구제금융을 비롯해 시장이 제대로 흘러가도록 하는 각종 방법을 모색했었어. 노후 차량 보상 프로그램*, 구제금융자금TARP**, 기간자산담보부

---

* 미국 국민에게 노후 차량에 대해 연비가 높은 신형 차량을 구매할 때 할인 혜택을 주는 30억 달러 규모의 미국 연방 사업이다. 자동차 판매, 그중에서도 고연비 차량을 늘려 경기 부양을 하는 취지이다.

** 구제금융자금 사업에 7000억 달러의 예산이 책정되었다. 2007년 말까지 증시 활황 속에서 월가가 개발하고 판매한 모든 금융상품을 미국 재무부가 매수할 수 있는 금액이었다. 구제금융자금의 취지는 이와 같은 상품, 즉 자산을 매수하여 자산의 유동성을 개선함으로써 은행들이 각자의 재무 상태를 개선하고 추가 손실을 피할 수 있도록 하는 것이었다. 훗날 은행들에 직접적으로 현금을 투입하는 기능을 할 수 있도록 확대되었다.

증권 대출기구TALF*를 비롯한 다양한 프로그램이 생겨났지. 이들 사업 중에서 가장 큰 규모의 정부 사업은 바로 은행이 매입한 모든 쓰레기, 그러니까 유동적이지 않고 가치를 부여하기 힘든 무용지물을 전량 매입하는 것이었어. 부채담보부증권 같은 것들 말이야."

나는 설명을 이어갔다.

"앤드루 로스 소킨의 《대마불사》를 읽어봐. 사건을 단계별로 세세히 설명한 책이야."

"그런데 양적완화를 고수한 이유가 무엇인지 이해하기 힘든데요."

"사실 부작용만 남긴 경우 중 하나지. 원래는 양적완화가 실물 경제를 개선해줄 것이라는 믿음으로 시작했지만, 결코 그렇게 되지 않았지. 경기가 충분히 탄력을 받지 못했어. 양적완화는 금융 자산의 가격을 더 올린 꼴밖에 되지 않았어. 주식이랑 채권 같은 것들 말이야."

"가격을 올리니까 부자들한테 좋은 거라는 지점까지는 이해했습니다." 제리가 말했다. "그런데 다른 계층의 사람들한테 어떻게 타격이 가해지죠?"

"역사적으로 오랜 세월 동안 자본과 임금의 상관관계에 대한 담론이 이어졌지. 부자들은 그들이 시장에 투자한 자본으로 먹고살잖아. 그리고 나머지 사람들은 꼬박꼬박 들어오는 임금으로 먹고살고. 문

* 기간자산담보부증권 대출기구를 통해 연준은 책임을 한정하는 비소구 방식으로 은행을 비롯한 각종 금융기관에 돈을 대출할 수 있었다. 자금의 출처가 재무부가 아닌 연준이었기 때문에, 자금이 어떻게 할당되는지를 감독하는 권한이 의회에 부여되지 않았다.

제는 경기가 실제로 나아지지 않는다는 거야. 경기 침체 때문에 임금은 내려가거나 제자리걸음이지. 그러니 임금에 의존해 근근이 살아간다는 것은 가난에 가까워진다는 의미고, 뒷걸음질을 치는 셈이지. 게다가 그나마 저축한 돈에는 이자가 안 붙으니, 생계를 이어가기 위해 은행에 넣어 둔 돈을 빼서 쓰는 거고."

"그렇군요." 제리가 말했다.

"부자들은 문제가 없어. 채권과 주식의 가격이 천정부지로 치솟으면서 연신 최고치를 경신하니까. 지네들만 더 배불러지는 거지."

"금리가 올라가면 어떻게 될까요?" 제리가 물었다.

"금리가 올라가면 정부의 채무불이행default 가능성이 짙어지지. 채무를 갚지 못하니까 말이야. 그러니 금리가 결코 정상화할 수 없어. 그냥 못 하는 거야. 정상화하더라도 다들 지급불능, 그러니까 파산 상태인 거지. 빚을 못 갚으니까. 오케이, 오늘은 이쯤에서 끝냅시다. 내가 미팅 일정이 있어서."

화면 뒤로 제리의 아내가 지나가는 모습이 보였다. 예의 있게 빨리 인사하고는 페이스타임을 종료했다.

>X<

소호 그랜드 호텔 앞에서 택시를 잡으면서 호텔 직원에게 인사를 건넸다. 항상 내 이름을 기억해주는 친구로 이 호텔에서 수년 동안 일했다. 제리와 대화하면 이런저런 생각이 떠오른다. 택시에 타고 있으니, 문득 자본주의의 양상이 어떻게 변화했는지를 고찰하게 된다. 자유시장, 경쟁, 규제 완화를 비롯한 수많은 개념이 쏟아져 나오지만, 각국의 중앙은행과 정부는 점차 명확하게 승자와 패자를 선발해 낸다.

이 현상을 '슈퍼스타 경제superstar economy'라고 한다. 이전의 강세장은 댈 것도 아니다. 아버지 세대가 왕성하게 활동하던 80년대 이야기가 아니다. 당시만 해도 많은 사람에게 떨어질 만한 콩고물이 있었다. 밀물이 더 많은 배를 띄웠다. 드렉셀 투자은행의 뚱뚱한 중산층 사무직 직원도 대박을 낼 수 있던 그때 그 시절. 이제 그런 건 없다. 더욱 소수의 손에 더 많은 부가 쥐어진다. 반면 대부분의 사람은 뒷걸음질을 치고 있다. 현실에서 이루어지지 않을 환상을 꿈꾸는 사람들. 앞으로 나아가고 있다는 착각 속에서 실제로는 마이클 잭슨처럼 문워크를 추는 중이다. 팩트는 거짓말을 하지 않는다.

소위 최상류층들은 훈련받은 암살자들 같다. 이들에겐 과거처럼 스튜디오 54 같은 디스코클럽에서 코카인에 절여져 있을 시간이 없다. 전문 트레이너, 심리학자, 명상 코치를 고용해 부를 늘릴 실력과 감을 키우는 데 여념이 없다. 그들에겐 하나의 공통점이 있다. 추락과 실패에 대한 편집증적인 두려움, 현재 누리는 모든 것이 사라질수도 있다는 불안감, 그리고 여전히 충분한 부를 쌓지 못하고 있다는 강박에 시달린다. 얼마만큼의 부를 손에 넣건, 그들은 자신이 내야할 것들을 지불하기에 부족하다고 여긴다.

이게 의미하는 바가 뭘까. 본연의 자본주의는 이미 파괴되었고, 우리는 이제 조악하고 뒤틀린 자본주의에 갇혀 있다는 뜻이 아닐까. 자본주의라는 엔진에 과부하가 걸려버렸다. 2008년에 터진 문제들을 결코 해결하지 못하지 않았는가. 주어진 패를 약간 섞었을 뿐, 판을 새로 시작하지 않았다. 그 결과 문제는 해결되지 못하고 오히려 더 커져버렸다.

오늘은 바쁜 일정을 소화해야 한다. JP모건, 모건 스탠리, UBS, 시티뱅크, 도이치뱅크, CSFB를 비롯한 여러 주요 거래처 및 은행들과의 회의가 연이어 잡혀 있다. 회의에서는 내가 중요하게 취급하는 사안에 대해 논의할 계획이다. 경기 전망에 대한 비관론을 파헤치면서 이 기관 금융 전문가들은 거품을 무너뜨리는 요소가 무엇이라고 생각하는지 파악하고 싶다. 이들 기관에서 최대의 리스크 테이커risk taker (위험 감수자)들과 유수의 경제학자들이 내몰리게 될 소용돌이를 암시하기 때문이다.

각 회의는 대형 콘퍼런스 행사장에서 열린다. 음료와 다과도 마련되어 있지만, 아무도 손을 대지 않은 채 남아 있다. 나는 오히려 트레이딩 플로어trading floor(주식, 채권, 외화, 원자재, 파생상품까지 모든 트레이딩이 이뤄지는 허브) 옆에 있는 너저분한 작은 회의실이 편하고 좋다. 그런데 내가 런던에서 왔다고 최고급 대우를 해준다. 귀빈층의 큰 회의실을 빌린 모양이다. 은행 임원들이면 모를까, 트레이더 무리가 머물기엔 지나치게 고급스럽다. 나는 예술작품으로 장식된 공간보다는 서류 더미와 리서치 보고서가 여기저기 쌓여 있는 장소가 좋다. 벽의 화이트보드에 수학 방정식도 적혀 있으면 더욱 안성맞춤이다. 그래도 귀빈층의 회의장은 전망이 훌륭하다. 골드만삭스 건물에서는 허드슨강부터 저지시티까지 한눈에 들어오고, JP모건에서는 뉴욕 미드타운에서 센트럴파크까지 이어지는 훌륭한 경관이 눈을 즐겁게 한다.

연이은 회의에도 내 기분은 나아질 기미가 없다. 누구를 만나건, 대화를 하다 보면 우리는 지금 미래에 빚을 내어 살고 있다는 팩트만 명확해진다. 지난 20년간의 버블을 돌아봤을 때, 우리는 인위적인 금리 인하가 문제의 원인이라는 사실을 알고 있다. 저금리는 첫 두 잔의 술에 비유할 수 있다. 술기운을 점점 올리며 조금씩 알딸딸하게 만든다. 탐욕 게이지도 올라간다. 지난 20년의 버블이 그 사실을 보여준다. 치솟는 탐욕으로 닷컴버블이 등장했고, 주택버블, 그리고 신용버블이 그 뒤를 이었다.

그런데 지금의 버블은 완전히 다르다. 그 크기도 훨씬 크고, 시장의 모든 요소에 버블이 끼어 있다고 봐도 될 정도다. 2008년까지는 소비자들의 부채 수준이 올라가는 정도였는데, 2010년 이후부터는 기업과 정부의 부채 수준도 덩달아 올랐다. 이제 우리가 마주한 현실은 저금리, 싼 융자, 바이백buy-back(국채에 대해서는 국채 조기 상환, 주식 시장에서는 기업의 자사주 매입을 의미한다), 유니콘 기업들의 등장이다. 한창 주목받던 카르멘 라인하트와 케네스 로고프의 경제 논리마저 까마득한 옛날 같다.* 그 어느 때보다 큰 규모의 거품과 부채가 만연해 있다.

거품 시기에는 희한한 현상이 등장하곤 한다. UBS 직원들과 회의를 하는 시점에 그리스가 재정 위기에 처해 있다. 그리스는 마이너스 수익률로 부채를 발행하고 있었다. 그리스가 대출 기관에 돈을 빌리면서 이자를 내는 방식이 아니라, 대출 기관이 그리스에 돈을 지급하며 돈을 빌리도록 했다. 나는 개인적으로 그리스의 휴양지 미코노스 섬을 좋아하지만, 그리스는 엄연한 파산국가다. 돈을 뒷마당에 버려서는 안되는 일이다. 그런데 대출 기관들은 빌려준 돈보다 덜 받아도 딱히 상관없어 하고 있다. 이게 말이 되는가? 상식과 논리를 완전히 벗어났다.

그날 마지막 일정으로 친분이 있는 부동산 개발자와 술 약속이 있었다. 그 친구는 곧 닥칠 또 한 번의 경기 침체에 대비해 마음의 준비를 하고 있다고 했다. 자신이 보유한 부동산 포트폴리오가 천하무적이라는 그의 말에, 난 소리 내어 웃었다.

확실히 말할 수 있다. 2008년과 같은 일이 또 벌어지면 준비할 수 있는 것이 없다. 위험 자산을 매수하기라도 하면 뒤통수만 맞는다. 천하무적인 것은 어디에도 없다. 그 위기의 쓴맛에 대해서는 감히 설명할 길이 없다. 반응도 못 한다. 뭐든 손을 쓰기엔 이미 너무 늦다. 거래 장부와 보유하던 상품과 자산들이 매일매일 뒤통수를 때린다. 토가 쏠린다. 리스크 팀에서는 매도하라고 말하지만, 막상 그럴 수도

---

* 〈부채 시기의 성장Growth in a Time of Debt〉은 미국 경제학자 카르멘 라인하트와 케네스 로고프가 쓴 경제 논문으로, '라인하트-로고프' 논문으로 알려져 있다. 글에서는 '대외부채가 GDP의 60퍼센트를 차지'할 때 국가의 연 성장률이 2퍼센트씩 하락하고, '대외부채 수준이 90퍼센트를 상회'하면 GDP 성장률은 '거의 절반으로 줄어든다'라고 주장한다. 2007~2008년의 금융위기 이후, 부채 수준 90퍼센트 기준 가설이 사실로 입증되면서 긴축정책의 타당성이 공고해졌다.

없다. 장세가 유동성 제로이기 때문이다. 다들 매도하기만 할 뿐, 매수하는 사람은 안 보인다. 헤징(현물가격의 변동에 따라 발생할 수 있는 손실을 최대한 줄이기 위해 파생상품 등을 이용해 시장에서 현물과 반대되는 포지션을 설정하는 것)을 할 수밖에 없고, 자산 규모를 키워야 하는 상황인데도, 그저 투자 수익률을 평평하게 유지하며 안전한 거래를 하고 싶을 뿐이다. 그런데 상황이 그것을 허락지 않는다. 밀려오는 물살에 몸을 싣는 선택만이 있다. '티켓을 샀으면 탑승해라buy the ticket, take the ride(저지른 일에 책임을 지고 끝장을 보라는 의미)'라는 말이 있지 않은가. 나는 마시던 술잔을 비우고 공항으로 향했다. 그리고는 런던행 밤 비행기에 몸을 실었다.

나는 기내에서 시장의 상황에 대해, 이 사달이 나게 만든 정책에 대해 생각해본다. 이전엔 이러한 문제에 대해 깊이 고찰하는 일이 좋았다. 사실 이게 내가 이 일을 시작한 이유다. 매크로 트레이더들은 여느 투자자들과 다르다. 세상이 어떻게 돌아가는지 고찰하고, 정부의 정책이 경기 순환과 실물 경제에 어떠한 영향을 미치는지 분석해야 한다. 이러한 주제를 탐구하는 것이 너무 좋았다. 그런데 지금은 시큰둥하다. 무엇이 변했는지 모르겠다. 이러한 생각이 머릿속을 왔다갔다 하다가, 나는 이내 잠에 빠졌다.

✕

토요일 이른 아침, 런던에 도착했다. 운전기사가 차를 끌고 마중 나왔다. 차에 타니 라디오에서 갑자기 이런 뉴스가 나온다. "질서를 지키세요! 저어어엉숙Orrrrrrderrrrrr. 저어어엉숙. 존경하는 존슨 총리가 추진한 브렉시트 합의안에 관한 내용을 잘 들었습니다. 관련 사안은 의회 규칙에 따라 논의하도록 하겠습니다."〔존 버커우 영국 하원의장이 브렉시트 회의 과정에서 했던 발언이다〕

오늘은 브렉시트 국민투표가 있는 날이다. 보리스 존슨 총리가 브렉시트 법안을 관철하려고 애쓰고 있다. 이 때문에 파운드·달러 환율은 이미 지난 한 주 동안 7퍼센트 올랐다. 지금까지 큰 이변이 없는 것으로 보아 호조세인 듯하다. 지금은 아침 8시다. BBC 뉴스도 대대적인 소식을 전달할 만반의 준비를 했다. 오후에 있을 아스날의 축구 경기보다 더 흥미진진할 것 같다.

라디오를 듣다가 문득 영국 의회가 원래 토요일에 소집되지 않는다는 사실이 생각났다. 포클랜드 전쟁〔1982년 4월 2일 아르헨티나가 남아메리카 대륙 동남쪽 남대서양에 위치한 영국령 포클랜드 제도에 대한 영유권을 주장하며 침공했다. 전쟁은 영국의 승리로 끝났으나 지금도 아르헨티나와 영국은 서로 포클랜드 제도의 영유권을 주장하고 있다〕 이후 처음으로 토요일에 소집하는 셈이다. 당시만 해도 영국이 원정 경기에서도 늘 이기던 시절이었다. 지금은 앤드루 왕자의 스캔들과 브렉시트로 전 세계 언론을 장식하고 있지만. 아무튼 천연자원이 풍부하고 고학력 인구가 많은 포클랜드의 영유권을 빼앗긴 것은 아르헨티나 입장에서 천추의 한으로 남을 것이다. 지금 아르헨티나는 월드컵 우승을 두어 차례 차지한 것 외에는 이렇다 할 경제적 성과를 보여주지 못했으며 채무불이행 상황에 처한 국가로 인식될 뿐이다. 아르헨티나의 상황에 비하면 위워크는 양반이다. 아르헨티나는 여덟 번, 아니 총 아홉 번에 걸쳐 채무불이행에 처한 '채무불이행 기계'다. 세계적으로는 강세장이 10년간 유지되는데 한 국가가 이렇게 힘들어한다는 사실이 안타깝기 그지없다.

집에 도착해 TV를 켰다. 보리스 존슨 총리가 딜을 성사시키지 못한 모양이다. 또 연기된 것이다. 브렉시트는 헛소리일 뿐. 이 시간에는 어디 나가기도 뭣하다. 아직도 비가 주룩주룩 내린다. 심지어 우리 개도 산책을 거부한다.

시장이 계속 고공 행진이다. 저평가된 주식을 매수하고, 장단기 금리 차가 확대되면서 수익률 곡선 기울기가 가파라지며, 미래의 변동성이 현재보다 낮다고 기대하기 때문에 변동성을 매도한다. 나는 변동성 매도에 몸서리치지만 시장의 강요에 굴복해야만 하는 몇 안 되는 경우가 있다면 바로 지금이다.

>I<

런던에서 이틀밖에 머물지 못하고 다시 출장을 가야 한다. 캐럴라인과 나는 브롬프턴 거리에 위치한 우리가 가장 좋아하는 중국집에서 저녁을 먹기로 했다. 천천히 걸어 식당에 도착했고, 우리는 늘 앉던 바 자리에 앉았다. 북경식 쏸라탕, 딤섬, 그리고 피노그리지오 와인 한 병을 주문했다.

"저기 말이야."

캐럴라인이 와인 잔 손잡이를 두 손가락으로 잡고 와인을 빙빙 돌리며 말했다.

"당신, 내일 또 출장이네."

"내가 좌지우지할 수 있는 상황이 아니야. 이쪽 업계가 어떤지 알잖아."

나는 그녀에게 쫜라탕 그릇을 건네주었다.

"게다가 뉴올리언스는 쓰레기장이야. 어차피 내일 나랑 같이 가고 싶지도 않잖아, 당신."

"우리는 당신 때문에 영국까지 오게 된 거잖아. 그런데 미국에 밥 먹듯이 출장을 가면 어쩌라는 거야."

"하긴, 내가 늘 그런 식이었지."

캐럴라인이 내가 또 출장 간다는 사실에 섭섭해한다는 생각에 약간 우쭐해졌다. 우리는 대학에서 만났다. 그때부터 나와 산전수전을 다 겪어왔다. 그녀는 누구를 만나건 상대의 장점을 진심으로 볼 줄 아는 사람이다. 옆자리에 앉은 처음 본 사람도 친구로 만들 정도의 친화력을 갖고 있다.

"대학원에 가서 공부를 좀 더 할까 봐." 그녀는 이렇게 말하고는 남은 와인을 다 마셨다.

갑자기 먹던 딤섬이 목에 걸리는 것 같았다.

"대학원?"

"이제 애들도 독립했고, 당신은 항상 나가 있잖아. 이제는 나를 위해 뭔가를 해야 할 때 같아서."

><

화요일이다. 업계 최고의 투자자들이 모여 시장에 대해 논의하는 연례 콘퍼런스에 참석하기 위해 랍비와 함께 다시 미국으로 향한다. 그와 함께 출장을 가면 레드 제플린 같은 록스타와 다니는 것 같다. 우선 반드시 영국항공 라운지부터 들른다. 사실 랍비는 비행기 타는 것을 무서워한다. 라운지에서 아이패드를 뚫어지라 쳐다보며 기후 상황을 분석하고 비행 중에 있을 난기류를 예측하는 데 시간을 쏟는다. 나는 그 옆에서 라이프코치와 통화 중이다. 그녀는 우리 팀의 업데이트된 자금 조달 상황을 나에게 보고했다. 전화를 끊을 때쯤 랍비를 보니, 수면제 두 알을 입에 털어 넣고 있었다. 라운지에 있는 옆 사람들에게도 캔디를 권하듯 아무렇지 않게 수면제를 나눠주고 있었다. 수면제 약발이 너무 빨리 들면 이 친구를 게이트까지 업고 가야 하는 건 아닌지 모르겠다.

루이지애나 뉴올리언스에 도착해 함께 버번 가를 걸었다. 먹고 살기 힘든 동네 같았다. 우울해지는 분위기다. 소변 냄새가 진동한다. 사람들도 지친 기색이 역력하다. 허리케인 카트리나가 강타한 후 일상 회복이 안 되고 있다고 한다. 상황이 더 나빠질 것 같다. 그래도 사람들은 친절하고 선하다. 런던이나 뉴욕 사람들과는 다르다. 미소 띤 얼굴이 많이 보인다.

사실 나는 뉴올리언스 출신의 뮤지션 맥 레베넉의 광팬이다. 그의 예명은 닥터 존Dr. John으로 재즈, 블루스, 팝을 넘나든다. 엄청난 피아노 실력으로도 유명하다. 그는 항상 새로운 음악을 선보여 내 마음을 울렸다. 일상에서도 그의 음악과 같은 여유와 융통성을 가지면 얼마나 좋을까. "당신이 안 하면, 누군가는 한다네…."(닥터 존의 곡 〈서치 어나이트〉 가사) 마치 닥터 존이 내 옆에서 불러주는 듯한 착각이 든다. 우리 시대의 새로운 슬로건이 될 만하다. 깃발에 적어 모두에게 알려야 한다. 내가 안해도 어차피 남이 한다! 이런 도덕적 해이의 시대를 맞이했다는 사실을 만방에 알려야 할 것 같다. 주여, 닥터 존의 영혼을 쉬게 하소서!

회의는 시장을 관통하는 여러 악재에 초점을 맞추고 있었다. 저녁 뉴스에 보도될 내용이라기보다는, 수면 밑에 있어 잘 안 보이는 현상들이다. 평평한 수익률 곡선, 마이너스에 허덕이는 독일의 30년물 국채 수익률, 신흥 시장의 변동성 등이다. 이러한 이야기는 아무도 달갑게 여기지 않는다. 10년간 이어온 활황 분위기에 찬물을 끼얹고 싶지 않다는 거다.

첫 번째 패널 세션에서는 채권 시장을 다루었다. 지난 두 달 동안 우리가 목격한 수익률 곡선 평탄화 현상에 대해 논의했다. 패널들은 이를 비정상적인 상황이라고 설명한다.

정상적인 수익률 곡선은 우상향의 기울기를 보여야 합니다. 만기가 긴 장기 수익률이 단기 수익률보다 높아야 한다는 의미죠. 우상향 기울기는 단기간이 아닌 장기간 대출을 받으려면 더 높은 이자를 지불해야 한다는 것을 나타냅니다. 시장이 문제없이 작동한다는 신호입니다. 간단히 말해, 평평한 수익률 곡선은 같은 돈을 10년 또는 30년 동안 빌려도 1년 동안 빌리는 것과 같은 이자를 낸다는 뜻입니다.

또 다른 토론자 한 명이 설명을 덧붙였다.

상승하는 수익률 곡선은 사람들이 미래 성장을 기대한다는 것을 의미하며, 낙관론이 주가 되고 경제가 건강하게 돌아가고 있다는 신호입니다. 우상향 곡선의 원리 덕에 은행 시스템이 경제의 중심에서 대출 기관으로 기능할 수 있습니다. 대출 기관은 고객들이 예금을 예치하면 그 돈을 빌리는 대가로 이자를 지급하고, 예금 이자보다 높게 대출 이자를 책정하여 수익률 곡선을 끌어올리는 원리입니다.

수익률 곡선이 평평해진다는 것은 장기채와 단기채 사이의 수익률 스프레드가 감소한다는 의미다. 평평한(상황이 더 안 좋아지면 아예 역전되기도 한다) 수익률 곡선은 경제가 둔화하고 있고 중앙은행들이 금리를 인하해야 한다는 것을 의미한다. 이때 다음에 닥칠 불경기를 예측하는 것이 중앙은행의 역할이다. 시장이 돈으로 의사 표시를 하는 상황이랄까. 상황이 안 좋으니 무슨 조치 좀 취해달라며 수익률 곡선의 모양을 좌우하고 있다. 오늘날 국채 수익률 곡선의 앞부분은 평평하기 그지없다. 이렇게 평평한 적이 없었던 것 같다. 우리가 불경기로 접어들고 있다는 신호다.

나는 랍비와 점심 회식에 참여했다. 그곳에서 그는 난처한 상황을 연출했다. 우리가 지정석으로 갔을 때 사람들이 서로 인사하면서 통성명을 하고 있었다. 랍비는 자신의 왼쪽에 있는 사람과 악수를 한 다음, 잠시 머뭇머뭇하더니, 그와 악수를 하려던 다른 남자를 무시하고 돌아서서 자신의 자리로 돌아왔다. 그 남자의 얼굴에는 무안한 기색이 역력했다. 다른 사람들이 눈치 챌 정도였다.

"도대체 왜 그랬던 거야?" 나는 그에게 작은 소리로 물어봤다.

"저 남자 화장실에서 봤는데, 손을 안 씻더라고요. 도저히 악수할 수가 없었습니다."

그에겐 비행공포증뿐 아니라 세균혐오증도 있었던 거다. 그의 입장에서는 그 상황이 미쳐버릴 것 같았으리라. 나는 자리에 앉으면서 그쪽 테이블 사람들에게 어정쩡하게 손을 흔들었다. 랍비, 내가 자네 때문에 못 산다.

이 식당을 찾는 사람들은 대개 금요일에 술을 곁들인 호사스러운 점심을 먹으며 여유를 즐긴다. 아직 금요일이 아닌데도 사람들은 진수성찬에 반주를 곁들인다. 수많은 와인병과 크레올 요리들이 여러 접시 보인다. 검보를 몇 숟가락 떠먹는데 라이프코치에게서 전화가 걸려왔다. 급히 숟가락을 내려놓고 식당 밖으로 나가 전화를 받았다.

"대표님, 콜금리 급등한 거 아시죠? 레포 시장repo market〔환매조건부 매매 채권 시장. 자금이 필요한 금융회사가 자신의 채권을 담보로 초단기로 돈을 빌리는 시장을 뜻한다〕이 큰일 난 것 같아요. 연준에서 은행들에 계속 전화를 돌리는 중인가 봅니다."

"우리 장부 상황은 괜찮은 거지? 상대가치 포지션relative value position 〔매수 또는 매도 포지션으로 생기는 스프레드 차이를 취하기 위한 포지션〕은 어때?"

"손실이 나고 있긴 한데, 펀딩 상황은 안정적입니다. 제가 우량한 자산과 부채만 인수했어요. 그런데 이 상황이 지속되면 다른 펀드들에 문제가 생길 것 같아요."

"프라임 브로커prime brokers〔전담중개업자로 헤지펀드의 운용과 성장에 필요한 서비스를 일괄 제공하는 헤지펀드의 주거래 증권사〕들은 뭐라 그래?"

"별말 없긴 한데, 마진콜margin call〔투자 손실로 인해 발생하는 추가 증거금을 요구하는 것〕을 하고 싶어 하는 눈치예요. 그들도 걱정이 이만저만이 아니겠죠. 우리에게 어떤 문제가 없길 간절히 바라고 있을 겁니다. 짜증나긴 하지만 우리 상황이 유리한 편이라 어렵지 않을 것 같아요. 넋 놓고 향후 가격만 전망한 상대가치 포지션을 취한 쪽은 타격이 크겠어요."

레포 시장은 금융 시스템을 구성하는 주요 요소다. 레포repo는 단기 대출을 뜻하는 '환매조건부매매repurchase agreement'의 줄임말이다. 절대 무너져서는 안 되는 시장이다. 2008년처럼 경기가 극도로 위태해질 때나 무너진다. 은행들이 자체적으로 자금 운용을 유지할 수 없고 자금을 끌어올 수 없다는 의미이므로, 경제 주체들 모두가 폭삭 망한다고 보면 된다.

레포 시장을 '궁극의 전당포'에 비유하기도 한다. 물건을 맡기고 현금을 빌리는 식이다. 3조 달러의 부채가 매일 이러한 방식으로 조달되고 있다는 의미다. 레포는 레버리지를 가능하게 한다. 자산을 환매조건부로 매매하면 대출 기관은 그 자산을 쥐고 있는 대신 돈을 빌려준다. 차입자는 자신이 전당포에 맡긴 자산을 대가로 받은 돈으로 새로운 자산을 다시 환매조건부로 매매할 수 있다. 이러한 과정을 몇번 반복하면, 짜잔 하고 원금의 수 배만큼 레버리지를 일으킬 수 있다. 시장이 내 편일 때 모든 자산을 이런 식으로 굴리면 원금보다 훨씬 높은 수익을 내니 이보다 더 큰 횡재가 없다. 그런데 시장이 불리하게 돌아가면 결딴나는 거다.

레포 거래에서는 뮤추얼펀드나 국부펀드와 같은 큰손들이 가만히 묵혀두면 의미 없는 현금을 단기간 빌려주면서 수익을 낼 수 있다. 은행과 헤지펀드는 보유한 증권을 담보로 대출을 실행하여 레버리지를 일으킬 수 있다. 건전한 레포 시장에서는 물 흐르듯 모든 상황이 순조롭기만 하다.

그러나 오늘, 더 많은 증권이 유입됨에 따라 엄청난 양의 현금이 레포 파이프에서 빠져나와버렸다. 그러니 필요한 사람들에게 돌아갈 만큼 현금이 충분치 않다. 이러한 불일치로 인해 하루 동안 기준금리는 일주일 전 약 2퍼센트에서 10퍼센트로 상승했다. 연준은 이를 단지 세금 납부 및 재무부 부채 해결로 인한 '기술적인 조정'이었다고 주장했다. 은행이 투명하기 밝히지 않고 있는 것은 은행 준비금과 은행이 연준에 예치한 과도한 자금이 금융 시스템에서 바닥을 드러내고 있다는 사실이었다. 게다가 은행은 현재의 레포 혼란이 은행

시스템에 완충장치가 없다는 가혹한 현실을 방증하고 있을지 모른다는 점을 인정하지 않았다.

불길한 조짐이다. 어쩌면 앞으로 일어날 일의 징조일지 모른다. 연준은 시장에 더 싼 자금을 제공하기 위해 준비금을 늘리려 하고, 그 방법으로 채권을 다시 사들이기 시작해야 할 것이다. 돈이 줄줄 새어나가는 배관을 방치한 연준이 지불해야 할 4000억 달러 규모의 수리비 청구서랄까. 그런데 문제는 잡아야 할 누수가 너무 많다는 점이다.

겉으로 보기에 시장은 멀쩡하기 그지없다. 위험 자산이 반등하고 있고, 주가는 최근 최고치를 경신했고, 사람들은 마냥 좋아하니 뭐가 문제로 보이겠는가. 나도 이제는 한밤중에 식은땀을 흘리지 않는다. 수익률 곡선이 평평해 보이는 건 헛것일 뿐이고 그마저도 더 이상 보이지 않는다. 현재로서는 돈을 더 찍어내고 보자는 기조가 이어질 것 같다. 랍비와 내가 일정을 마치고 다시 런던을 향하는 기내에 앉아 있는 지금, 이런 모든 상황이 머릿속을 복잡하게 만든다.

우리 팀은 한 달을 성공적으로 마무리했다는 의미에서 또 한 번 회식을 했다. 수익률이 2퍼센트 정도 오른 것이다. 시장도 고공 행진이다. 주가는 최고치를 계속 경신한다. 당연히 그래야지. 연준이 방향을 틀고는 이번 달에만 보유 자산을 2000억 달러 규모로 확대하고 나섰다.

종업원이 데빌 킬러를 들고 우리 테이블로 왔다. 지난번에 주문했던 것과 같은 잇쇼빙 사이즈다. 그녀는 내가 항상 시키는 것들을 기억하기에 술을 먼저 주문할 필요도 없었지만 나는 내가 술을 주문하지 않았다는 사실조차 눈치채지 못했다. 아무래도 부정적인 생각을 떨쳐버리기 힘들다. 아마 이 모든 게 새로운 고립주의 시대의 일부이리라. 정치, 부의 불평등, SNS까지 전부 나를 기분 나쁘게 한다.

2019. 11. 1.
• 크리스틴 라가르드,
유럽중앙은행의 총재로
공식 임명됨
• 일자리 수가 예상을
뒤엎고 12만 8000개 이상
증가, 일자리 전망치 상향
조정됨. 실업률 3.6%

2019. 11. 13.
• 2013년 이후 최초로
미국의 연방 재정 적자가
1조 달러를 상회함

라스베이거스 만세!

11월 말: 10년물 미국채 금리 1.78%
(+9 bps, 2% 전망)
S&P 500 +3.0%
나스닥 +4.5%
리스크 온: 미·중 무역 진전세,
3분기 수익 호조세

2019. 11. 17.
• 홍콩에서 점차 격렬해지는
민주화 시위에 트럼프
대통령이 지지 발언을 함

2019. 11. 30.
• 블랙 프라이데이의
영향으로 매출 강세 예상

2019. 11. 27.
• 미국의 3분기 GDP 2.1%,
예상보다 호조세를 보임

나는 캠던타운에 있는 에이미 와인하우스의 아파트에 있다. 내가 왜 여기에 있는지는 모르겠지만 일단 편하고 좋다. 에이미는 소파에 앉아 있다. 테이블 위에는 레코드판과 종이가 너저분하게 널려 있다.

"대표님, 이놈의 브렉시트는 정말 답이 없네요."

"맞아. 미친 거지. 쓰레기 같은 투표야."

에이미 얼굴이 좋아 보인다. 혈색이 건강하다. 유명세로 망가지기 전의 모습이다. 당시의 그녀처럼 살집도 통통하게 올라와 있고, 검은색 탱크톱을 입고 긴 머리를 드리우고 있다. 새 타투를 한 것 같다. 방에서 누가 물건을 이리저리 뒤지는 소리가 났지만 나는 개의치 않았다.

"으아아아, 그런 거 걱정하느라 머리 아파하지 마요. 그냥 다 웃고 넘겨버려. 나 같으면 한심한 인간들하고는 같이 일 안 해. 그런 고민 따위 어차피 내일 되면 다 쓰레기야! 그냥 악질인 인간들이라고요."

"에이미, 이승에 남아 있고 싶지 않아?"

"에? 뭔 질문이 그래요? 본인 걱정이나 할 것이지. 꼭지 도는 일 투성이면서. 됐고, 내 헤어스타일 어때요? 펍에나 같이 가요. 목마르다. 당장 홀리 암즈Hawley Arms〔에이미 와인하우스가 살아생전 즐겨 찾던 술집〕에나 가자고요."

"좋은 생각이야. 걱정은 그만해야겠어."

우리는 술집을 향해 걷기 시작했다. 그때 갑자기 몸이 좌우로 흔들리면서 기내에서 눈을 떴다. 심한 난기류였다. 꿈이었나 보다.

지금 내가 타고 있는 비행기는 대서양 중간의 어디쯤 떠 있다. 런던 히스로 공항에서 출발해 라스베이거스로 향하는 중이다. 난기류 때문에 잠에서 깰 때마다 극도의 불안감이 닥친다. 해외 출장 때마다 갖고 나가는 빈티지 아이팟 클래식을 보니 〈리햅〉〔에이미 와인하우스의 자작곡으로, 사람들이 자신을 재활센터에 보내려 했지만 싫다고 말했다는 내용〕이 반복 재생되고 있었다. 이걸 들으며 잤구나.

오늘은 원래대로라면 브렉시트 투표 결과가 나오는 날이다. 그런데 투표 자체가 무산되었다. 다시 한번 '까인' 셈이지만, 아직도 내 머릿속을 떠나지 않는다. 파운드화를 정확히 헤징해야 하는 상황이라 더욱 그렇다. 브렉시트 논의는 현재 3년째 이어지고 있다. 정치적 도박이 틀어진 상황이랄까. 6주 후 열릴 지방선거에서 노동당과 보수당은 모두 국민을 위한 지출액을 대폭 늘리겠다고 약속했다. 생각하는 방향이 미국과 비슷하다. 다들 재정긴축 방안은 신경 안 쓰기로 했나 보다. 유일하게 독일의 메르켈 총리만 생각이 다르다. '바이마르 시즌 2'를 경험하고 싶지 않은 것이다〔1차 세계대전에서 패한 후 세워진 독일

바이마르 공화국 정부는 마르크화를 찍어내 전쟁 배상금을 충당하려 했지만 이는 하이퍼인플레이션을 초래해 독일을 경제적 파탄으로 몰아갔다). 절대적으로 필요한 경우가 아니라면 단 한 푼도 지출하지 않는다는 주의였다. 당연히 낭비가 심한 그리스, 스페인, 이탈리아 사람들을 위한 지출에 대해서는 **"안 돼, 안 돼, 안 돼**Nein, nein, nein**"**로 일관하고.

라스베이거스에 도착했다. 활주로에서 바라본 라스베이거스는 늘 경이롭다. 라스베이거스의 대표적인 관광지 스트립Strip은 레고로 만든 장난감 건물들 같다. 마치 디즈니랜드처럼, 그 안의 모든 것들이 허구라는 사실을 알려주는 모양새다. 디즈니는 현실보다 아름다운 걸 넘어 꿈이 현실이 되는 세상을 만들어 판다. 사람들은 돈을 지불하고 그 세상으로 들어간다.

하지만 라스베이거스도 현실 세계로 내려앉아 버렸었다. 2008년 글로벌 금융위기와 부동산 위기의 타격을 제대로 받았고, 2017년에는 최악의 총기 난사 사건까지 터졌던 것. 그나마 라스베이거스를 연고지로 하는 하키팀이 사람들의 마음을 안정시키고 있다. 게다가 레이더스(1960년 미국 캘리포니아주 오클랜드에 본거지를 두었지만 2020년 라스베이거스로 연고지를 옮긴 미식축구팀)도 곧 이곳으로 온다는 희소식도 들린다. 차를 타고 스트립에 진입해 풍경을 본다. 라스베이거스는 다시 최고의 전성기로 돌아온 듯하다.

우리 팀이 단체로 이곳에 온 목적은 휴식이다. 매크로 트레이딩을 업으로 하면 몸도 정신도 지칠 수밖에 없다. 세계 주요 증권거래소에서 24시간 열리는 증권시장에서 거래를 진행하고, 쉴 새 없이 터지는 각종 사건사고를 다 모니터링하려면 일에 신경을 딱 끊고 쉬는 자체가 불가능하다. 게다가 나는 직원들을 혹독하게 밀어붙이는 편이다. 이 모든 요인이 직원들을 지치게 만들었을 것이다. 새벽에는 아시아 세션의 거래량을 확인하고 중국런민은행이 금리를 올리는지 혹은 한 번 더 유동성의 홍수를 일으킬 것인지 점검해야 한다. 다시 잠이 들면 그나마 다행이다. 아직 해도 안 떴는데 수백만 달러 규모의 구멍이 생겨 난감해지거나, '오늘은 망했다'는 느낌이 강렬한 나머지 식은땀이 줄줄 흐를 수도 있다. NBA에는 로드 매니지먼트load management 제도가 있는데, 선수 보호와 컨디션 유지를 위해 출전 시간을 관리하는 것을 뜻한다. 나도 우리 직원들에게 휴가를 주어 과열된 머리를 조금이나마 식히게 해줘야겠다고 결심했다.

하지만 라스베이거스에 온 또 다른 이유도 있다. 소수의 투자자들은 라스베이거스가 과도한 거품이 시작된 곳이자, 그 과도한 거품이 처음으로 터져버린 곳이라는 사실을 간파했다. 이런 부분에서는 나는 미신을 좀 믿는 편이다. 거품이 다시 돌아올 징후를 더 찾아낼 수 있는지, 거품 붕괴 이후에 대한 나의 우려를 불식시킬 수 있는지 내 눈으로 확인해보고 싶었다.

라스베이거스는 미국 경제의 척도와도 같다. 그 어느 지역보다 거품이 잘 생기고 잘 붕괴된다. 경제는 소비에 의존해서 굴러가는데, 라스베이거스야말로 소비를 위한 도시다. 따라서 라스베이거스를 연구하면 연준 정책이 과열인지 급랭인지 알 수 있다. 주변을 한번 둘러보면 '이게 바로 경제 건전성의 척도구나' 하고 느낄 것이다. 공사 현장에 크레인이 몇 대가 투입되었나? 호텔 숙박비는 얼마인가? 집값은 어떠한가? 카지노의 발레파킹 직원이 신상 롤렉스시계를 차고 있나? 카지노 클럽의 스트립 댄서가 주택담보대출금을 '영끌'해서 집을 세 채 정도 갖게 되었는가?

2008년 글로벌 금융위기 이후 처음으로 공사 현장에 크레인이 하늘을 가린다. 새 카지노 건물을 올리는 공사가 한창이다. 그것도 하나가 아니라 둘이나. '더 드루 라스베이거스'(5성급 호텔 및 리조트 개발 프로젝트. 한국 금융사들이 주관사로 참여해 화제를 모았다) 프로젝트를 비롯해 2008년부터 중단된 공사 현장들에서도 공사가 한창이다. 클럽 입장료와 테이블 값도 사상 최고가를 기록하고 있다. DJ 캘빈 해리스의 공연이 있는 날에는 테이블 하나 잡으려면 15,000달러를 지불해야 한다. 숙박비도 비싸다. 또한 카지노마다 수영장을 '데이클럽'으로 운영하며 새로운 서비스를 전개하는 중이다. 앙코르 비치 클럽은 인기 있는 DJ의 음악을 들으며 태양을 마음껏 즐기는 서비스를 고가에 제공한다. 라스베이거스의 집값은 2008년 글로벌 금융위기 직전의 수준을 뛰어넘었다. 호텔에 머무는 동안 발레파킹 직원들과 스트립 댄서들의 모양새를 보며 경기를 읽어볼 예정이다.

외환 시장도 눈에 띄게 요동친다. 라스베이거스에 올 때 탔던 비행기에는 영국인이 별로 눈에 띄지 않았다. 브렉시트 이후 영국인에게는 달러 강세의 타격이 지나칠 정도로 크다. 한편 신흥 시장의 통화가 평가절상된 느낌이다. 공항에 도착하니 남미계와 아시아계 사람들이 수화물 찾는 곳에서 짐을 빼고 있다. 라스베이거스에 새로 진출한 기업들을 보니 세계 경기가 읽힌다. 중동의 자본이 출자된 기업도 있고, 말레이시아 투자자가 출자한 기업도 있다. 전 세계 자금이 이곳으로 흘러들어오는 현상이 흥미롭기까지 하다.

우리는 호텔에 가려고 리무진에 탔다. 라이프코치는 아리아 호텔에 머문다. 그녀를 그곳에 내려주고 나머지는 윈 라스베이거스 호텔에서 묵을 것이다. 라이프코치는 여전히 윈 라스베이거스 호텔을 싫어한다. 스티브 윈(라스베이거스를 도박의 도시로 만든 장본인으로 '카지노 황제'라고 불린다. 2018년에 윈 리조트 그룹의 회장직에서 사임했다)을 필두로 한 범죄자들의 온상이라나. 그녀 나름의 방식으로 보이콧하고 싶다는 것이다. 스티브 윈은 미투 운동이 한창일 때 성 추문에 의해 나락으로 떨어진 최초의 거물급 CEO다. 호텔 바와 스파에서 근무하는 수많은 직원들이 그의 만행을 진술했다.

리무진 안의 TV에는 CNBC 채널이 틀어져 있다. 레이 달리오Ray Dalio(미국의 헤지펀드 매니저이자 자선사업가)가 출연해 부의 불평등에 대해 언급하는 중이다. 전 세계적으로 빈부격차가 1930년대 이후 가장 크게 벌어져 있다고 설명했다. 그는 "미국 상위 10퍼센트에 해당하는 사람들이 전체 인구의 90퍼센트가 가진 부와 맞먹는 순자산을 보유하고 있다"라면서, "이 현상이 오랫동안 지속될 수 없을 것"이라고 말했다. 각국의 중앙은행과 양적완화 정책이 빈부격차가 극심해지는 데 한몫하고 있다.

나는 제리를 쳐다봤다. 라스베이거스가 처음인 그는 연신 창문 밖을 보면서 도시의 공기와 기운을 최대한 음미하고 있다. 아주 오래

전, 내가 이곳을 처음 방문했을 때가 떠오른다. 당시는 1990년대 중반으로 난생처음으로 헤지펀드를 운용하게 시작했던 때였다. 회사 전직원이 거국적으로 라스베이거스로 보상 휴가를 온 것이다. 전세 비행기도 대절했다. 머리에 피도 안 마른 애송이에게는 열정이 가득했고 매일 매일 새로운 것을 배워가던 시절이었다. 온종일 밤새도록 일해도 끄떡없었다. 한 번 들어서는 이해가 안 가는 온갖 용어와 문구를 공부하던 시절이었다. 그 행복을 온전히 만끽했다. 이러한 열정이 제리에게서 어느 정도는 보인다. 그런데 아쉽게도 당시 나만큼은 아니다. 이 친구가 더 열정을 보였으면 한다. 그래서 이 친구를 붙잡고 계속 뭔가를 가르치려는가 보다. 나는 제리를 아낀다. 열정이 부족할 것이라는 내 편견을 그가 언젠가 깨줬으면 한다.

내가 처음 탔던 라스베이거스행 비행기에서의 일이 떠오른다. 비행 중인 기내에서는 내가 평생 봤던 도박판을 다 합쳐도 모자를 규모의 도박판이 여기저기에서 벌어졌다. 착륙할 때쯤엔 이미 수십만 달러의 판돈이 오갔고, 맥주 카트도 텅텅 비어 있었다. 당시 내 동료들은 블랙잭과 크랩스(주사위 2개를 갖고 하는 테이블 게임)를 했고 나는 그저 구경만 했다. 나는 크랩스를 해본 적이 없었다. 크랩스 테이블 주변에 서서 "포, 하드 웨이Four, the Hard Way", "빅 식스Bix Six" 등을 외치는 사람들을 보며 나도 그들과 함께 신나게 어울리고 싶다고 생각을 했던 때였다. 그로부터 10년이 지났고, 나는 라스베이거스를 수차례 오갔으며, 순수한 내 모습도 점차 사라졌다.

때때로 사람은 최고의 성과를 낼 때 가장 이기적인 모습을 보이고,

심지어 자기파괴적인 성향을 나타내는 것 같다. 일에서 멈출 수 없을 정도로 전력 질주하면서 새로 정복할 대상을 찾는다. 라스베이거스는 그러한 욕구를 위한 완벽한 배출구다. 내가 트레이더로서 정점을 찍던 그때, 나는 탐욕에 찌든 쓰레기였다. 탐욕에 취해 있던 나는 시장의 흐름을 가장 잘 읽고 있고 내 인생에 실수는 없으며 어떤 일이든 모면할 수 있을 것만 같다고 느꼈다. 자신감이 하늘을 찌르던 때였다.

하지만 지금은 아니다. 요즘에는 몸이 몹시 피곤하다. 옛날에는 셔먼 맥코이(소설 《허영의 불꽃》의 등장인물로 뉴욕 월가의 유능한 주식중개인이다. 동명의 영화로 각색되었고, 톰 행크스가 주연을 맡았다)가 묘사한 대로의 삶을 살았다. "섹스, 마음만 먹으면 아무 때나 할 수 있어!" 그러나 이제는 그렇게 말썽 피울 시간이 없다. 내 입에 풀칠하기조차 힘들다. 나이 탓일 수도 있다. 아마도 시장이 나에게 불리해졌다는 느낌이 짙어서인가보다. 늙는다는 것, 그리고 인생의 황금기를 지나 더 이상 정상에 서 있지 못하다는 것. 둘 중 뭐가 더 비참할까. 제길, 시장에 대한 나의 의견이 궁금하다며 기자들이 전화를 거는 일이 점점 줄어든다. 나 말고 투자 승률이 좋은 인간들에게 접촉하고 있겠지.

스트립을 따라 내려가는데 못 보던 것이 눈에 들어온다. 미국의 국채 현황을 게시하는 전광판을 새롭게 설치한 모양이다. 전광판에서는 미국 정부의 차용증을 10초마다 업데이트해서 보여준다. 아리아 호텔이 위치한 거리 맞은편에 위치해 있다. 전광판에 떠 있는 수를 읽어본다. 23조 달리다. 23조라니. 미친, 조 단위라니. 그만큼 우리가 빚을 지고 있다는 거다. 지구상에 나타난 첫 번째 인간이 숫자를 세기 시작했다면 지금까지도 1조를 채 세지 못했을 것이다. 그런데 23조라니. 미친 상황이다. 우리가 수익을 내지 못하면, 어떻게든 흑자를 못 만들면, 저 돈은 절대 갚지 못할 것이다. 혹시 모르니 운명의 수레바퀴를 한번 돌려본다면 어떨까. 다 갚을 만한 대박이 터지도록. 쳇, 내로라하는 카지노인 비니언스에서도 그런 말도 안 되는 도박은 안 한다.

우리 여행의 하이라이트는 건즈 앤 로지스의 콘서트다. 밴드 투어의 마지막 공연이 라스베이거스에서 열리기 때문에 우리도 일정을 맞춰서 온 것이다. 나의 인격 형성기에 건즈 앤 로지스의 첫 번째 앨범 〈애피타이트 포 디스트럭션〉이 발매되었다. U2의 〈조슈아 트리〉와 REM의 〈라이프 리치 페전트〉가 소개된 시기이기도 하다. 나는 이들 앨범에 수록된 노래를 토씨 하나 안 틀리고 따라 부를 수 있다. 닳고 닳도록 들었다. 대학생 시절 나의 룸메이트가 내가 자려고 할 때 앨범을 던져버릴 정도였으니까. 내겐 시간도 많고 호기심도 왕성했고, 밴드들은 앨범을 미친 듯이 팔아치우던 시절이었다.

우리를 태운 리무진이 라이프코치를 내려주러 아리아 호텔로 들어선다. 제리의 표정을 보니 어딘가 불편해 보인다. 회식을 하거나 술판이 벌어지는 자리에서 항상 분위기를 주도하는 엘리아스가 제리에게 내기를 하자고 한 것이다. 제리가 앞으로 72시간 동안 물, 주스, 탄산음료, 맥주, 그 어떤 것도 마시지 않고 오로지 테킬라만 마실 수 있는지 보는 내기다. 일주일 전 제리는 내기를 수락했다. 엘리아스를 이길 수 있을 것 같았나 보다. 우리 모두는 제리가 이길 확률이 희박하다는 사실을 알고 있다. 48시간 이내에 실패하지 않을까, 라고 생각했다. 그 친구도 이번 일을 계기로 뭔가 배우는 바가 있겠지. 라이프코치는 이미 제리를 자극하고 있다. "제리, 테킬라 첫 잔 할래? 비행기에서 한 병 얻어왔는데…. 목 안 말라? 바로 달려보자고!"

우리는 호텔에 체크인을 하고 1시간 후에 만나기로 했다.

이 지역에서 오래 알고 지낸 형제 같은 친구들이 한데 뭉쳤다. 한때 옵션 매매 트레이딩을 했지만 지금은 전문 도박사가 되어 이곳 라스베이거스에서 먹고사는 친구들이다. 아, 내가 늘 찾는 VIP 카지노 호스트(카지노의 손님들과 친분을 맺으며, 음식과 오락 등을 알선하는 직업으로 단골손님 관리에 적극적이다)인 '모'도 빼놓을 수 없다. VIP 카지노 호스트들은 이곳에서 중앙은행의 기능을 한다. 부유한 손님들을 극진히 모시며, 흥이 깨지지 않게 바람잡이 역할을 하는 일을 하며 돈을 번다. 언제 어디서 어떤 것을 원하든, 무조건 대령한다. 모가 그의 다섯 번째 여자친구와 함께 있다. 그녀는 소위 '보틀걸'(클럽이나 카지노에서 일하는 서버를 속되게 이르는 말)이다. 보틀걸들은 대개 금발 머리를 한 뛰어난 미인들로, 마치 블랙잭에서 10점짜리 높은 점수의 카드들 같다. 특히 라스베이거스의 보틀걸들은 10점짜리는 되어야 버틸 수 있고, 그렇지 않으면 다른 직업을 알아보거나 경쟁이 덜한 지역으로 건너가 활동할 수밖에 없다. 모의 애인은 배우 오디션에 지원한 지 3년째인데, 드디어 드라마인지 뭔지의 다음 시즌 배역을 따냈다고 축하 인사를 받고 있었다. 모는 그녀가 이곳에서 연간 30만 달러를 벌어들인다고 귀띔했다. 이곳에서 활동하면, 특히 경기가 좋을 때는 팁의 액수가 어마어마하다.

라스베이거스는 그야말로 '술이 넘쳐흐르는 강'에 비유할 수 있다. 우리 무리도 취기가 서서히 올라가기 시작했다. 독한 보드카 움파룸파에 얼음을 넣어 두어 잔 마시면 바로 취할 수 있다. 나는 사람들에게 제리가 하기로 한 내기 이야기를 꺼냈다. 그들은 제리를 집중적으로 공략하며 테킬라를 수차례 권했다. 제리가 언제 포기할지를 두고 또 내기가 벌어졌다.

난 이들이 베팅할 때 발휘하는 본능에 항상 놀라곤 한다. 혼자서 36시간 만에 1000달러어치 맥도날드 햄버거 세트를 해치울 수 있는지, 아니면 빛이 들어오지 않는 방에 사흘 동안 혼자 가만히 앉아 있을 수 있는지와 같은 무모한 내기에도 본능적인 승부욕을 보인다. 핸디캡을 얼마로 따져야 하고, 얼마를 베팅할지를 본능적으로 안다. 그렇다고 무작정 객기만 부려서도 안 된다. 전문적으로 포커를 하는 사람들은 전략적이고 체계적으로 수를 읽는다. 테이블 앞에 앉아 모든 확률을 계산하고, 심지어 상대의 몸동작이 무엇을 의미하는지까지 읽어낸다. 상대에 패했을 경우에도 마찬가지로 모든 수를 기억하고 복기한다.

실력파 트레이더들의 기질과 비슷한 부분이다. 그들은 마이클 조던이 쏘는 슛과 같이 범접할 수 없는 차원의 성과를 낸다. 그들에겐 마치 세상이 멈춘 것처럼 모든 것이 슬로 모션처럼 느리게 보인다. 타고난 IQ, 누적된 경험치, 그리고 직관이 삼박자를 이룬다. 모든 상황의 상관관계를 이해하고, 누구보다 발 빠르게 시장이 움직이는 패턴을 읽어낸다. 그들의 촉은 시장의 동태에서 뭔가 꺼림칙한 것을 본능적으로 인지한다. 또한 자신보다 많은 정보와 지식을 가진 사람들을 인정할 줄 알고, 투자의 방향을 급선회하는 민첩함을 갖고 있다. 여기에 더해, 시장에서 두려움과 탐욕이 움직이는 주기, 군중심리의 원리, 위험에서 벗어날 수 있는 능력, 본인이 틀렸다는 것을 인정하고 재빨리 물고 있던 미끼를 뱉을 수 있는 능력도 보유하고 있다. 그들이 거는 베팅이 잘못된 판단일 때도 많지만, 돈을 잃는 일은 거의 없다. 현명한 방법으로 거래의 구조를 만들어나가기 때문이다. 손실한도를 정해놓고 관리하고, 오판으로 잃은 손실액 대비 올바른 판단으로 훨씬 더 많은 돈을 벌어나가는 법을 알기 때문이다.

최악을 대비하고 리스크를 관리하는 능력은 타의 추종을 불허한다. 결코 성공에 안주하지 않고, 스스로를 칭찬하지도 않는다. 자기들이 망한 사례들만 기억할 뿐이다. 단, 항상 미래를 내다보고 미래를 예측하려고 노력한다. 지금 여기에 갇혀 있지 않고, 일시적인 위기가 파멸로 바뀌도록 내버려두지 않는다. 패배를 타산지석으로 삼아 미래에 더 나은 결정을 내릴 수 있는 사람들이다. 이 모든 능력이 합쳐져서, 언제 베팅하고 언제 최대로 투자해야 할지를 판단할 수 있다. 아무나 가질 수 없는 기술이고, 웬만한 자신감이 아니면 엄두도 못 내는 일이다. 이 모든 것이 그들에게는 그저 자동적으로 일어나는 일일 뿐이다. 본능, 절제, 공격성이 혼합된 현상일 뿐이라는 것. 그래서 더욱 인상적이다.

라스베이거스는 항상 북적인다. 어느 곳에나 길게 줄을 선 사람들을 볼 수 있다. 오늘만 사는 사람처럼 돈을 써댄다. 시간은 심야를 향해 달리고 있다. 우리는 블랙잭을 하기 위해 플래닛 할리우드 카지노의 플레저 핏 테이블 쪽으로 갔다. 우리 팀 전원이 함께 있다. 랍비는 특별히 이 카지노에서 게임하는 것을 즐긴다. 한번은 이 카지노에 머무는 동안 은행의 부실채권을 대량 매입한 적이 있었는데, 그게 대박을 쳤다. 그때부터 플래닛 할리우드의 행운을 절대적으로 믿는다.

랍비는 원래 도박에는 취미가 없다. 본인이 질 것 같은 게임은 하려 들지 않는다. 그런데도 카지노에서 느낄 수 있는 분위기와 에너지는 마음에 드나보다. 밤낮을 가리지 않고 시장 상황을 파악하고 최대한 유리하게 이용해야 하는 '도박'에 수백만 혹은 수십억 달러를 거는 데 혈안이 된 무리에겐, 고작 수천 달러 정도의 손해만 보며 딱 봐도 본인이 잃을 것 같은 게임으로는 엔도르핀이 솟을 리 없다고 생각할 수도 있다. 그러나 이는 편견일 뿐이다. 경쟁이 주는 스릴과 변동성으로 인해 심장이 쫄깃쫄깃해지는 기분, 특히 여럿이 함께하는 재미를 제대로 만끽할 줄 안다. 이런 기분이 드는 건 리스크에서 비롯될 것이다. 짜릿한 위험을 마다하지 않고 즐길 줄 아는 기질은 트레이더와 도박사의 공통된 DNA다. 둘 다 위험을 견뎌내는 노하우를 알고, 위험을 감수했을 때 다가오는 일확천금의 달콤함을 즐길 줄 안다. 다만 도박사들은 애초에 그들에게 통계적으로 불리하도록 설계된 게임에 자신의 기술을 녹여낸다. 그들은 도박에서 며칠, 몇 주, 심지어 몇 달 동안 짜릿한 승률을 맛보기도 한다. 그러나 장기적으로 보면 전문 도박사들은 패하는 경우가 대부분이다. 숫자의 조합, 확률의 행운에 의존할 따름이다. 한편 트레이더들은 사정이 좀 다르다. 원치 않는 게임에는 참여할 필요가 없다. 인내심만 있다면, 경제 혹은 지정학적 상황이 본인에게 유리할 때까지 기다릴 수 있다. 도박에 비유하면, 딜러의 오픈 카드가 6인데 내 손의 패가 11이 될 때까지 기다렸다가 크게 베팅할 수 있다는 것이다. 어떻게든 패하게 되는 상황에 처하면 절대 시장에 저항하지 않는다. 게다가 매번 완벽하게 옳은 선택일 필요도 없다. 선택의 정확도가 45퍼센트 정도만 되어도 높은 수익을 올릴 수 있다. 단, 매수 또는 매도를 결정할 포지션을 비대칭적으로 구축하고 asymmetrical position〔신중하게 진입하여 일찍 빠져나오는 전략으로, 진입 신호의 수치와 청산 신호의 수치를 비대칭적으로 세팅하는 방법〕, 반드시 스톱 레벨 stop level〔주문한 가격이 현재의 스프레드보다 작게 설정될 수 없도록 하는 기본 체결 수준으로, 스톱 레벨 이상으로 주문을 체결해야만 정상적으로 체결될 수 있다〕을 준수하며, 차익 실현의 목표치에 도달함으로써 수익을 낸다.

아무튼 랍비가 즐겨 찾는 행운의 딜러인 '비'는 이곳에서 일한다. 그녀는 정말로 재미있는 사람이다. 체구가 작은 한국인 여자인데, 도박에 참여한 사람들이 잘못된 선택을 할 때마다 그들에게 소리를 지른다. 그녀에게는 활화산 같은 에너지로 가득해서, 사람들은 그 기운에 압도되어 패를 선택한다. 그녀의 말을 안 듣기라도 하면 온갖 잔소리를 들어야 한다.

"아니, 딱 보면 더블〔베팅 금액을 두 배로 늘리는 것〕인 거 몰라요? 여기 도박하러 온 거 아니에요? 쪼다같이 굴기예요?"

그녀의 높은 텐션은 분위기를 압도한다. 사람들을 행동하게 만드는 힘이 느껴진다. 그런데도 얼마 지나지 않아 누군가는 거의 매번 '쪼다같이' 패를 내곤 한다.

엘리아스가 내 옆에 앉아 오른손으로 칩을 섞으며 내게 말을 건다.

"대표님, 호텔 컨시어지 직원이 그러는데, 감각 차단 탱크[모든 감각을 차단하여 뇌를 쉬게 해주는 캡슐같이 생긴 장치]가 있는 곳이 있대요. 제 헬스 트레이너도 해봤는데 완전 극락이 따로 없다 그러더라고요. 생각을 더 맑게 해줄 것 같은데, 혹시 함께하실래요?"

"나 내일 핫요가를 하기로 했어. 제리나 랍비를 데려가."

랍비가 우리 대화를 듣고는 말했다. "저는 아침에 할 일이 있습니다. 오래된 후터스 카지노에 좀 가보려고요. 오요가 최근에 매입한 시설인데, 제가 그 회사 완전 싫어하는 거 아시죠. 낡아빠진 애물단지로 돈을 벌 수 있다고 생각하는 자체가 미친 거죠. 제가 가서 한번 조사해보려 합니다. 조금이라도 이상하면 소프트뱅크 주식은 숏 포지션[장기적으로 가격이 하락할 것으로 예측하여 매도 수량이 매수 수량보다 많은 상태]을 취해야 할 것 같고요."

"그런데 오요는 소프트뱅크 포트폴리오에서 차지하는 비중이 작잖아요." 제리가 말했다.

"그게 중요한 게 아니잖아." 랍비가 날카롭게 말했다. "회사에 원칙도 없고 발전도 없으니 문제지. 미투 운동이 한창일 때 제대로 타격을 받은 후터스에 투자를 결정하다니, 대체 무슨 의도인지 모르겠어."

"내 말이."

랍비는 말을 이어갔다.

"비윤리적인 게 문제입니다. 그래서 그 회사가 투자한 회사들에도 영향을 주니까요. 문제가 복잡해질 것 같아요. 게다가 오요가 작년 미국에서 500만 달러의 손실을 냈는데, 회사는 기업 가치를 두 배로 올려서 100억 달러가 되었습니다. 오래된 호텔을 리노베이션한다고 그렇게 가치가 뛰진 않거든요."

"누가 그렇게 가치를 매긴 거죠?" 제리가 물었다.

"이십일!" 랍비가 소리쳤다. "이겼닭!winner winner chicken dinner!"(블랙잭은 카드의 합이 21 또는 21에 가장 가까운 숫자를 가지는 쪽이 이기는 게임이다. 블랙잭에서 승리해 돈을 땄으니 저녁 식사는 비싼 닭고기 요리를 시킬 수 있다는 뜻이다) 그는 돈을 쓸어 담으며 말을 이었다.

"새로운 펀딩 라운드가 시작되었는데, 소프트뱅크와 오요의 CEO 만 참가했나 봐요. 그 CEO가 딜을 성사시키려고 20억 달러를 대출 받았는데, 손정의 회장이 개인적으로 보증해준 대출이라고 합니다. 그런 얘기 들으면 구역질이 나네요."

엘리아스가 다시 끼어들었다.

"제리, 나랑 내일 감각 차단 탱크 체험하러 갈래?"

"제 총각파티 때 왔던 친구들 만나기로 했는데, 아마 오후 늦게 만날 것 같긴 합니다. 같이 갈 수 있으면 말씀드릴게요." 제리가 말했다.

우리는 블랙잭 테이블에서 딜러 비와 어울렸다. 새벽 1시까지 그녀의 쫓다 같다는 잔소리를 들으며 시시덕거렸다. 아직 런던 시각에 맞춰져 있는 내게 라스베이거스의 새벽 1시면 녹초가 될 법도 한 시간이다. 랍비는 돈을 따느라 정신이 없다. 이들을 두고 나는 침대로 향했다.

><>

전화가 울렸다. 반쯤 감긴 눈으로 시계를 보니 새벽 2시 30분이다. 침대 옆 스탠드를 더듬더듬하다 핸드폰을 겨우 찾았다. 라이프코치의 음성이 들렸다.

"드레이즈 클럽 갈 준비 다 되셨죠?"

나는 비몽사몽 상태에서 중얼거렸다.

"뭔 소리야. 시간이 몇 신데?"

왠지 이럴 것 같았다. 오후에 드레이즈 클럽에 한번 가보는 것도 좋겠다고 말했던 게 생각났다. 라이프코치처럼 고지식한 사람에게 빈말은 안 통한다.

라이프코치는 클럽을 즐기진 않지만, 심야에 하는 애프터 클럽 공연의 광팬이다. 크롬웰 카지노에 있는 드레이즈 클럽이 애프터 클럽 공연으로 유명하기도 하다. 눈요깃거리와 퇴폐적인 분위기가 어우러져 시간 가는 줄 모른다.

"늦은 시간인 건 아는데, 이제 시작할 때가 다 돼서요." 그녀가 말했다.

"딜러 모가 저희 팀을 위해 VIP석으로 모신다고 그랬어요. 유명

인사들도 몇 명 모여 있나 봐요."

"알았어. 내가 랍비한테 연락할게. 15분 내로 크롬웰 로비에서 만나자고."

이 클럽의 분위기는 가히 엽기적이다. 화려한 표지판 대신 로프가 그 역할을 한다. 로프를 따라가다 보면 카지노 구석에 위치한 클럽으로 갈 수 있는 엘리베이터가 나온다. 카지노 시설 전체에 걸쳐 놓인 로프를 따라 애프터 클럽 입구에 들어가려는 사람들이 길게 줄을 서 있다. 새벽 2시 30분에 말이다. 라이프코치는 VIP 전용 입구로 가는 지름길을 정확히 알고 있다. 약 140킬로에 육박하는 일본의 스모 선수 체급의 보안요원이 그녀를 알아보고는 로프를 올려서 우리를 들어갈 수 있게 한다. **자주 와서** 그런 건 아니고, 그녀가 한 번 보면 잊을 수 없는 인물이라서 그럴 것이다. 갈색 피부의 50대 여성이 에르메스로 빼 입고 고급 술집의 주인인 양 왔다갔다하는 모습이 일반적이진 않으니까. 이곳의 관계자라는 인상을 주진 않지만, 그녀의 행동은 하나하나 예사롭지 않다. 보안요원들은 우리가 권총, 호신용 스프레이, 마약이 있는지 검사하기 위해 우리 몸을 더듬은 후, 나에게 내가 들고 있는 술은 여기에 두고 가야 한다고 이야기한다. 라이프코치의 전화를 받고 방에서 들고 나와 마시던 보드카 잔을 내려놓는다. 나는 굳이 안 써도 되는 돈은 아끼는 타입이다.

엘리베이터로 안내를 받은 우리 일행은 아래로 향했다. 로비 층에 내리니 올 블랙으로 차려입은 거구의 남성이 서 있었다. 그의 목에는 만화에 나올 법한 커다란 골드 체인 목걸이가 세 개 걸려 있었다. 우리는 힙합룸 안의 VIP석으로 안내를 받았다. VIP석은 DJ 부스 바로 앞의 유일한 상석이다. DJ 부스와 딱 붙어 있어 최고의 명당이다. DJ 부스와 플로어의 중간에 있는 이곳 바로 옆에는 내가 살면서 본 가장 큰 스피커 두 대가 놓여 있다. 소파 주변에는 보안 로프가 놓여 있어 프라이버시를 보호해준다. 테이블 위에는 초대형 얼음통이 놓여 있다. 우리 테이블 양쪽에 두 명의 보안요원이 서 있다. 우리가 앉은 소파는 마치 동물원의 원숭이처럼 시선을 사로잡을 만하다.

랍비는 고개를 돌리더니, 소파에서 벌떡 일어나 분위기와 전혀 맞지 않는 선곡을 제안한다. DJ가 콧방귀를 끼어도 할 말 없는 별로인 곡들뿐이다. 라스베이거스를 찾는 방문객들은 매우 다양한 편이지만, 이곳은 관광객보다는 주로 현지인들로 붐빈다. 운 좋으면 구석 부스에 수행원을 대동하고 앉아 있는 톡톡 튀는 연예인이나 록스타를 볼 수 있다. 매그넘 사이즈의 뵈브, 그레이 구스 한 병, 그리고 돈 훌리오 1942를 주문했다. 이제부터 본격적으로 적셔보자.

라스베이거스에서는 어떤 클럽에 가든 친구를 사귀기가 쉽다. 칵테일을 든 여자들이 테이블을 돌아다니며 여러 병의 술을 테이블 위에 얹어놓는 클럽 분위기가 서로의 긴장을 풀게 하기에 충분하다. 우리 테이블도 VIP 구역의 로프 안에 있는 다른 사람들과 합석하기도 했다. 라이프코치는 우리 팀의 문지기 역할을 자처한다. 그녀에게 키 크고 마른 덴마크 남자가 다가왔다. 강한 덴마크어 억양으로 자신이 애 딸린 유부남이긴 한데, 자기와 만나줄 수 있는지 묻는다. 외국 남자들을 선호하는 그녀는 분명 덴마크 남성의 외모를 마음에 들어 하는 것 같다. 체크무늬의 셔츠에 카키색의 바지를 입고, 클락스 구두를 신은 80세 남성이 셔플 댄스를 추면서 그녀 곁을 스치고 지나간다. 그는 플로어 끝까지 춤을 추며 갔다가 턴을 한 후 반대편으로 문 워크를 하며 걸어간다. 이곳에 올 때마다 보이는데 소위 클럽 죽돌이인 것 같다.

새벽 4시 45분이다. 어느새 사람들이 우리 자리로 와서 대화하는 분위기다. 내 뒤에서는 트월킹 댄스 대회가 열린 모양이다. 빨간색 핫팬츠를 입은 한 여자가 트월킹을 추다가 내 어깨에 부딪혔다. 고개를 돌려 쳐다보니 그녀는 DJ와 커플 댄스를 추고 있었다. 3인조 미국 힙합 그룹인 미고스가 라스베이거스에서 그날 밤에 공연했는데, 모는 우리 테이블로 이 그룹을 데려왔다. 우리 앞에서 3인조의 춤사위를 볼 수 있었다. 이들 덕에 여기저기에서 사람들이 모여들었다. 완전히 난잡한 분위기가 되었다. 어쩌다 보니 랍비가 그 중앙에 있었다. 한 손으로 자신의 발목을 잡고, 다른 손은 머리 뒤에 댄다. 랍비의 시그니처다.

내 인생의 역대급 광란의 순간이어야 하는데, 제길, 몰입이 안 된다. 어떤 동유럽 여자가 내 귀에 대고 유혹하듯 큰 소리로 말한다. 그런데 무슨 이유에선지 나는 계속 주춤할 뿐이다. 이전처럼 분위기에 몸을 맡기지 못하는 것 같다. 이유 모를 외로움이 나를 엄습해온다. 직원들과 함께 즐거운 시간을 보내는 것은 좋지만, 자산운용사의 대표로서 직원들을 이끄는 나의 위치, 내 최종 승인에 따라 투자의 승패가 좌우된다는 사실, 최고의 실적을 내고 싶은 욕망. 이 모든 것은 외로움을 수반한다. 칵테일을 들이키는데, 그 향 때문인지 갑자기 아내 캐럴라인이 생각난다. 아내가 사용하는 아카시아와 베르가모트 향이 느껴져서인가보다. 그녀는 라스베이거스를 진절머리 나게 싫어한다.

어느새 해가 뜨고 있다. 우리는 클럽에서 나와 조식을 먹기 위해 페퍼밀 레스토랑으로 향했다. 클럽에서 나오는데, 스피커에서 리조의 노래가 흘러나온다. "DNA 검사를 받았는데… 내가 100퍼센트 나쁜 년이래." 아직도 파티가 한창인 클럽 밖을 나오는데 뜨거운 태양이 보인다. 우리가 흡혈귀 같다는 생각이 들었다.

✖

방 안으로 햇살이 가득 들어온다. 간밤에 입었던 옷을 그대로 입은 채로 핸드폰을 잡았다. 시황을 살피려는데, 드레이즈 클럽에 신용카드를 두고 왔다는 사실이 떠올랐다. 젠장, 어쩌겠는가. 나중에 스트립 쪽으로 갈 일이 생기면 들러봐야겠다.

아침 11시다. 윈 호텔에서 라이프코치가 샴페인 캔을 들고 나를 기다리고 있었다. 우리는 스트립 거리를 함께 걸었다. 걸어가는데 햇살이 기분 좋게 느껴진다. 뵈브 샴페인은 많이 마셔도 숙취가 별로 없다. 다행히 딜러 모가 내가 신용카드를 두고 간 것을 알고 있었고, 잘 챙겨서 안내 데스크에 맡겨두었다. 우리는 크롬웰 호텔에 들러 카드를 찾은 후, 링크 프롬나드 쇼핑몰을 향해 북쪽으로 걸어갔다. 한

밴드가 건즈 앤 로지스 노래를 연주하는 소리를 들으며 링크 프롬나드로 향했다. 비어퐁〔테이블의 양쪽에 놓인 맥주 또는 물로 채워진 컵에 탁구공을 테이블의 양쪽에서 던지는 술자리 게임〕을 하는 무리가 눈에 띄어 멈춰서 구경했다.

이른 오후인데, 저 사람들은 이미 취해 있다. 오전 9시부터 팻 튜즈데이Fat Tuesday〔긴 막대기 모양의 통에 담아 마시는 칵테일 슬러시. 라스베이거스의 명물로 꼽힌다〕를 들고 만취한 상태로 돌아다닌다. 그들은 라이프코치가 비어퐁을 얼마나 잘하는지 상상도 못할 것이다. 그녀는 이게임을 매우 좋아한다. 공을 던졌을 때의 짜릿함을 좋아하는 듯하다. 그녀의 외모만 봐서는 이런 게임에 있어서 초보자같이 보이지만, 일단 본격적으로 게임을 시작하고 장타 날리기, 손가락 기법, 튕기기, 연장전 등 온갖 기술과 규칙을 설명하면 다들 혀를 내두른다. 그리고지금 우리 앞의 무리도 그녀의 실력을 상상조차 하지 못한다. 에르메스 팔찌와 샤넬 선글라스를 낀 여자가 비어퐁을 하는 광경은 흔치 않을 테니.

오하이오주에서 온 남성들인 듯했다. 그들이 쓴 모자에는 MAGA Make America Great Again〔'미국을 다시 위대하게'라는 의미로, 트럼프 대통령의 선거구호〕라고 적혀 있다. 그렇다고 정치적 의도를 가지고 모자를 쓰지는 않은 듯하다. 정식 공화당원들이 아닌데도 그저 관심을 끌기 위해 쓰고 있는 것이다. 이목을 집중시키고 싶은 거다. 우리에게 말을 걸려하는데, 보니까 전형적인 라스베이거스 사람의 어조는 아니다. 블랙잭 테이블 주변에 서서 시시덕거리는 취기 어린 말투가 아니다. 공격적이고 유감 어린 어조가 섞여 있다. 다들 카고 반바지에 슬리퍼, '오하이오' 레터링이 들어간 셔츠를 입고 있다. 반면 나는 올 블랙에 명품 재킷을 입고 있다.

나는 아무 대꾸도 하지 않는다. 나는 성격이 무심한 편이라 대꾸를 안 하는 것 정도는 익숙하다. 아무런 반응을 하지 않는 것이 방어에 가장 효과적이라는 사실을 깨달았기 때문일 것이다. 그들이 무슨 말을 하건 안 들리는 듯 반응한다. 관심이 전혀 없다는 태도로 일관한다. 이런 인상을 심어주는 것이 그나마 제일 나은 대응이라고 생각한다.

그들은 게임에 빠져서 아무것도 눈에 들어오지 않는 듯하다. 시답 잖은 이야기로 언성만 높여간다. 라이프코치가 그들의 말을 가로채며 MAGA 모자에 대해 물어본다. 그들은 정치 얘기를 하기 시작한다. 요즘 같은 때는 정치에 관한 담론에서 트럼프 대통령 얘기가 빠지질 않는다. 호불호가 매우 갈리는 인물이니까. 나는 어느새 그들의 말을 경청하고 있었다.

그들은 라이프코치의 질문을 따라 말하며 그녀의 목소리를 고음과 비음으로 흉내내지만 전혀 비슷하지 않다. 가만있어서는 안 되겠다는 생각에, 이 사람들에게 따끔하게 도움이 될 만한 쓴소리를 해야겠다고 마음먹었다. 나는 그들에게 대뜸 헤지펀드 매니저 레이 달리오의 **원칙**인 '급진적 투명성'에 대해 말했다. 전혀 감흥이 없었다. 오히려 그들을 더 공격적으로 만들었을 뿐이었다. 나는 이 친구들을 놀려먹고 싶다는 생각이 들어, 전 세계 대통령이나 총리 5명을 대보라고 문제를 냈다. 그들은 말문이 막혔다. 그다음에는 트럼프의 외교 정책에 대해 물었다. 여전히 꿀 먹은 벙어리다. 미국이 떠안고 있는 23조 달러의 부채에 대해서도 물었다. 그냥 나를 멍하게 쳐다만 봤다. 그들은 모두 내년 11월에 투표할 것이라고 주장했지만, 과연 그럴까 싶었다. 그들은 모두 학자금 대출이 적어도 2만 5000달러는 있다고 털어놓았다. 다들 대학교 4학년들, 그러니까 졸업 예정자들이었다. 그들 중 아무도 대학 졸업 후 바로 취직할 회사를 확보하지 못한 상황이었다. 그러나 딱히 걱정하는 것 같지는 않았다. 불안정한 미래에 대해 크게 신경 쓰지 않는 듯했다. 라스베이거스에서 비어퐁 게임을 하며, 술잔 가득 담은 맥주나 마실 생각에 들떠 있다. 이것이 진정 아메리칸드림인가?

내가 이것저것 질문을 던지니 그들은 짜증을 냈다. 트럼프 지지자들이 시위를 벌이는 사우스 필라델피아에 이 모자를 쓰고 갈지도 물어봤다. 선을 넘은 것이다. 그들 중 덩치가 큰 친구의 피가 거꾸로 솟아오르는 게 보였다. 그들은 내가 거들먹거린다고 생각하는 듯했다. 그게 맞다. 그들이 먼저 시비를 걸었기 때문에 걸맞게 대응했을 뿐이었다. 나는 누가 시비 거는 것을 매우 불쾌하게 여긴다. 원래는 그들에게 질문을 퍼붓고 나서 그들의 정치적 신념을 이해하려고 했다. 대체 어떠한 가치관을 갖고 사는지 이해하고 싶었다. 그런데 지금이 미국 자본주의의 새로운 시대인 것처럼, 정치도 새로운 시대를 맞이하고 있다는 생각이 들었다. 정상적 가치관이 부재한 정치가 펼쳐지고 있다. 거의 모든 정당에 뚜렷한 기조가 없다. 공허한 메아리로 가득 찬 공약만 외칠 뿐이다. 공화당이건 민주당이건 어디에 붙건 딱히 상관이 없어 보인다. 아무 쪽이나 택해 충성을 선언하고, 죽을 때까지 그 신념을 지켜야 한다고 생각할 따름이다.

그 친구들은 우리에게 다시금 시비를 걸기로 마음먹은 듯했다. 비어퐁 내기를 원하는 듯한 눈빛이 느껴졌다. 보복을 할 셈인지 우리 쪽으로 다가왔다. 우리의 자존심을 밟아주고 싶은 눈치였다. 선을 넘은 나의 심문에 불쾌해하며, 내가 주도권을 주고 있다고 느끼는 듯했다. 비어퐁 실력과 젊은 근육질 몸매만큼은 자신이 있었는지, 우리에게 자신들의 우월함을 최대한 과시하고 싶어 하는 것 같다.

게임이 시작되었다. 라이프코치는 제대로 불이 붙었다. 여섯 번의 숏 중에 네 번을 성공하며 분위기를 잡는다. 그들은 당황스럽고 많이 놀란 눈치였다. 그러더니 갑자기 나를 '늙은 꼰대'라고 부르기 시작한다. 나는 분할과 정복 divide and conquer [해결할 수 없는 문제를 작게 분할하여 해결한 후 병합하는 방식] 전략으로 나가기로 했다. 나는 두 친구 중 덩치가 큰 친구에게 왜 저런 친구랑 편을 먹느냐고 딴죽을 걸었다. 누가 봐도 그 팀의 아킬레스건이다. 나는 이어서 "인생에 아킬레스건을 방치하면 안 되지"하며 훈수를 두었다. 그들의 멘탈을 흔들어놓은 셈이다.

첫 번째 판은 우리가 이겼다.

그들은 술잔을 더 올려놓으며, 한 판 더 하자고 제안했다. 분명 다 마시면 필름이 끊기고도 남을 양이었다. 지는 팀이 테킬라 세 잔을 연달아 마셔야 하니 말이다. 나는 어떻게 대응해야 할지 순간 난감해 했다. 머릿속이 복잡한 가운데, 내 본능은 더 있어봤자 좋을 것이 없으니 바로 자리를 뜨라고 했다. 그런데 나는 테킬라를 좋아하는 사람이지 않은가. 특별히 테킬라를 좋아하고, 승부욕에 불타는 사람이다. 라이프코치는 나보다 더 심하다. 그녀는 "오케이. 우리가 먼저 던질게요"라고 말했다.

두 팀 모두 공격적으로 게임에 임했다. 우리에게 복수하고 싶었던 터라 최대한 집중하는 모양새였다. 어찌 된 영문인지 라이프코치는 이번 판에서 첫 번째 판만큼의 집중력을 발휘하지 못했다. 그녀에게 걱정 말라고 이르고, 내가 그 바통을 이어받았다. 효과가 좋았다.

우리의 승리였다. 라이프코치는 신나서 근처 바로 뛰어가더니, 한껏 미소를 지으며 마치 〈딜 오어 노 딜Deal or No Deal〉(NBC 채널에서 방영되는 게임 쇼프로그램)에서 철가방을 갖고 등장하는 여자처럼 테킬라잔이 가득한 쟁반을 들고 와서는 MAGA 모자를 쓴 친구들에게 내밀었다. 쟁반에 올려진 테킬라 폭탄주 잔들이 마치 보석에 박힌 왕관 같다. 돈 훌리오 1942도 아니고, 호세 쿠에르보도 아니었다. 플라스틱 병에서 꺼낸 몬테쥬마(알코올 도수 40도의 수제 프리미엄 테킬라)였다. 따뜻한 상태였다. 라이프코치는 기쁨에 가득 차 있다. 그들은 술잔을 들이키기 시작했고, 두 잔째에서 덩치 큰 친구는 테이블에 토를 했다. **제길, 테이블 바로 위에다가 말이다.**

"우리 그냥 갑시다." 라이프코치에게 말했다. 난장판이 벌어진 참에 그냥 바깥으로 빠져나오기로 했다. "링크 프롬나드에 오는 사람들은 잠깐 놀기엔 재미있는데, 조금만 지나면 짐승이 되어버리네. 안전을 위해 호텔로 돌아가야겠어."

우리는 걸어가면서 한참을 웃었다. 우리의 승리를 자축하는 웃음이었다. 목적지에 가까워지면서 '리조트 월드'에 대해 대화를 나누었다. 길 건너편에서 진행되는 새로운 개발 사업인데 공사가 한창 진행 중이다. 아시아의 중산층 관광객을 겨냥하는 전 세계 최대 규모의 리조트다. 어느 말레이시아 기업이 출자한 사업이다. 43억 달러라는 어마어마한 비용이 투입된, 라스베이거스에서 개발된 리조트 중 가장 비싼 숙박시설로 자리매김할 것이라고 한다. 윈 라스베이거스(32억 6000만 달러)는 물론 더 코스모폴리탄(41억 8000만 달러)의 사업비를 훌쩍 뛰어넘는 규모다. 중국을 테마로 하며 판다 전시 공간과 만리장성 모형도 설치한다는 계획이 발표되었다.

그렇다. 떠오르는 중국의 중산층을 유입하기 위해 라스베이거스 역사상 가장 비싼 휴양지가 등장한 것이다. 현명한 투자임은 분명하다. 어쨌든 중국은 세계에서 중산층 인구가 가장 빠르게 증가하고 있는 국가 중 하나고, 이제 그들은 카지노의 천국인 네바다주에서 자체 지분을 획득한 셈이다.

윈 호텔에 도착하니, 랍비와 제리가 로비에 있다. "건즈 앤 로지스 공연이 시작하기 전에 시내로 가시죠." 랍비가 말했다. "싱글덱(블랙잭 게임의 일종)을 하고 싶어요. 돌아오는 길에 디노스에 들려 허기를 채우고, 공연이 시작하기 전에 간단하게 노래방에 들러서 놀면 될 것 같아요."

"좋아요. 디노스에 가서 핫도그 먹으면 되겠네. 배고프다."

오후는 금방 지나갔고, 우리는 시작을 눈앞에 둔 공연에 가기 위해 서둘렀다. 공연은 시저스 궁전의 콜로세움에서 열린다. 대형 공연장이 아닌, 친밀한 분위기의 장소였다. 우리는 무대 앞의 피트석(오케스트라가 있는 좌석이며, 공연에 따라 관객용으로 판매되기도 한다. 무대와 가장 가까워서 마니아층이 선호한다)에 앉았다. 관객이 200명밖에 없어서 그런지 밴드와 함께 무대에 있는 듯하다. 콘서트는 정시에 시작되었는데, 이것은 아마도 지난 10년 동안 이 밴드가 보여준 가장 큰 변화일 것이다. 보컬 액슬 로즈는 더 이상 이전처럼 자정이 될 때까지 관객을 기다리게 하지 않는다.

공연은 환상적이었다. 액슬은 파워풀한 가창력을 선보이며 무대를 누비고 다녔다. 기타리스트 슬래시는 그야말로 거장이다. 베이시스트인 더프 맥케이건도 멋져 보인다. 금융 전문가로도 활약하는 그는 자신의 고객들에게 단기거래상품을 추천한다. 자기계발을 꾸준히 하면서 학업을 이어가기 위해 학교로 돌아갔다는 점을 높게 평가하고 싶다. 삶을 재정비하면서 건강하게 살아가는 모범적인 모습을 보여준다.

우리는 흥얼거리며 콘서트장을 나왔다. "날 파라다이스 시티로 데려가줘…" 다들 기분이 좋다. 어쩌면 파라다이스 시티(건스 앤 로지스의 대표곡명)는 아메리칸드림을 뜻할 수도 있겠다. "고단하고, 가난하고, 자유롭게 숨 쉬고 싶어 하는 군중들… 누더기에서 부자까지, 사람들은 다들 말하지. 행운과 명성을 얻기 위해 계속 전진해야 해. 알잖아, 모든 건 도박이고 이건 게임일 뿐이야."

호텔 수영장의 카바나에서 제리와 아침 일찍 만나기로 했다. 제리와 하는 멘토링 수업을 하기 위해서다. 이번에는 중앙은행의 역할에 대해 집중적으로 설명하려고 한다. 수영장 운영 시즌이 거의 끝나가지만, 마지막으로 햇볕을 쬐며 쉬고 싶다는 생각에 카바나에서 만나자고 했다.

수업 전에 각종 뉴스를 확인하기 위해 카바나로 일찍 내려갔다. 시장은 여전히 고공 행진을 하고 있다. S&P 500 지수는 10월 1일 이후 6퍼센트 상승했고 금리도 상승하고 있다. 미국 10년물과 2년물 국채 금리의 차가 24bp로 줄어들었고, 10년물 국채 수익률이 거의 30bp 상승했다. 파운드·달러 환율은 1.22달러에서 1.28달러로 올랐다. 모든 것이 제대로 돌아가는 듯하다. 수익률 증가 추세는 이어질 전망이다. 당연히 그럴 수밖에 없을 것이다. 연준의 보유자산 규모가 2개월도 되지 않아 3000억 달러가 증가했기 때문이다. 6개월 안에 총 8000억 달러가 투입된 것이다. 2009년 1차 양적완화가 시작된 이후 가장 빠른 속도의 경기부양책이다. 미·중 무역 협정이 일단락된 듯한 상황에서 선거는 시장의 다음 큰 촉매제이다. 2월 3일에는 아이오와 코커스〔코커스는 당원들이 당의 대통령 후보를 뽑는 예비선거를 뜻하고, 공화당과 민주당 모두 아이오와주에서 코커스를 시작한다. 여기서 이기면 대통령 후보가 될 가능성이 크기에 '표심의 풍향계'라 불린다〕가 예정되어 있고, 한 달 후인 3월 3일은 슈퍼 화요일〔여러 주에서 코커스와 프라이머리가 한꺼번에 열리는 날〕

이다. 둘 다 금융시장에서는 중요한 날짜다. 나는 엘리아스에게 그 날짜들 전후로 시장 변동성 추이를 확인하라고 했다.

메시지를 다 썼을 무렵 제리가 내게 왔다.

"좋은 아침이야, 제리."

"안녕하세요, 대표님."

"오늘 수업에서는 중앙은행의 역할에 초점을 맞추자. 여기서부터 시작해볼까? 정부는 돈이 필요하잖아. 처리해야 할 청구서가 참으로 많겠지."

이 논평은 내가 예전에 가르치던 수업에서 사용한 적이 있다. 내 강의가 중구난방이 되지 않도록 방향을 잡을 때 사용하는 문구다.

제리는 핸드폰을 탁자 위에 올려놓았다. 화면이 반짝이고 있다.

"정부는 청구서를 결제하기 위해 세 가지 방식으로 돈을 끌어오지. 세금을 거두거나, 돈을 더 찍어내거나, 돈을 빌리는 방식이지. 당연하지만 대부분의 국민은 세금 내는 것을 싫어하잖아. 그래서 중앙은행이라는 것을 설립해서 나머지 두 가지 선택지를 적절히 활용하도록 했지. 그런데 중앙은행 총재는 조금 독특한 속성을 갖고 있어. 국민이 선출한 관리가 아닌데다가 사실상 어떠한 감독을 받지 않고도 돈을 찍어내는 권력을 갖고 있지. 제길, 연준의 제롬 파월 의장 밑으로 200여 명의 트레이더가 있거든. 전 세계 최대 트레이딩 기업 중 한 곳을 운영하는 셈이야."

"말도 안 돼요."

"자네도 어느 정도는 알고 있겠지만, 그래도 기본을 제대로 아는 게 중요해. 연준의 역사 초기에 말이지," 나는 말을 이어갔다. "최고 위급 인사들은 현장의 상황을 이해하는 재계 지도자로 구성되어 있었어. 하지만 이제는 달라졌어. 현장의 상황을 제대로 파악하지 않고, 현실적이지도 않아. 다소 철학적으로 허울만 좋게 포장하려는 학자들이 윗선이 되었어. 경제학이 '암울한 학문'이라고 불리는 데는 이유가 있다니까."

나는 수업을 위해 만든 유인물을 꺼냈다. 첫 슬라이드에서는 1913년 의회에 의해 설립된 연준의 역사(학창 시절에는 따분하기 그지없는 내용)를 다루었다. 연준이 해야 할 일이 대공황 이후 확대되었다는 내용도 포함했다.

제리의 핸드폰 화면이 다시 반짝거리고 있다. 무음으로 설정했는데 전화가 걸려온 것이다.

"지금은 말이지," 나는 말을 이어갔다. "연준은 가히 상상도 하지 못할 막강한 권력을 보유하고 있어. 처음엔 달러의 공급 총량을 관리했었어. 통화 인쇄 과정을 통제했지. 사실 연준은 자신들의 판단에 따라 수십억 달러를 만들거나 파기할 수도 있어. 심지어 물리적으로 돈을 찍어낼 필요도 없고, 그저 버튼만 누르면 돼. 디지털로 은행들과 거래하면 되니까. 비디오 게임을 만들듯, 은행 적립금을 새롭게 만들어내기도 해. 이렇게 내킬 때마다 적립금을 생성할 수 있다는 것은 심각하고 중요한 문제야. 역사적으로 더 많은 통화를 창출할 때마다 인플레이션이 초래되었으니까. 인플레이션은 무서운 거거든."

"맞아요." 그가 말했다. "한번 시작되면 제어하기가 정말 어렵죠."

나는 다음 페이지로 넘어갔다. "그런데 함정이 있어." 나는 설명을 이어갔다. "연준은 그들이 찍어내는 돈을 마음대로 쓸 수 없다는 거지. 월가의 큰 공개시장에서 채권이나 부채담보부증권과 같은 금융 상품을 매수하는 데만 달러를 사용할 수 있거든."

다시 핸드폰에 불이 들어왔다. "그 전화 받을 거야?" 내가 물어봤다.

"아닙니다. 아내가 건 전화예요." 그가 말했다.

유인물이 다음 페이지로 넘어갔다. "연준의 보유자산은 이제 4조 달러를 뛰어넘었어. 이러면 전 세계 시장에서 가장 큰 금융기관 중 한 곳이 된 셈이지. 이 모든 것이 2008년 글로벌 금융위기에 대처하기 위해 시작되었거든. 연준의 자산은 9000억 달러에서 최고 4조 5000억 달러로 부풀어 올랐지만, 이제는 경기를 부양하는 데 적극적으로 역할을 하는 게 맞지."

랍비가 와서 우리의 수업에 합류했다. 그는 자리에 앉아 블러디 메리를 홀짝이며 제리에게 테킬라를 마시겠냐고 물었다. 계속 우리 대화를 들으며 언제 끼어들지 고민하기에, 랍비에게 말을 할 기회를 주었다.

"연준이 정말 좋아하는 게 이런 거거든." 그는 말했다. "연준은 보유 자산을 최대한 늘렸다가 이것저것 매수하는 걸 참 좋아해. 이게 양적완화의 핵심이지."

"왜 양적완화라고 부르나요?" 제리가 물었다.

이 질문을 이제야 한단 말인가. 제리는 바로 이게 문제다. 매우 성실하게 일하면서 투자 모형에 대해서는 밤낮을 고민하는 친구이긴 한데, 가끔 세상이 어떻게 돌아가고 있는지 보려고 노력은 하는지 의문이 든다. 그가 진정 이 직업에 대한 열정이 있는 건지도 모르겠다. 이 일을 하려면 모든 걸 알아야 한다. 최고가 되고 싶다는 열망이 있어야 하며, 매일 자신의 정신을 무장하기 위한 사투를 벌어야 한다. 나는 이렇게 대답했다. "양적완화라고 불리는 이유는 '양적으로' 상당한 금액의 돈을 투입하기 때문이야. 상당량의 자금이 시장에 풀리면 금리에 대한 하방 압력이 생겨. 즉 금리를 다소 완화하는 작용을 할 수 있지. 경제학자 리하르트 베르너가 양적완화의 개념을 처음 제시했다고 해. 찾아서 읽어봐. 일본의 경제를 설명하는 훌륭한 이론을 제시한 석학이야."

나는 다시 유인물로 시선을 돌렸다. "연준은 대차대조표를 확대하면서 보유자산을 늘려가고 있는 거야. 새로운 통화를 시장에 공급하고, 말 그대로 **'무에서 유'**를 창조하듯 돈을 찍어내면서 말이지. 난데없이 왕창 찍어낸 새로운 돈으로, 공개시장에 뛰어들어 이런저런 금융상품을 사들이는 거야. 이 방법이 바로 연준이 대차대조표를 확장하는 메커니즘이야."

우리는 페이지를 넘겼다. "이론상으로 연준에는 세 가지 핵심 목표가 있어. 첫 번째는 가격 안정이지. 인플레이션을 주시할 필요가 있다는 말을 좀 멋지게 표현한 말이야. 인플레이션은 골디락스(경제가 성장세인데 물가는 상승하지 않는 상태를 동화 주인공에 비유한 용어)가 먹은 오트밀에 비유할 수 있지. 오트밀 온도가 너무 뜨겁거나 차갑지 않아야 한다는 의미로, 경제가 높은 성장을 이루고 있더라도 물가 상승이 없는 상태를 나타내. 2퍼센트 안팎의 인플레이션이 딱 적당해. 1930년대 독일, 1970년대 미국에서 처참한 일을 겪은 후에는 물가 안정이 최우선 과제가 됐어. 하지만 인플레이션은 까다로운 문제야. 이해하기도 어렵고. 전염병 같기도 해. 인플레이션은 혁명이나 심지어 전쟁도 일으켜. 오늘날 연준은 인플레이션에 대해 만성적으로 잘못된 모형을 설계해왔어. 제대로 이해하지도 못하지. 그런데도 인플레이션이 연준의 최우선 과제란 말이야. 그런데 물가 안정에 관해 사실 중앙은행에는 책임이 거의 없어."

다시 페이지를 넘겼다. "두 번째 목표는 안정적인 실물 경제를 달성하는 거지. 월가로 대변되는 주식 시장을 말하는 게 아니라, 실물 경제를 말하는 거야."

"그런데 그건 허울만 좋은 마케팅이잖아요." 랍비는 말했다. "중요한 건 주가죠."

"문제가 바로 여기에 있어." 나는 말했다. "연준은 실업률을 낮추기 위해 최선을 다하지만, 엄밀히 말해서 부의 불평등이나 서민들의 적정 임금에 대해서는 관여하지 않아도 되거든. 우리 경제가 1조 개의 최저임금 일자리를 창출한다면, 경제 정책이 성공했다고 할 수 있겠지. 다시 말해 인구의 다수가 실물 경제에서 주변부로 밀려나 있더라도 경제 정책이 성공했다고 할 수 있는 거야. 최저임금을 주는 일이라도 할 수 있으니까."

나는 다음 페이지를 펼쳤다. "세 번째 목표는 재정 안정이야. 여기에는 결제 시스템이 효율적이고 원활하게 운영되고, 금융위기를 막을 수 있어야 한다는 전제가 깔려 있어."

"재정적으로 안정된 상태는 정확하게 어떠한 상태인가요?" 제리가 물었다.

"경제의 마지막 버팀목이 되어주는 '최후의 대부자lender of last resort' 기능을 하는 것이지."

"잠시만요." 랍비가 말했다. "그 이상의 기능을 합니다. 과거에는 그 정도에 그쳤을지 모르지만, 이제는 재정 안정 기능을 제대로 수행하려면 시장이 필요로 할 때마다 유동성을 공급해야 합니다."

"맞아." 내가 대답했다. "그게 바로 진리지."

랍비는 말을 이어갔다. "그리고 이제 위기가 닥칠 때마다 연준은 새로운 정책을 도입하고 있습니다. 계속 새로운 시도를 한다니까요. 우리는 정부의 시장 개입을 주장한 케인스를 지나, 자유시장 경제를 주장한 프리드먼을 거쳤고, 지금은 새로운 단계에 있어요."

"그래." 나는 말했다. 이어 "연준은 은행을 규제하고 금융 시스템을 안전하게 유지할 책임이 있지"하고 덧붙였다.

랍비가 다시 대화에 끼어들었다. "2008년 글로벌 금융위기가 터지기 전에 상당 기간 동안 연준이 얼마나 노력했는지 생각해보자고요. 영화 〈글렌게리 글렌 로스〉에서 감독관이 '무조건 계약을 성사시켜라Always Be Closing' 연설을 하는 것에 비유할 수 있습니다." 그는 일어서더니 영화의 유명한 장면을 따라했다. 대사를 다 기억하고 있었다.

신사 여러분, 오늘 뉴욕 연준의 회의에 참석해주셔서 감사합니다. … 아참, '커피는 계약 도장을 받은 사람들만 마실 수 있습니다.' A-B-C 철칙을 잊지 마십시오. 무조건always 계약을 성사시켜야 합니다be closing. 무조건이요. … 잠재 고객이 여러분에게 다가오고 있습니다. 비를 피하려고 들어왔을까요? 사고 싶지 않으면 당신을 향해 한 발짝도 다가오지 않습니다. 혹시 멍하게 앉아서 당신에게 돈을 주길 기다리는 건 아닌가요? 그 돈을 거저 받을 건가요? 당신이 그것을 받을 만한 자격이 되는 사람입니까?

랍비는 연설을 끝내고 자리에 앉았다. 나는 손뼉을 쳤다.

나는 수업을 이어갔다. "옛날 중앙은행에는 이러한 힘이 없었어. 금본위제를 관리하기 위해 만들어진 조직이었거든. 금본위제는 각국이 정해진 무게의 금으로 통화를 규정한다는 의미였어. 중앙은행들은 화폐가 금으로 전환될 수 있도록 실물 자산인 금을 보유했지. 해당 화폐가 실질적인 가치를 지닌다는 의미를 내포했고. 어떠한 약속, 그 이상의 가치에 의해 뒷받침된다는 의미였지."

이때 랍비가 뛰어들었다. "1971년 닉슨 대통령은 금본위제인 브레턴우즈 체제를 폐지했어. 당시만 해도 탄핵이라는 개념이 익숙지 않던 시절이었는데, 이것 때문에 그는 탄핵 위기에 몰렸지. 인플레이션이 우리 경제를 옥죄고 있던 시기였어. 결국 금본위제는 자유롭게 유통되는 법정 화폐로 대체되었지."

"그건 매크로 투자자들에게 아주 좋은 조치였어." 나는 말했다. "사탕 가게를 신나게 누비는 아이들처럼, 자유롭게 떠다니는 새로운 온갖 금융상품을 상상해봐."

다시 랍비가 끼어들었다. "이제 우리는 법정통화를 사용하는 시대에 살고 있잖아. 근데 말이야, '법정'이라고 하는 표현했지만, 법정통화는 엄밀한 의미에서 휴지 조각이나 다름없어. **모노폴리** 같은 보드게임을 할 때 사용하는 가짜 돈과 별다를 바가 없지. 그 이유를 알려줄게." 랍비는 계속 말을 이어갔다. "무서운 부분은 바로 이 대목이야. 법정통화라는 것이 자기충족적 예언(상황에 대한 판단 그 자체가 처음의 잘못된 생각을 현실화하는 현상)으로 연쇄 반응을 유도하지. 부채가 늘어나고, 시장에 돈이 더 많이 풀리고 말이야."

"랍비 말이 맞아." 내가 말했다. "경기 침체 같은 위기가 닥칠 때 무턱대고 돈을 뿌리는 경향이 있었어. 그런데 지금은 경제가 정상적으로 작동되는데도 돈을 더 뿌려대고 있다니까."

"그런데 왜 그런 거죠?" 제리가 물었다.

"말하자면 좀 복잡해." 내가 답했다. "양적완화를 시작하기로 결정했을 때, 의도는 좋단 말이지. 일자리도 유지해야 하고, 경제도 살려야 한다는 좋은 명분이 있지. 하지만 시간이 지나면서 양적완화의 영향이 불균형적으로 가해지거든. 주가는 오르지만 경제는 침체되는 상황처럼 말이야. 주식 시장이 실물 경제와 단절되어 가고 있어."

랍비는 그의 무거운 표정을 살피며 설명했다. "악마와 거래를 하는 것과 같다니까. 자, 자네가 연준 의장이라고 생각해봐. 세상에서 가장 영향력 있는 사람 중 하나인 거지. 그런데 갑자기, 시장에서 거품이 터지고 시스템이 무너지며 수백만 개의 일자리를 구해야 하는 상황이야. 전 세계 경기가 무너져 내리는 상황인데다, 자네가 힘쓸 수 있는 여지가 별로 없어서 의장으로서 남겨줄 유산이 위험에 처했지. 그런데 자네의 어깨에 양적완화라는 악마가 나타나서는, 자네에게 제안을 하는 거야. 자기가 상황을 구제해줄 수 있다고. 자네는 딜을 수락할 걸. 그 후 한동안은 악마의 말대로 정상궤도에 오르는 조짐이 여기저기에서 나타나지. 시장은 반등하고 일자리는 유지되고 말이야. 그런데 그 악마 녀석은 절대 사라지지 않아. 자네를 떠나지 않고 안에서 밖으로 시장이 썩게 만들지. 부자는 더 부자가 되고, 그 밑으로는 다 고통을 받게 되고 말이야. 좋은 취지로 시작한 이야기의 결말은 최악 중의 최악이 되었어."

랍비는 바 쪽으로 걸어가면서 계속 말했다. "그건 일종의 마약이야. 처음엔 조금만 맛봐도 기분이 좋아지는데, 얼마 지나면…."

그는 블러디 메리를 한 잔 더 받아서는 자리에 앉았다.

>I<

우리는 내 스위트룸에서 간단히 점심을 먹고 카바나로 돌아왔다. 랍비는 TV에서 CNBC 채널을 찾기 위해 채널을 돌리면서 제리에게 설교를 계속한다.

"간단히 설명할게. 2008년 글로벌 금융위기 이후, 연준은 꽤 간단한 조치를 이행했지.

1단계, 금리를 제로로 한다. 2단계, 대차대조표(보유자산)를 확대하고, 물가를 올리기 위해 각종 자산을 매수한다. 3단계, 페드 풋 Fed put

〔금융시장 위기 때마다 중앙은행이 적극적으로 개입해 주가 하락을 방어하는 것〕이 적극적으로 발휘된다는 점을 시장이 인식하도록 한다.

아주 간단하지? 문제는 이 조치들이 실제로 부자들에게만 도움이 된다는 것이지. 실물 경제는 망해가고 있는데 말이야."

라이프코치는 수영장 옆 야외 테이블에서 블랙잭을 하고 있었다. 좋은 패를 가졌는지 궁금해서 그녀에게 다가가던 그때, 카바나에서 소란스러운 소리가 들렸다.

"트럼프 대통령이 뉴욕 이코노믹 클럽에서 연설을 했나 봐요."

"뭐라고 했는데?" 나는 물었다.

"미국이 마이너스 금리를 채택해야 한다고 또 밀어붙이고 있네요. 와서 들어보세요. 연준을 제대로 힐난하고 있어요. 와서 한번 들어보십시오."

난 카바나로 다시 걸어 들어갔다. TV에서 사람들은 트럼프의 주장에 함성을 지르고 있었다. 트럼프가 말했다. "미국은 이자를 낼 때 다른 국가들은 오히려 마이너스 금리를 통해 채무금을 상환하고 있습니다. 나에게도 그런 돈을 달라고 주장합니다. 받고 싶습니다."

랍비가 TV 앞에서 흥에 취해 몸을 흔들고 있었다. "와, 방금 봤어요? 영화 〈제리 맥과이어〉에서 주인공 제리가 했던 대사잖아요. '돈 좀 벌어보자! show me the money!' 제리, 자네가 직접 외쳐봐. 자네 별명이 제리인 것도 그 파이팅 정신 때문이잖아."

흥분이 가라앉자 방송에서 나오는 최근 여론조사가 눈에 들어왔다. 영국의 보수당 토리당이 10점 앞서고 있다. 제1야당인 노동당의 공약이 그다지 공감대를 사지 못한 탓이다. 무료 와이파이와 민족주의 공약은 민심을 잡지 못하고 있다. 보조bojo(보리스 존슨 총리 이름의 약자)가 이길 것 같았다. 여전히 영국의 파운드 스털링의 가치가 상승할 것을 기대하며 롱 포지션을 유지해왔는데, 상황이 어떻게 됐건 더 많이 매수할 계획이다. 돈이 더 벌릴 조짐이 보이고, 현재로서는 전 세계적으로 가장 저렴한 자산으로 여겨지기 때문이다.

엘리아스와 랍비는 어떻게 하면 우리의 포지션을 최강으로 만들 수 있을지를 이야기하기 시작했다. 이 분야에서는 트레이딩의 구조를 적절히 설계하는 것이 관건이다. 파운드화에 대해서는 지정가 주문이 아닌 시장가 주문으로 실시간 시세를 쫓아가면서 추세추종형 거래를 해야 한다. 우리는 파운드화가 더 오를 것으로 내다보고 있다. 그러나 시장 상황을 고려하면, 구조화를 하는 다양한 방법을 고민할 수밖에 없다. 단순한 델타 원delta one(미리 정해놓은 기초자산과 똑같은 수익률을 달성하도록 고안한 파생상품 거래 기법의 일종) 트레이딩 전략을 취할 경우, 오를 것에 베팅하되 달러 기준으로 예상이 틀릴 위험을 감수해야 한다. 또는 거래가 결실을 볼 때는 롱 감마long gamma(주식시장의 실현 변동성이 높아질 때 수익을 낼 수 있는 전략) 포지션으로 하고, 반대로 예측이 엇나갔을 때는 지급한 프리미엄 금액만큼만 손실이 나도록 트레이딩 구조를 설계할 수 있다. 혹시 대박을 쳐보겠다고 하면, 잘못된 상관관계나 편향을 이용할 수 있도록 트레이딩을 조건부 형식으로 구성할 수 있다(시장 A의 장세가 일정 수준으로 움직이면, 시장 B는 수익이 나는 다른 방향으로 이동하는 경향이 있다). 엘리아스가 이 부문의 전문가다.

우선, 기본적인 확률적 우위를 계산해봐야 한다. 지난 20년 동안 매일 같은 방식으로 거래를 했다면, 매번 판단이 얼마나 자주 옳았거나 틀렸을까? 시장 참여자들이 기억해야 할 중요한 교훈은 상대적으로 결과가 탁월한 거래들이 분명 존재한다는 점이다.

마지막으로, 거래에 대한 적정 규모를 조정하는 것은 매우 중요하다. 다른 모든 업무처럼, 무작위로 규모를 결정해서는 안 된다. 규모에 대한 규율이 필요하다. 즉흥적 실행은 항상 저조한 실적을 불러온다. 투자 비율을 산정하는 켈리 공식Kelly formula 이 가장 효과적이다. 켈리 공식은 1956년 존 래리 켈리 주니어라는 전직 벨 연구소 연구원이 개발한 공식이다. 그는 일반적으로 사람들이 확률이 낮을 때 너무 많이 베팅하고, 확률이 높을 때 충분히 베팅하지 않는다는 사실을 발견했다. 요컨대 51퍼센트의 승률이 있다면 예산의 2퍼센트를, 65퍼센트의 승률이 있다면 30퍼센트를, 90퍼센트의 승률이 있다면 훨씬 더 많은 80퍼센트를 걸어야 한다는 의미다. 단 예상 이익이 마이너스가 될 상황에서는 절대 베팅하지 않아야 한다는 사실을 전제로 한다. 도박꾼의 파산gambler's ruin (반복할수록 목표에 닿을 확률은 0에 수렴한다는 이론) 상황에 이르면 수치심만 짙어질 것이다.

대화가 끝나갈 무렵, 랍비는 선글라스 너머로 나를 바라보았다. 그는 카바나의 소파에 누운 채로 "대표님, 새로 생긴 오요 호텔 있잖아요. 재정난이 장난이 아니었습니다. 최소 판돈액 1달러짜리 블랙잭 테이블에 지급할 판돈조차 없어요. 아무리 운영해도 운영비도 안 나올 것 같아요."

"그쪽 주식을 더 팔아야 할까?"

"아마도요. 꿍꿍이속을 모르겠습니다."

이때 엘리아스가 말했다. "그건 제가 알아서 할게요." 그는 얼굴에 미소를 지으며 말했다. "대표님, 어젯밤에 보니까 임대수익형 부동산을 소유한 스트립 댄서는 1명도 찾을 수 없었습니다."

"아이고, 팀을 위해 성실히 일해줘서 고마워. 사실 놀랄 일도 아니지. 은행들이 2008년 글로벌 금융위기 이후 모든 담보 대출을 차단했으니 말이야. 그런데 자네 그거 아나?"

"뭘요?"

"여기 카지노들 전체가 전보다 훨씬 빚을 더 많이 지면서, 자기네 주식을 다시 사들이고 있을 게 뻔하다는 거야."

"그러니까요." 랍비가 말했다. "그게 사실이에요."

오늘 크리스틴 라가르드 유럽중앙은행 총재가 첫 연설을 한다고 들었다. 우리는 카바나에 모여 TV에 집중했다. 매크로 트레이더라는 직업적 특성상 우리는 이렇게 함께 주요 뉴스를 시청하는 일을 매우 좋아한다. 연설에 등장하는 모든 단어를 분석하고, 중앙은행가들이 입고 있는 의상을 분석하며, 다른 트레이더들을 앞지르기 위해 이들의 보디랭귀지를 연구하기도 한다. 그린스펀 의장이 활동하던 시절의 트레이더들은 그의 다음 행보에 대한 단서를 찾기 위해 그가 들고 다니는 서류 가방의 크기를 예의주시하기도 했다. 몇 년 전, 우리는 전직 FBI 요원을 고용해 보디랭귀지를 읽고 거짓말을 탐지하는 법을 배웠다. 이렇게까지 하는 건 유별나기도 하지만 무엇보다 소탐대실의 우를 범할 수도 있다. 그러나 지금 라가르드 총재가 생각하는 큰 그림은 명확하다. 그녀는 '세계 경제의 새로운 질서'에 대해 언급했다. 그렇다. 예상대로다. 새로운 세계 질서 카드를 꺼내 들었다. 양적완화를 확대하고 지출을 늘린다는 것이다. 수장이 바뀌어도 꺼내 든 카드에는 변함이 없었다.

우리는 플래닛 할리우드 리조트로 향했다. 그곳에 있는 스트립 하우스에서 저녁 식사를 하고, 카지노에서 블랙잭을 더 할 생각이었다. 식사 후 도착한 카지노는 사람들로 매우 복잡했다. 오늘 나는 일찍 자러 들어가기로 다짐했다. 드레이즈 클럽은 안 갈 참이다. 나는 자정에 카지노를 빠져나왔고, 딜러 비와 랍비도 예상대로 일찍 자리를 떴다.

나는 깊은 잠에 빠져들었다. 전화벨이 또 울렸다.

나는 대답했다. "싫어. 오늘 밤엔 드레이즈 안 가."

"대표님, 저 제리예요. 드레이즈가 아니라, 문제가 생겨서요."

"무슨 일인데?"

"저희가 팜스 클럽의 총각파티에 있었거든요. 저랑 제 친구들은 룸에 있었고, 다른 애들이 여자들을 불렀는데 진짜 황당한 일이 벌어졌습니다. 걔들이 하나둘 사라졌는데, 나중에 알고 보니 우리 지갑이랑 시계, 그리고 여권을 갖고 튄 거죠. 대표님, 제 신발도 가져갔어요. 저 지금 그놈의 망할 신발 한 짝도 없습니다."

나는 웃지 않을 수 없었다.

"그리고 대표님, 저 테킬라 더는 못 마시겠습니다. 역겨워 죽겠어요. 배가 엉망이에요."

"아래층으로 내려가. 차를 보내서 자네를 데려오라고 할게. 그리고 물이나 게토레이 같은 거 있으면 마셔봐." 나는 차를 보내고 다시 잠을 청했다. 새벽 비행기를 타야 하기 때문이었다. 제리가 여권을 처리하는 데 며칠이 걸릴 텐데…. 영화〈재회의 거리〉의 대사가 떠올랐다. "그 친구, 완전 개차반이라 갈 곳도 없어요."

다시 잠이 안 왔다. 그냥 뒤척일 뿐이었다. 제리에게 문제가 생겼다는 현실이 갑자기 피부로 느껴졌다. 그 친구가 원망스러웠다. 왜 한밤중에 나한테 전화해서 내게 이런 고민을 떠안긴 건가?

새벽 5시에 일어났다. 라스베이거스는 태평양 표준시를 따른다. 그만큼 일찍 일어나야 한다는 의미다. 미국 서부에 사는 사람들이 어떻게 적응하는지 모르겠다. 마이클 밀켄(1980년대 월가를 주름잡던 투자자였지만 내부자거래로 중형을 받았다)의 오랜 투자자 동료들이나 핌코 직원들은 어떻게 버텼는지, 대단하단 생각이 든다. 나는 런던 업무 시간에 맞춰져 있다. 뉴욕보다 5시간 앞서 있다. 미국 장이 열릴 때쯤 영국에서는 이미 시황을 읽고 투자 준비를 한다. 누구보다 시간상으로 앞서 있다. 그런데 라스베이거스에서는 그런 이점이 없다. 눈을 뜨는 순간 이미 다른 투자자들에 뒤처져 있다. 핸드폰을 확인했는데 벌써 수백 통의 메시지가 와 있다. 또 다른 매크로 트레이딩의 전설적 인물, 무어 캐피털의 루이스 베이컨이 주력 펀드들을 청산하기로 했다는 소식이 들린다. 그는 30년 동안 연평균수익률

17퍼센트를 유지하면서 손실 위험을 효과적으로 관리해온 인물이었다. 전설적인 투자자들이 외부 자본에서 손을 뗀다는 것은 시장이 얼마나 왜곡됐는지 보여준다. 아, 그리고 연준이 '임시' 유동성 차원에서 1000억 달러를 더 쏟아 부었다고 한다.

주식 시장의 과열 국면이 이어지고 있다. 흥미롭게도 레포 시장에서 나타난 문제점이 이제 중국으로 퍼지고 있었다. 중국상하이은행 간 3개월 금리〔흔히 'Shibor'라고 부른다〕에 대한 차입 비용이 천정부지로 치솟고 있다. 요새는 미국과 중국 시장이 연동되어 있기 때문에, 현 상황은 눈앞에 도사리고 있는 또 다른 위험의 징조이자 다음번 경기 하강 위기의 신호탄이다. 이러한 상황에서 어떠한 조치가 취해지겠는가. 당연히 중앙은행이 개입하지 않겠나. 런민은행은 자국 시장에 유동성을 더욱 주입해야 할 것이다. 시장이 버틸 수 있도록 지원해야 하기 때문이다. 나는 롱 포지션을 유지해야 한다. 강세장이니 말이다! 월말까지 중국 주식을 좀 사두면 좋을 것이다. 여러 중앙은행도 적극적으로 매수 행렬에 참여하는 듯하다.

하지만 공항으로 향하면서, 라스베이거스에서의 시간이 기분을 나아지게 하지 않았다는 걸 깨달았다. 다시 거품 시대가 온 걸까.

2019. 12. 11.
• 연준, 기조 유지 의견
발표. 연준이 공개한
경제전망요약sEP에 따르면
2020년에는 금리 변동이
없을 것임

2019. 12. 5.
• 미 하원, 트럼프 대통령
탄핵 절차에 돌입

2019. 12. 6.
• 미 경제에 26만 6000개의
일자리 추가, 실업률은
3.5%로 하락, 시간당 평균
임금 3.1% 상승

2019. 12. 19.
• 미 하원, 트럼프 대통령
탄핵안 가결

폭풍전야

월말 기준: 미국 10년물 국채 금리 1.92%
가팔라지는 수익률 곡선
달러 지수 1.9% 하락(EM 통화 강세)
S&P 500 +3.0%
나스닥 +3.5%

연말 기준: S&P 500 +31.5%
올해 미국 10년물 국채금리 −72bps

2019. 12. 20.
● 앤드루 베일리가 영란은행
차기 총재로 임명됨

2019. 12. 31.
● 중국 우한시
보건위원회에서 원인
미상의 폐렴 사례 보고

2019. 12. 26.
● 나스닥 지수, 최초로
9000선 돌파

요즘 술고래로 살고 있다. 몸 관리를 다시 시작해야겠다. 요가도 더 하고, 유산소 운동도 늘려야겠다. 이른 아침, 조깅을 하러 나왔다. 아직 어두컴컴하다. 환경미화원 몇 명이 꼭두새벽부터 청소를 하고 있다. 그들 중 하나가 벤치에 아무렇게나 버려진 텅 빈 프링글스 과자 통을 줍는다. 평소에 오전의 런던 거리를 걷다 보면, 어쩜 이렇게 깨끗할 수 있는지 놀라곤 한다. 런던 밖에서는 그렇게 쓰레기를 버려대던 사람들인 것 같은데 말이다.

나는 하이드 파크의 로튼로 승마 도로에서부터 달리기 시작했다. 공원 곳곳에 아침 이슬이 맺혀 있다. 이어폰으로 들리는 플리트우드 맥의 음악이 내 고막을 때렸다. 점차 이슬이 걷히며 해가 뜨기 시작했다. 너무 이른 시간이어선지, 과거 헨리 8세의 개인 사냥터에 사람들이 안 보인다. 항상 관광객으로 붐비던 곳인데. 이제 이곳에 사슴은 보이지 않는다. 고작해야 다람쥐들이 뛰어다니며 울음소리를 내고, 사람들이 먹이 주길 좋아하는 백조들이 눈에 띌 뿐이다. 근데 먹이를 왜 그렇게 주려고들 하는지, 도통 이해가 안 간다.

다이애나 공주 기념 분수를 지나 서펜타인 호수를 돈 후, 원 하이드 파크를 지났다. 이 아파트는 한때 전 세계에서 가장 비싼 부동산으로 손꼽혔다. 불가리 호텔 옆 거리를 지나자, 포르쉐 911 빈티지가 눈에 들어왔다. 흔히 악틱 실버arctic silver로 불리는 밝은 회색의 차량이었다. 이 차를 보니 내가 샀던 첫 번째 포르쉐가 떠올랐다. 당시 내 차와 거의 똑같은 모습이었다. 그 차를 매우 아꼈었다. 수백만 달러의 보너스를 받고 나서 구입한 차였다. 당시 난 상상도 하지 못할 대우를 받았었다. 내가 진정 즐길 수 있는 일을 하면서 이렇게 많은 돈을 벌 수 있다는 사실이 믿기지 않았다. 그런데 그런 감정은 곧 사그라들었다. 나에게 돈을 맡겨준 투자자들을 위해 중요한 업무를 한다는 생각에 책임감이야 막중하지만, 각종 정책이 미치는 영향에 넌더리가 나면서 흥미를 잃기 시작했다. 결국 이 모든 게 돈에 관한 것이다. 어느 날 문득 이 일을 하는 재미가 사라졌다.

훌륭한 투자자가 내게 들려준 이야기가 생각났다. 어느 날인가, 나는 그의 사무실에 찾아가서는 시장 상황에 대한 내 생각을 주저리주저리 늘어놓았다. 그는 내 말을 듣고 나더니, "이봐, 월가에서 일하면서 받는 금전적인 보상이라는 거, 참 우스워. 첫해는 말이야, 내가 과연 이 정도의 돈을 번 것이 맞는지 믿을 수가 없더라고. 내가 참 운이 좋다는 생각이 들었지. 그다음 해에는 내가 번 돈이 꽤 타당한 금액이란 생각이 들었고. 그런데 그렇게 해를 거듭하면서 드는 생각이 뭔지 알아? '내가 이 돈 벌려고 이 짓 하고 있나' 싶더라니까." 월가가 사람을 이렇게 만드나 보다. 사람의 정신을 마비시킨다. 정신이 마비되면 현실감은 사라진다.

최근 모든 상황이 나를 지치게 했다. 수년 동안 조용히 상승하던 주식과 채권의 장세, 계속 낮아지는 변동성, 심지어 시장 기능이 미미하게나마 비정상적으로 작동할 때마다 중앙은행의 예측 가능한 발 빠른 대응이 이어졌다. 2008년 글로벌 금융위기를 교훈으로 삼아서 세계는 항상성을 유지하는 모양새였다. 나름 바람직한 현상이라고 생각한다. 그러나 이 모든 상황 때문인지, 내 업무는 더 난해해졌고, 무엇보다 고통스러울 정도로 지루하게 느껴지게 되었다. 브렉시트나 미국 대선, 이 두 가지 거시적 상황이 그나마 기존의 장세에 약간의 변화를 가져왔다고 할 수 있다.

내가 어쩌다가 전 세계 장세를 쥐락펴락하는 투자 대가들이 모인 금융의 중심지까지 흘러들어오게 되었을까 하는 생각에 잠겼다. 사실 내 목표는 로스쿨이었다. 소송 전문 변호사가 꿈이었다. 하지만 1990년 당시 세상은 변하고 있었다. 미국 레이건 대통령이 베를린의 브란덴부르크 게이트 앞에 서서 소련의 서기장 미하일 고르바초프에게 "이 장벽을 허물어버리시오!"라고 애원한 지 불과 2년 반 만에 장벽은 무너졌고, 동시에 소련에 대한 국가 신뢰도 무너졌다. 소련이라는 '악의 제국'은 높이 쌓은 젠가처럼 흔들리고 있었고, 마침내 제국이 무너졌을 때 그 이후를 모두가 궁금해했다. 공산주의의 속박에서 해방된 3억 명의 사람들, 소련의 간섭에서 벗어나 자치권을 다시 주장하는 여러 국가들, 새로운 국경과 시장이 펼쳐지고 있었다.

그 열기는 대중문화에도 스며들었다. 처음으로 뮤지션들이 평화라는 시대정신을 음악으로 표현한 베트남 전쟁 이후, 냉전의 종말을 고하는 지정학이 다시금 시대정신이 되어 음악에 녹아들었다. 록밴드 스콜피온스의 파워 발라드곡 〈윈드 오브 체인지〉가 끊임없이 흘러나오던 시절이었다. 영국의 록밴드 지저스 존스가 '세상이 역사에서 깨어나는 모습을 관망하는 것'에 대해 철학적으로 고찰하기도 했다. 흥미진진하게 펼쳐지는 시대적 상황 속에서 나는 그 일부가 되고 싶었다. 희망으로 가득 찬 세상이 펼쳐질 것만 같았다. 자본주의가 절정에 달했던 시절이었다.

전 세계 거시경제는 졸업을 앞둔 나를 그 안으로 끌어들였다. 중요한 사안, 즉 세상의 윤곽을 형성하는 데 영향을 주는 중요한 문제들에 깊이 관여할 기회가 내게 주어진 것이다. 내 동기들이 대형 컨설팅 회사에 입사해 아무도 신경 쓰지 않는 작은 마을에서 이름 없는 회사가 부품을 몇 개나 팔았는지 파악하는 동안, 나는 급변하는 세계 경제 및 정세와 씨름했다. 뉴욕, 런던, 도쿄 시장을 연이어 분석하며 마치 제임스 본드가 첩보 활동을 하듯이 실시간으로 벌어지는 역사의 순간들을 포착하느라 정신이 없었다. 그렇다. 그때 그 시절, 글로벌 거시경제를 읽는 매크로 트레이더는 크게 날갯짓하며 신명나게 일할 수 있었다. 그런데 요즘에는 제임스 본드보다는 공상에 빠진 돈키호테가 된 것 같다.

일을 처음 시작하는 애널리스트들에게 조언을 할 때도 나의 변화한 성향이 반영되는 듯하다. 매크로 상황을 폭넓은 시각으로 바라보도록 유도하기보다는 다소 무미건조한 관점으로 안내한다. 기준을 적당한 수준으로 낮추는 것이 바람직하기 때문이다. 엄밀한 의미에서 매크로 트레이딩이란 성장, 인플레이션, 금리의 상승과 하락이라는 변화하는 판도를 토대로 자산에 투자하는 활동을 의미한다. 경기 변동을 이해하고, 정부 지출 및 중앙은행 정책이 이에 어떤 영향을 미치는지를 이해해야 한다. 막대한 양의 거시경제 데이터를 분석하고 각국의 중앙은행 정책 파악을 위해 하루에 몇 시간씩 집중하며, 채권, 통화, 주식 및 원자재에 이르기까지 재정 및 통화에 관한 여러 결정들을 파악하고 이러한 결정이 금융시장에 미치는 영향을 예측하기 위해 안간힘을 쓴다.

일식집 주마를 지나 길을 따라 해러즈백화점 쪽으로 길을 건너, 내가 거주하는 뮤스 거리로 돌아왔다. 나의 집이자 나만의 '강도의 소굴'이다.

>**<

뮤스 거리는 쓰레기 하나 없는 깔끔한 구역이다. 과거 대저택 옆에 위치하여 마구간과 하인들의 행랑채로 이용되던 지역이다. 물론 런던 부동산 경기 호황 전의 일이다. 이제는 구석구석 개발되었다. 부동산 가격도 매우 높다. 말들이 살던 이곳에 말은 없고 사람들로 붐빈다.

한편 나이츠브리지knightsbridge는 최상위 부자들이 사는 동네다. 사람들이 옷을 제대로 갖춰 입고 다니며 후줄근한 차림의 주민은 찾아

볼 수 없다. 요가팬츠나 트레이닝복 같은 옷은 입지 않나 보다. 내가 유년 시절을 보낸 동네의 분위기와는 너무나 다르다. 현재 내가 사는 뮤스 거리에는 리보금리(london inter-bank offered rate의 약자로, 런던에서 우량은행끼리 단기 자금을 거래할 때 적용하는 금리) 조작 사건으로 유죄 판결을 받은 사람들, 축구선수, 그리고 남들 자는 시간에 활동하는 러시아인 무리도 살고 있다.

나는 나이츠브리지가 좋다. 게다가 영국의 시간대는 매크로 트레이더가 활동하기에 최상이다. 오전에는 아시아 시장, 낮에는 유럽 시장, 저녁에는 미국 시장을 살필 수 있기 때문이다. 내가 여기에 사는 이유이기도 하다. 게다가 내 친구들도 모두 여기에 산다. 음, 엄밀한 의미에서는 친구라기보다는 나를 칵테일 파티나 저녁 식사에 초대해주는 사람들이다.

나이츠브리지 주변을 걷다 보면 실거주자들이 사는 집들은 그다지 많지 않다는 점에 놀랄 것이다. 전통적인 의미의 집이 아니기 때문이다. 실제로 1년에 몇 주 이상 이곳에서 머무는 사람이 거의 없다. 은행 금고라는 표현이 더 적절할 것 같다. 그렇다고 현금이 가득 차 있진 않다. 이 집들은 자산 가치를 유지하는 수단인 셈이다. 러시아의 신흥 재벌 올리가르히, 중동 왕족, 중국의 억만장자, 그리고 정치적으로 불안정한 국가의 상위 0.001퍼센트 부유층들이 본국에서 영국으로 자본을 이동시키는 목적으로 이 집들을 매입한다. 영국은 법치주의가 강력한 국가라는 믿음에서다. 이곳에서는 혁명이 일어나지 않을 것이라는 믿음이 있고, 엘리자베스 2세 여왕이 권력을 휘둘러 그들의 재산을 몰수할 일도 없기 때문에, 밤에 두 다리를 쭉 뻗고 잘 수 있다. 물론 이 모든 상황의 아이러니는 그들이 실제로 부동산을 소유하지 않고 있다는 점이다. 집을 사기 위해 돈을 지불했을 수도 있지만, 그 대지 자체는 영국의 공작이나 영주들의 소유일 가능성이 더 크다. 윗대 조부(위로 20세대 거슬러 올라)가 16세기에 그 땅을 샀거나 힘겨운 전투에서 공을 세워 증여받았을 듯싶다. 그 후손들은 런던에 막대한 대지를 소유하면서, 자신들의 땅에 '은행 금고'를 보관할 권리를 유지하기 위해 99년마다 집주인들로부터 임대료를 징수한다. 뮤스와 주변 부동산들이 다 이런 종류의 임대 토지다.

러닝을 마치고 집으로 오니, 아내 캐럴라인이 집 밖에 서 있다. 몸을 수그리고 강아지의 리드줄을 풀고 있다.

"좋은 아침!" 나는 인사를 건넸다. 아내보다 강아지가 나를 보고 훨씬 더 신나 보였다. 꼬리를 흔들면서 목줄에서 목을 홱 잡아 빼면서 나를 반겼다. 나는 캐럴라인의 볼에 키스하고, 손목에 감긴 줄을 받아 가려고 손 쪽으로 팔을 뻗었다.

"다녀왔어?" 정리된 눈썹이 올라간 채 짜증나는 표정으로 나를 바라보며 그녀가 말했다.

"같이 산책시키자." 내가 말했다.

캐럴라인은 바깥에서 이런저런 볼일을 보고 개를 산책시키는 것을 좋아한다. 그녀가 머리를 식히는 방법이기도 하다. 이웃 중 하나는 아내더러 혹시 반려견 산책 아르바이트를 하냐고 묻기도 했다. 그녀는 그런 오해를 받았다고 화낼 성격이 아니다. 사람들과 허물없이 잘 지내는 본인의 성격에 자부심을 느낀다. 나이츠브리지 주민들이 보이는 사치에 휘둘린 적도 없고, 생로랑의 이번 시즌 런웨이 의상에 매료되지도 않는다.

우리는 고급스러운 슈퍼마켓 웨이트로즈 밖에서 잠시 멈췄다. 이곳에서 할리우드 배우 린제이 로한이 프랑스 와인 여러 병을 가득 담는 모습을 자주 보곤 했다. 집에 우유와 캡슐커피가 다 떨어져서 캐럴라인이 마켓으로 들어갔다.

나는 강아지와 함께 근처 술집 밖에서 기다린다. 더 스타 태번이라는 펍이다. 밖에서 창문을 닦는 직원도 나를 알고 있다.

이 술집은 조용한 편이다. 벨그레이브 뮤스 골목에 숨어 있는 편한 장소다. 강아지를 데려와도 된다. 강아지는 오늘 아침에도 안으로 들어가는 줄 알고, 자신의 영역인 듯 빠르게 문까지 달려간다.

"지금은 문 닫았어." 강아지에게 말했다. "그런데 나중에 엘리아스와 함께 올 거야"라고 덧붙였다. 나도 강아지랑 대화를 좀 하는 편이다.

아침에 매장 영업을 하는지 확인하려고 두 손을 눈에 대고 창문에 바짝 붙여 술집 안을 들여다보았다. 이곳은 내가 제일 좋아하는 장소 중 하나다. 평소에는 중앙 입구로 들어가 좋은 맥주가 있는 작은 바로 향한다. 테이블 공간을 살펴보면, 왼쪽에는 스테인드글라스 창문이 있고, 위층으로 올라가는 계단이 있다. 벽난로가 있는 서재도 있다. 바스툴(술집의 바에 놓인 높은 의자)에 앉을 수도 있지만, 런던에서는 바스툴에 앉아 있는 사람들을 보기 힘든 편이다. 나는 일요일에 거기서 엘리아스를 만나 남들보다 빨리 시장 상황을 함께 분석하는 것을 좋아한다. 우리가 앉는 테이블 옆에는 칠판도 있다.

더 스타 태번의 역사는 꽤 긴 편이다. 런던 최고의 피시 앤 칩스가 주메뉴라는 사실에도 이곳의 역사가 녹아 있다. 1950~1960년대에, 이곳은 다이애나 도스, 피터 오툴, 앨버트 피니와 같은 스타들을 비롯해 유명 영화감독 알렉산더 코다이가 즐겨 찾기도 했지만, 돔 페리뇽 샴페인을 벌컥벌컥 마시는 런던의 주요 범죄자들의 아지트이기도 했다. 당시 세기의 강도 사건이었던 '대열차 강도사건'의 음모를 꾸미고 계획을 세웠던 장소로도 이용되었다. 총 18명의 남성으로 구성된 강도단은 260만 파운드(오늘날 가치로 환산하면 약 4000만 파운드)를 갈취했다.

1963년 8월 8일, 유명한 강도 브루스 레이놀즈는 술 취한 변호사의 재판연구원에게서 글래스고에서 런던으로 가는 왕립 우편 열차에 600만 파운드가 실릴 것이라는 제보를 들었다. 그는 사우스 코스트 레이더스 열차 강도 조직의 일원이었던 버스터 에드워즈에게 연락해 함께 강도 행각을 계획했다.

사건을 계획했던 레이놀즈는 영국 남부의 스트레텀에 있는 자신의 집에서 애스턴 마틴 차량을 몰고, 에드워즈와 갱단의 조직원들을 만나 작전을 짜기 위해 더 스타 태번으로 갔다. 경찰의 감시를 대비해 공개석상에서는 조직원들끼리 한 번에 최대 4명만 만나는 것을 원칙으로 했다. 레이놀즈의 친구 테리 호건은 두 사람이 1952년 이스트캐슬 스트리트 우편 강도 사건에 함께 가담한 이후 레이놀즈에게 이 술집을 소개했다. 레이놀즈는 자신이 범죄 조직 세계의 상층부에 들어왔다고 느꼈고, 점잖은 신사 같은 강도들을 많이 만났던 기억이 났다. 피터 스콧이 그 대표적인 사람이었다. 이탈리아의 전설적인 여배우 소피아 로렌에게서 20만 달러 상당의 보석을 훔쳤던 범인도 스콧이었다. 물건을 훔친 후 이 술집으로 들어와 상당량의 지폐뭉치를 꺼내 과시한 후, 이렇게 말했다고 한다. "소피아에게 도둑이 들었다는데 안타깝네요." 소문에 따르면 강도질을 할 때마다 항상 피해자의 속옷도 훔쳤다고 한다.

당시 더 스타 태번의 주인은 패디 케네디라고 하는 덩치가 큰 아일랜드 사람으로, 고객이 누구고 직업이 무엇인지와 상관없이 공평하게 욕을 퍼부었다고 한다. 소위 '부유층 술꾼들', 즉 스타, 상류층 사교계 여성들, 이들을 보호하는 경호원들은 이곳에서 유명 범죄자들과 어울리면서, 그들의 지위나 재산에 개의치 않는 욕쟁이 술집 주인의 욕을 듣는 것을 꽤나 즐겼다고 한다. 훗날 레이놀즈의 회고에 따르면 그렇다. 때때로 케네디는 한 명을 지목해서 대놓고 욕설과 모욕으로 '특별 대우'를 하곤 했는데, 이러한 행위가 술집 전체의 분위기를 화기애애하게 만들었다. 강도 사건 이후 레이놀즈는 멕시코로 도망쳤고 5년 동안 바람둥이 생활을 하며, 전 재산 15만 파운드를 탕진하고는 영국으로 돌아갔다. 결국 그 일당이 잡혔을 때, 그는 25년형을 선고받았지만 10년만 복역했다.

나이츠브리지의 분위기가 딱 이렇다. 이곳에 사는 사람 중에 열심히 일해서 돈을 버는 사람은 많지 않다. 대부분 강도 행각으로 먹고 산다. 이제 새로운 양적완화의 시대가 되었고, 이들에게 비난의 화살이 돌아가고 있다. 양적완화는 엄청난 규모로 부의 불평등을 초래하는, **역사상 가장 큰 강도 행각**이다.

나는 햇빛으로 몸을 감싼 우리 집 강아지를 내려다본다. 캐럴라인은 웨이트로즈에서 캡슐커피 말고도 훨씬 더 많은 것을 사서 나오고 있다. 계산대 옆에 놓인 캐드버리의 대표상품 초콜릿 버튼과 브랜드명이 새겨진 크리스마스 트리가 시선을 끌던데, 캐럴라인도 그냥 지나치지 못했나 보다. 그녀의 목소리를 듣자마자 강아지가 벌떡 일어났다.

"많이 기다렸지? 미안. 안이 엄청나게 북적대더라고." 그녀가 말했다. "엘리자베스가 먹을 간식도 좀 샀어. 좀 있으면 학기가 끝나니까, 서리 카운티에 가서 데리고 와야 해." 캐럴라인은 딸을 데리러 함께 갈 수 있는지 내게 묻지 않는다. 언제부턴가 자신에게 실망감을 안겨줄 대답이 나올 것 같은 질문은 하지 않는다.

우리는 강아지와 초콜릿과 함께 해러즈백화점을 지나 먼 길을 걸었다. 해러즈백화점은 나이츠브리지에 정착한 상업 시설 중에서 가장 큰 성공을 거두었을 것이다. 런던만 하더라도 소비 욕구를 불태우기 좋다. 갱스터 조직에 대한 규제도 없고, 고급 차의 대명사로 알려진 분홍색 캐딜락이나 모피코트에 대한 구매욕을 절제하려는 사람도 없다. 그런데 나이츠브리지에 비하면 아무것도 아니다. 최고의 부촌답게 소비욕과 과시욕이 하늘을 찌른다. 수백만 달러에 달하는 롤스로이스를 쉽게 사고, 아내(그리고 바람 피우는 상대)에게 해러즈백화점의 VIP 카드인 블랙카드를 선물한다. 돈 쓰는 행태를 보면 다들 제

정신인가 싶다. 해러즈백화점에서는 사람들이 현금으로 에르메스의 켈리백과 버킨백을 사 모으거나 샤넬 매장에서 물건을 무더기로 사가는 모습을 쉽게 마주한다. 뭐, 활발한 소비를 하고 있으니 경제에는 다행이라고 생각한다. 최소한 낙수효과라도 있지 않은가. 어떤 의미에서는 양적완화보다는 효과가 좋다고 생각한다.

우리가 집으로 돌아왔을 때 강아지는 아내의 품에 안겨 있었다. 운전기사는 밖에서 기다리고 있다. 캐럴라인을 태워서 딸 엘리자베스를 데려올 계획인가보다. 나는 집에 들어와 구입한 식재료를 정리했다. 캡슐커피를 포장지에서 꺼내 주방의 선반에 가지런히 정리할 때, 옷장의 내 셔츠를 색깔별로 정리할 때와 같은 쾌감을 느낀다.

>×<

엘리아스와 나는 저녁 식사 후에 술집에서 만났다. 다음 한 주를 준비하기 위한 자리였다. 미국 대통령 선거의 첫 관문인 아이오와 코커스까지 64일 남았다. 표가 어디로 쏠릴지 미지수다. 초반 4개 주에서 서너 명의 민주당 후보가 각각 승리할 가능성이 꽤 큰 상황이다. 아직 유권자들의 마음을 확실히 사로잡은 후보는 없다. 선거는 내년의 장세를 미리 파악할 수 있는 촉매제 역할을 한다. 연말의 어수선한 분위기 속에서 중심을 잡고 내년 투자 계획 수립에 박차를 가해야 하는 상황이기도 하다.

나는 자리에 앉으면서 가볍게 말을 건넸다.

"문자 보내는 속도가 미쳤구만. 누구한테 보내는데 그래?

"아, 대표님. 라스베이거스에서 만난 여자 3명이요. 단체 대화방을 만들었거든요."

"어떤 여자들인데?"

"거기서의 일은 그곳에 묻어두렵니다."

"나도 같이 좀 알면 안 돼?"

"그냥 비밀로 묻어두려고요."

"라스베이거스 얘기가 나와서 말인데, 제리가 좀 신경 쓰이더라고." 엘리아스는 나를 바라보았다. 나에게 뭔가 확실한 대답을 하길 꺼리는 눈치였다. "제리가 스트레스를 받아온 건 아는데, 최근에는 신경이 곤두선 것 같더라고. 자네는 못 느꼈어?"

"크게 느끼진 못했는데 제 신경을 조금 건드릴 만한 사건은 있었습니다."

"뭐였는데?"

"저와 제리가 며칠 전에 세일즈 담당 브로커하고 어울렸습니다. 저녁 식사를 하는 내내 제리는 별말이 없었는데, 그러다가 화장실을 가서 한참을 있다 왔어요. 완전히 약에 취해서 흥분한 상태더라고요. 에너지가 넘쳐서 말도 훨씬 많아졌고요. 저는 집으로 갔는데 제리랑 그 브로커는 새벽 3시까지 서크와 스포츠맨 술집에도 차례로 들러서 새벽까지 그렇게 놀았던 모양입니다. 세일즈에 목숨 건 브로커들 아시잖아요. 우리를 최고로 접대해서 어떻게든 거래에 대한 확답을 얻어내려고 안달이 난 상태입니다."

"아, 짜증 나. 젠장." 나는 한숨을 쉬며 말했다. "TMI 알려줘서 고맙고. 근데 자넨 어젯밤에 누구랑 논 거야?"

"럭비 선수요. 유리도 씹어 먹는 그 친구 있잖아요."

"진짜 환장하겠네." 나는 말했다.

하지만 이건 마음 한 구석으로 미뤄두자. 시장 상황에서 중요한 분기점에 도달하게 되면 고민해야 할 문제가 있다. 이번 주는 바쁠 것 같다. 우선 월요일에 ISM 제조업지수와 PMI 지수가 발표되는데 그 내용을 확인해야 한다.* 경제의 건전성을 가늠하는 데 유용한 지표이기 때문이다. 구매관리자들을 대상으로 한 월별 설문 조사를 바탕으로 제조 활동을 측정할 수 있다. 시장에서는 제조업 침체가 바닥을 치고 있는지, 연준의 중간 사이클 조정이 효과를 발휘하고 있는지 보여주는 신호를 예의주시한다. 하지만 나는 이 신호들에만 의존하지 않는다. 매주 수요일에 발간되는 ADP 연구소의 고용보고서도 참조한다. 노동 시장의 냉각 여부에 대한 징후가 있는지 확인해야 하기 때문이다. 매주 금요일은 신규 일자리 창출 소식을 듣는 날이다. 일자리의 규모가 항상 시장의 부침을 좌우하므로, 금요일이면 우리 같은 사람들은 손에 땀을 쥐며 통계 결과를 기다린다. 시장 분위기

---

* 공급관리자협회ISM 제조업지수〔제조업체에 근무하는 구매관리자들을 대상으로 생산, 고용, 재고, 가격 등에 대한 설문을 하며 그 결과를 모아서 매월 첫 번째 평일에 발표한다〕와 구매관리자협회PMI 지수를 말한다. 둘 다 IHS 마킷IHS Markit〔전 세계 국가의 주요 산업 및 시장을 대상으로 분석과 솔루션을 제공하는 글로벌 정보 제공업체〕이 취합해 제공하는 지수들이다.

가 한결 부드러워진 것 같다. 장중 시황을 보면, 6주 만에 첫 하락 주를 맞았다. 우연의 일치든 아니든 연준의 대차대조표가 수개월 만에 위축되면서 S&P는 상승세로 돌아섰다. 이제 12월이다. 모든 헤지펀드 트레이더들이 포지션 청산 주문을 넣고, 인플레이션에 대한 위험 회피에 집중하며, 자본 출자를 축소하기 시작한다. 앞으로 몇 년 동안의 투자를 망치고 싶지 않다는 생각이다. 작년 12월에 대한 기억이 아직도 생생하다. 당시 시세는 폭락했고, 1년 동안 끌어올린 이윤이 사라져버린 것이다. 그들은 올해가 선물과 같은 1년이었다는 사실을 알고 있다. 연준이 양적완화를 세 차례나 진행했고, 대차대조표도 확장하는 방향으로 조정한 데다가, 유럽중앙은행도 공격적인 양적완화를 재개했기 때문이다. 연준, 유럽중앙은행, 일본은행과 같은 거물기관들이 아름다운 조화를 만들어내기라도 하는 듯 일제히 보유자산을 확대하는 전략, 즉 대차대조표를 확장하는 전략을 재개했다.

이 분야에 종사하는 사람들은 연말을 기준으로 한 손익에 따라 보상을 받기 때문에, 누구나 이때만큼은 최대한 리스크를 피하고자 한다. 불안불안하게 스키 타는 것에 매진할 필요가 있겠는가. 비버 크릭이나 샤모니에서 아프레 스키après-ski(스키를 타고 난 후 즐기는 뒤풀이)를 즐기는 편이 훨씬 낫지 않은가. 제길, 장부 따윈 집어던지고 연말 휴가를 즐기면 되는 것을.

엘리아스가 올해 우리의 실적에 대해 어떻게 생각하냐고 물었다. "괜찮긴 해." 나는 대답했다. "그런데 분명 여러 폭넓은 시장 차원에서는 실적이 저조했지."

"그런데 대표님, 매년 지수를 뛰어넘어야 하는 건 또 아니지 않습니까?"

"이론적으로는 그렇지." 나는 그에게 말했다. "그런데 절대수익을 내는 게 우리가 돈 받고 하는 일이잖아. 문제는 투자자들이 너나 할 것 없이 수익률을 좇아가기 때문에, 몇 년 동안 실적이 저조하면 업계에서 잊힌다는 게 문제지. 월가에서 잊히는 건 너무나 쉬워."

"이해했습니다." 그가 말했다.

"정말 답답한 노릇이야." 나는 말했다. 말을 이어갈수록 내 안에서 억눌려 있던 말들이 끓어 넘치는 기분이다. "지금 시장은 재미있는 평행 세계 같아. 중앙은행이 주도하는 뒤틀린 현실이랄까. 이 커다란 금융시장에서 인간들은 위험을 좇고, 현금은 넘쳐나지. 유동성이 무한히 공급된다고 할 수 있어. 신용 시장은 아무도 채무불이행에 빠지지 않을 것처럼 트레이드가 이루어지고 말이야."

나는 그에게 올해 증권거래위원회SEC가 60건의 폰지사기를 적발했다고 이야기했다. 투자자들의 돈을 강탈하는 미니 메이도프(전 나스닥증권거래소 비상임 회장으로, 미국 역사상 최대 규모의 폰지사기를 저질렀다) 사건이 60건이나 있었다니. 이는 2008년 글로벌 금융위기 이후 가장 큰 규모다. 시장에 현금이 넘쳐나고 사람들이 수익률에 굶주릴 때 사기꾼들이 갑자기 나타나 한몫 두둑이 챙겨가려고 혈안이 되어 있다.

"구제금융과 통화 정책 때문에 자본시장이 '창조적 파괴'를 하지 못하고 있는 거야." 나는 말을 이었다. "주가는 인위적으로 조작하지 않고는 5퍼센트씩 하락할 수 없어. 중앙은행은 금리를 내리고 자산을 매입하면서 경제에 좋은 역할을 한다고 착각하지. 마치 자신들이 세상의 구원자라도 되는 것처럼 말이야. 중앙은행이 이렇게 망쳐놓으니 자본이 경제의 비생산적인 부분으로 흘러 들어가고, 아메리칸드림은 좌절될 수밖에 없고. 경제의 온갖 근본적인 문제점은 미래의 누군가가 해결하라고 책임을 전가하는 거야. 대대적으로 제동을 걸지 않고서는 이 거센 물살을 거스르는 것은 불가능한 상황이지."

나는 숨을 한 번 고르고 나서 계속 이어갔다. "그리고 다른 한편으로는, 이러한 정책이 중산층에게 엄청난 타격을 주고 있어. 갈기갈기 찢기는 계층이 바로 중산층이야. 빌어먹을 나무분쇄기에 머리부터 처박는 꼴이라니까. 그러니깐 미국이 교육과 같은 중요한 분야에서 점점 더 뒤처지는 거지." 나는 그에게 미국이 교육 분야 투자 순위에서 세계 28위로 떨어졌다고 말했다. "말도 안 되는 상황이야. 올림픽에서 미국의 성과가 이 정도였으면 난리가 났겠지. 미국에 절실한 것은 공정한 기회가 주어지는 진정한 자유시장 체제로 돌아가는 일이야. 부나 가난이 대물림되지 않고, 사회적 계층이 진정 자유자재로 이동할 수 있어야 한다고."

엘리아스는 당황한 기색이었다. 사실 그는 나에게서 멀찍이 떨어지려는 듯했다. 하긴 내가 흥분을 좀 했다. 평소에는 평정심을 잃지 않는 편이다. 오래전에 감정을 억제하는 법을 배웠고 그 후 흥분 상태를 그대로 드러낸 적이 좀처럼 없었다. 그런데 방금 내 고삐가 풀렸나 보다. 그는 나에게 내년 선거에 대해 어떻게 생각하느냐고 물었다. 그는 미국 정치를 이해하지 못하겠다고 말했지만, 사실은 화제를 전환해서 내 말을 끊고 싶었던 것 같다. "대선에 대해 확고한 견해를 가지기에는 시기상조지." 나는 말했다. "선거 당해 연도의 경제 상황에 따라 많은 것이 좌우되거든. 그래도 유력 후보들은 변하지 않을 거야. 양적완화와 수조 달러의 적자가 여전히 관건이 되겠지."

내 목소리는 커지기만 했다. "절제는 눈 씻고 찾아봐도 없어. 재정 긴축은 죽은 거나 다름없고. 스와비안 주부들(빚에 대한 독일인들의 생각을 가장 극단적으로 표출하는 근검절약의 대명사)의 절약 정신은 온데간데없어. 교육 수준도 회복이 안 될 거고, 불평등은 더욱 심해질 거야." 갑자기 '내가 또 자제력을 잃었구나'라고 현실을 자각하게 되었고, 말을 멈추고는 고개를 숙였다.

그는 나에게 맥주 한 잔 더 마시겠냐고 물었다. "좋아. 한 잔 줘."

우리는 술을 다 마시고 헤어졌다. 시간이 꽤 늦었다. 나는 걸어가면서 아까 내가 고함을 질렀던 일을 되새겼다. 제길, 내가 또 같은 실수를 저지르다니. 왜 나는 지금 벌어지는 각종 현상과 문제에 지나치게 마음이 쓰이는 걸까. 제길, 이놈의 연민은 버려야 하는데. 새로운 규칙이 뭔지도 알고 새로운 패러다임을 이해하고 있다. 나는 트레이더로 다시 정상에 오를 수 있을 것이다. 단, 각종 문제와 결과에 연연하는 마음을 억누르고 장기적인 시각을 가져야 한다. 게임을 더 잘해야 하는데, 게임에서 이기려면 게임에서 이기겠다는 생각마저 극복해야 한다.

집에 돌아와보니 엘리자베스가 소파에서 잠들어 있었다. TV에서는 리얼리티 쇼가 일시중지된 상태로 켜져 있다. 딸아이의 팔에는 도리토스 과자 봉지가 놓여 있다. 나는 딸을 안고 침실로 데려갔다. 몸이 가벼워진 것 같았고, 얼굴엔 여드름이 군데군데 생긴 듯했다. 방 밖에 놓인 큰 가방들에 걸려 넘어질 뻔했다.

아이를 침대 위에 올려놓았다. 아이가 말한다. "아, 아빠구나."

>IX<

아내와 나는 휴일에 우리 직원들을 초대해 식사를 대접하기로 했다. 오늘이 그날이다. 직원들에게 뮤스 거리의 카페에서 만나서 같이 우리 집으로 들어가자고 제안했다. 우리 집은 겉과 속이 매우 다르다. 겉에서 보면 작고 귀여운 오두막집처럼 생겼다. 파란 셔터형 창문과 파란 문이 달린 하얀 벽돌집처럼 보인다. 그런데 실내는 생각보다 크다. 전에 살던 집 주인이 지하 3층까지 집을 개조한 것이다. 런던에서는 이렇게들 많이 한다. 위로 올리지 못하니 밑으로 팔 수밖에.

집 안으로 들어가면 식당과 주방으로 연결되는 근사한 거실이 있다. 깨끗하고 모던한 인테리어가 특징적이고, 가구는 적갈색 우드 계열이 많지만 지루한 느낌은 아니다. 고급 요트의 선실 분위기다.

벽에는 앤디 워홀의 작품이 걸려 있다. 믹 재거(롤링스톤스의 리드보컬)의 초상화 작품이다. 집에 더 비싼 미술품도 많지만, 나는 이게 제일 좋다. 미술사를 전공하는 첫째 딸이 사두라고 해서 산 것이다. 그 아이는 파리에서 살면서 미술품 경매회사에서 일한다.

직원들과 그들이 데려온 손님들이 우리 집에 모였다. 샴페인과 복숭아와 프로슈토가 들어간 고급 카나페, 훈제 연어 무스, 크랜베리 고트 치즈를 대접했다. 캐럴라인이 혼자서 이 모든 메뉴를 준비했다. 나는 이럴 때마다 도우미를 쓰자고 몇 차례 제안했지만, 아내는 모든 것을 직접 하겠다고 고집한다. 다들 기분이 좋아 보인다. 랍비는 크리스마스 나비넥타이를 착용하고 왔다. 라이프코치는 에르메스 버킨백을 들고 왔다.

제리와 그의 아내 사이에 긴장감이 느껴진다. 그의 아내는 미국 중서부 스타일(불편한 감정이나 짜증을 내색하지 않고 수수하고 조용한 성격을 비유한 말)인 것 같았다. 그래서인지 나이츠브리지 사람들하고는 잘 어울리지 못해 보였다. 옷, 자세, 가방도 이곳 사람들의 취향과는 거리가 다소 멀었다. 게다가 뾰로통한 표정으로 앉아 있어서 다가가기 힘들었다. 그녀가 뿜어내는 부정적인 기운을 내가 느낄 수 있을 정도였다.

한편 엘리아스는 데이트 상대를 데려왔다. 외모가 출중한 그녀는 자신이 예쁘다는 것을 잘 알고 있었다. 엘리아스는 자랑스러워 보인다. 사람들 반응이 좋을 것이라고 예상하는 눈치다.

전채요리를 곁들여 술을 마신 후, 파빌리온 거리에 있는 이탈리아 음식점까지 걸어갔다. 가는 길에 해러즈백화점을 지나갔다. 크리스마스와 연말 쇼핑을 하러 나온 사람들이 많다. 최고급 차량 행렬도 눈에 띈다. 10년 동안 지속된 강세장에 어울리는 부를 과시하는 모습이다. 겨우 포르쉐나 벤틀리 정도가 아니다. 금으로 도금한 롤스로이스 팬텀, 람보르기니 SUV, 부가티 디보가 아니면 명함도 못 내밀 정도다.

결국 랍비가 한마디 했다. "이 사람들이 고급 차 전시장에 들어갔을 때 어떤 대우를 받았을지 상상이 가네요." 그는 말을 이었다. "세일즈 직원이 '프리미엄 롤스로이스 팬텀 신규 모델을 보시는 것 같은데, 탁월한 선택이십니다!'라고 말했겠죠."

그러고 나서 랍비는 자신에 찬 중후한 저음의 목소리로 "세 개 다 주세요"라고 말했다.

엘리아스가 말을 받아준다. "네, 고객님. 매니저님 불러와서 도와드리도록 하겠습니다."

"내가 그 정도 돈도 없을까 봐 그래요?" 랍비는 이제 웃음을 참지 못하며, "왜 매니저가 필요한 거죠?"라고 말했다.

"부가세 빼면 롤스로이스는 판매가가 330만 달러입니다."

"금 도금도 포함된 가격인가요?"

"금 도금이요?" 엘리아스가 웃으며 말했다.

둘의 상황극이 끝나자, 랍비가 노래를 부르기 시작했다. "오 주여, 저에게 메르세데스 벤츠 한 대 안 사 줄래요? 내 친구들은 모두 포르쉐를 몰아요. 나도 만회 좀 해야죠. 평생을 죽도록 일했어요. 친구들 도움은 눈곱만큼도 안 받았다니까요. 신이시여, 그러니까 벤츠 한 대만 사줘요."

레스토랑에 들어서자 활기찬 분위기가 바로 느껴졌다. 문에서부터 흥과 즐거움이 흘러넘친다. 레스토랑은 사람들로 북적였다. 우린 자리에 앉았고 건배 제의를 했다. 직원들이 열심히 일하도록 도와준

배우자(혹은 연인)들에게 감사의 말을 전했다. 즐거운 연휴를 보내라고 말하며, 마지막으로 다가올 새해, 여러 가지 새로운 기회, 그리고 새해에 맞이할 모든 것을 위해 건배를 제의했다.

"다들 연휴 동안 푹 쉬길 바랍니다." 나는 말을 이어갔다. "내년에는 시장 상황이 힘들어질 거예요. 그러나 최선을 다해 최고의 한 해로 만듭시다."

그런데 즐거운 축하 분위기가 이어지는 와중에 라이프코치에게 무슨 문제가 생겼나 보다. 그녀는 계속 조용히 있다가 일찍 자리를 빠져나갔다.

레스토랑은 작고 좁은 편이라 테이블이 서로 너무 가까이 붙어 있어서 마치 서로 연결된 기분이었다. 200인분의 푸짐한 저녁 식사 자리에 함께하는 느낌이었다. 분위기가 무르익자, 우리는 옆 테이블에 앉은 사람들을 위해 술을 샀고, 그들은 우리의 자축 분위기에 합류했다. 우리 테이블을 맡은 웨이터 클레멘테가 노래를 부르기 시작했다. 노래 잘하기로 유명한 그는 볼라레 Volare (이탈리아의 대표적 칸초네)를 불렀다. 어느새 사람들도 따라 부르며 떼창 분위기를 연출했다. "볼라레, 오 오. 칸타레 Cantare (놀자는 뜻), 오 오 오 오."

>><<

런던의 12월은 분주하다. 어디든 밝은 조명이 켜져 있고, 신나는 축제 분위기가 만연해 있다. 거의 매일 저녁이 술 약속으로 채워져 있다. 나는 랍비, 엘리아스, 제리와 함께 더 풋맨 앞에서 우리의 최대 거래처 중 한 곳의 사람들을 기다리고 있었다. 더 풋맨은 버클리 스퀘어 옆 메이페어에 있는 유명한 술집이다.

거래처 사람들이 도착했고, 서로 술잔을 가득 채웠다. 지난 3개월 동안 경기가 좋아서인지 연신 밝아 보였다. 거래량도 대폭 증가했고, 수익도 많이 냈다. 연말 강세장에 대한 기대감도 높다. 그들은 올해 우리 회사의 몇몇 경쟁사가 대박을 냈다는 얘기를 전했다. **제길, 수익 면에서 예상보다 우리를 훨씬 앞질렀다.**

영업을 마치는 시간까지 머무르다 술집을 나와 거래처 사람들에게 작별 인사를 건넸다. 그들을 보내고 한숨을 돌리는데 랍비가 갑작스러운 제안을 했다. "팜 비치 카지노에서 블랙잭 몇 판 하다 가시죠." 엘리아스는 데이트 약속에 늦어서 가야 했고, 제리와 나는 위치도 가깝고 해서 함께 가기로 했다.

카지노에 도착하니 밤 10시가 조금 넘었다. 우리는 곧바로 블랙잭 테이블로 향했다. 자정이 되었을 때, 한창 즐기는 랍비와 달리 제리는 돈을 많이 털렸고, 나는 따분해졌다. 그래서 제리와 나는 출입문 옆의 바 자리로 옮겼다. 이미 제리는 취해 있었고 술기운 때문인지 평소에 하지 못하던 얘기를 하나둘 꺼내기 시작했다.

"대표님, 저 요즘 많이 힘들어요. 부부싸움이 끊이질 않아요. 지금 집에 들어가고 싶지도 않고요. 지금 가면 또 난리 치며 잔소리를 늘어놓을 거예요."

"내가 결혼 생활에 대해 조언을 한다는 게 좀 그렇긴 한데 말이야."라고 운을 떼었다. "자네 부인도 건강보험공단에서 일을 다시 시작한다면서. 그럼 괜찮아질 거야. 사람들도 만나고 하면 스트레스도 덜 받고. 아기 봐줄 사람을 알아봐. 아내도 가끔은 육아에서 해방돼서 친구들도 만나고 하면 좋지."

제리는 말을 이어갔고, 억눌린 감정을 어떻게든 해소해야 할 것 같았다. "술집에 새로 들어온 여직원 보셨어요? 혀를 살짝 놀리면서 저한테 유혹의 미소를 날리더라고요. 아내한테서 그런 표정 본 게 언제 적인가 싶네요."

"내가 전에 했던 실수 같은 건 절대 하지 마. 결과가 정말 참혹해." 내가 말했다. 결혼 생활에 대한 조언을 구하는 그에게 내가 마음 깊이 공감을 해주지 못하는 것 같아 마음이 편치 않았다. 그렇다고 제리에게 결혼생활 상담사 행세를 할 생각은 없었다.

우리가 보드카를 석 잔씩 마셨을 때, 랍비가 우리 쪽으로 다가왔다. 그는 빳빳한 지폐 뭉치를 들고 있었다. 새벽 2시인데도 바에는 사람들이 가득하다. 명품 가방을 든 매력적인 여자들도 많았다. 시간이 너무 많이 지나 나는 집으로 향했다.

>)<(

주말에 아내와 함께 조용한 근교로 여행을 가기로 했다. 캐럴라인이 하루 동안 요가 수련회에 다녀왔고, 우리는 함께 옥스퍼드셔에 있는 소호 팜하우스에 갈 채비를 했다. 직원들과 저녁 식사를 했던 그날 밤 이후 우리는 말 한마디 하지 않았다. 전에는 하루에도 여러 차례 대화를 주고받았는데, 지금은 오가는 말이 없다. 이번 주말에 여행지에서 화해 섹스를 하면서 관계를 회복하고 싶은 마음이 컸지만, 괜한 결과를 초래하지 않길 바랐다. 또한 묵은 독서도 좀 하고 와야겠다고 마음먹었다. 시장 동향을 고찰할 만한 나만의 조용한 시간이 간절히 필요했다.

시장 상황이 종잡을 수 없이 움직이고 있다. 지난주 금요일, 원유 가격이 5퍼센트 이상 하락했다. 하락세는 리스크 관리 차원에서 좋은 징후가 아니다. S&P는 거의 2개월 만에 처음으로 1퍼센트 이상 하락했다. 해외통화 가치가 하락하는 가운데 파운드화 가치는 가파른 상승가도에 있다. 우리는 통화옵션거래를 주로 한다. 파운드화는 오늘 오전 장중 파운드당 1.30달러 선을 뛰어넘었다. 7개월 만에 가장 높은 수치였다. 채권 시장도 조금 이상하게 움직이고 있다. 이러한 장세에서는 수익률 곡선이 평평해지기 마련이다. 불확실성도 증폭된다. 주식 시장도 불안정하고 ISM 제조업지수도 취약하다. 지금까지 4개월 연속으로 50을 밑돌고 있다. 2008년 글로벌 금융위기 이후 최악의 수치다. 2년물과 10년물 국채의 금리 차도 좁혀질 전망이다. 단, 수익률 곡선은 평탄화하기보다는 지난 며칠간 가파른 상태를 유지했다. 물론 가파른 수익률 곡선은 지금껏 우리에게는 항상 유리하게 작용해왔다. 그러나 지금은 12월이다. 각종 이유로 수익률 곡선이 평평해져야 마땅한데도 오히려 더 가팔라지고 있다. 우리에겐 좋은 일이긴 하지만 시장이 제 기능을 제대로 하지 못한다는 의미이므로 마냥 좋아할 수는 없는 노릇이다. 아리송한 현실이 기회가 될지 위기가 될지 예의주시해야 한다.

캐럴라인과 나는 운전기사가 운전하는 차의 뒷좌석에 앉았다. 차는 북서부 방향을 지나 옥스퍼드셔로 향했다. 나는 핸드폰을 꺼내어 라이프코치에게 전화를 걸었다.

"어, 뭐 하고 있었어?" 나는 물었다.

"별것 안 하고 그냥 몇 가지 볼일 좀 보고 있었어요."

"그냥 괜찮은지 확인하려고 전화했지. 저번에 다 같이 저녁 식사하던 날 표정이 안 좋더라고. 게다가 일찍 자리를 떴잖아."

"별것 아니에요. 제가 그런 자리랑 잘 안 맞는 거 아시잖아요. 저 자신이 꿔다 놓은 보릿자루 신세 같아서요. 다들 누군가를 데려오는데 항상 저만 혼자 멍하게 앉아 있으니."

"아, 무슨 말인지 알겠어. 혹시라도 무슨 고민 있으면 나한테 알려줘. 그건 그렇고, 리보금리에 대해 조사하라고 한 건 어떻게 되어가고 있어? 리보금리 관점에서 우리가 고려해야 할 거래 있어?"

"아니요. 아직은 너무 일러요. 보고드릴 거 있으면 말씀드릴게요."

"알겠어. 월요일에 얘기하자고."

우리 부부는 소호 팜하우스의 호숫가에 있는 근사한 숙소에 짐을 풀었다. 시골 특유의 소박함이 느껴진다. 로맨틱한 주말을 예상하고 온 여행이지만, 아내의 표정을 보니 그건 이미 물 건너간 것 같다.

아내는 시종일관 마음이 딴 데 있는 듯했다. 침대에 누워서는 뭔가를 읽고 있었다. 게다가 차를 타고 오는 내내 딸과 전화 통화를 했다.

20대로 다시 돌아간 듯, 대학원 지원서를 어떻게 작성할 것인지에 대해 이야기하는 모습이 신나 보였다.

"다 해결된 거야?" 내가 물었다. 그녀는 더 대화를 원치 않기라도 한 듯, 입술을 꾹 다물고 고개를 끄덕였다. 나는 방에서 나와 랍비에게 전화를 걸었다. 내가 랍비를 좋아하는 이유이자 그의 업무 능력이 탁월한 이유는 그가 항상 상시 대기, 즉 '스탠바이' 모드로 있다는 점이다. 내가 전화를 걸었을 때 한 번이라도 부재중이었던 적이 없다. 그는 일에 모든 걸 걸었다. 일이 삶의 목적인 사람이다. 회사에서 너무 열심히 일한 나머지 밤에 집에 가면 녹초가 되어 무뚝뚝하고 표정도 밝지 못한 것 같다. 그래서인지 가족에게도 신경을 못 쓰는 눈치다.

나는 그에게 말했다. "채권 거래 상황이 맘에 들지 않아." 시장 상황이 순조로울 때면 꼭 안 좋은 조짐이 나타나기 마련이다. 사람들은 주가가 낮아지면 사들이는 상황에 길들여져 있다가, 주가가 정상으로 돌아오면 큰 문제에 직면한다.

"다들 단기물을 사고 장기물을 파는 이놈의 커브 스티프너 무드에서 헤어 나오질 못하는 것 같아."

"스티프너 포지션에 엄청나게 몰려 있어요." 그가 말했다. "어젯밤에 기업들의 임원 모임에 다녀왔는데, 다들 포지션을 스티프너로 잡더라고요."

"우린 포지션을 줄여야겠다. 축소가 답인 것 같아."

"네, 알겠습니다." 그가 말했다. "월요일 아침에 엘리아스랑 같이 언와인드 unwind (반대매매를 통해 현재의 포지션을 꺾고 나오는 것, 즉 포지션

처분을 뜻한다)할게요."

그는 말을 이어갔다. "그 모임엔 기업의 창립자나 CIO(최고투자책임자) 정도 급의 사람들이 모이거든요. 거기서 자산 규모가 제일 낮은 사람도 자산보유액이 1억 달러는 될 거예요. 그 사람들이 무슨 얘기를 하고 앉아 있는지 대표님도 들으셨어야 합니다. 저는 축구 경기를 보러 가도 제일 좋은 좌석 티켓이라도 구하면 행운이라고 생각하는데, 이 사람들은 아예 구단을 사버리는 수준의 사람들입니다."

"안 그래도 이탈리아 축구팀 하나가 매입되었다는 소식 들었어."

"지금 머무시는 팜하우스는 어때요?" 그가 물었다.

"여기 좋지. 근데 아내가 나한테 화가 잔뜩 난 것 같아."

그는 "사모님한테 점보 사이즈 샤넬이라도 하나 사다 드리세요."라고 말한 후, 곧바로 주제를 돌려서는 "일단 현재 상황을 바꿀 반전 요소가 있을지 좀 수상쩍습니다. 예의주시하려 합니다."

"그래."

"파운드화에 대한 목표치는 달성했어요. 본격적으로 포지션을 다양하게 늘려가야 할 것 같습니다."

"좋은 지적이야." 나는 말했다. "그래도 우리가 정한 틀에서는 벗어나지 말자고."

나는 전화를 끊고 그가 한 말에 대해 생각해봤다. 시장에서 새롭게 등장하고 있는 리스크로 퀀트가 변화하는 상황과 수익률 곡선에 영향을 미치는 요인이 변하는 경우가 있다. 2개월 전, 퀀트 지진quant quake(금융위기를 앞두고 시장에서 우세한 주식의 대전환이 있을 때 많은 퀀트

펀드들이 즉시 대응하지 못한 채 단숨에 손실을 일으키는 사건)이 미국 주식 시장을 강타했다. 그 강도는 2007년 8월에 처음으로 등장했던 당시보다 상황이 심각했다. 그 결과 가치주value stocks(회사 실적이나 보유자산 등 본래 가치보다 시장에서 낮은 가격에 거래되는 주식)와 성장주growth stocks (현재는 미미하지만 향후 매출과 이익이 크게 성장할 것으로 예상하는 기업의 주식)는 각각 2019년 미국 주식 시장에서 각각 최고의 실적과 최악의 실적을 기록했다. 가치주의 주가는 급격히 상승했지만, 성장주의 주가는 하락을 면치 못한 것이다. 랍비는 퀀트 지진이 한 번 더 나타날 수도 있으리라 추측했다.

나는 퀀트 전략이 시장에 어떠한 영향을 가져올 것인지에 대해 깊이 고민했다. 퀀트 전략은 새로운 투자 전략으로 급부상하고 있다. 짐 사이먼스(미국의 전설적인 수학자이자 펀드 매니저)의 실적이 모든 것을 말해준다. 그는 현대 금융 역사에서 가장 높은 수익률을 기록했고, 유럽 흡연가들처럼 줄담배를 피우는 것으로 유명했다.

사실인지는 모르지만, 한번은 사이먼스가 골드만삭스를 방문했을 때 있었던 일이라고 한다. 회의실에서 모두가 앉아 사업 이야기를 하고 있었는데, 갑자기 그가 담배를 꺼내고 불을 붙였다는 것이다. 골드만삭스의 어떤 중간급 임원이 그에게 "여기서 담배를 피우시면 안 됩니다"라고 말했지만, 사이먼스는 그에게 재빨리 미소를 지으며 어깨를 으쓱하더니 계속 담배를 피웠다고 한다. 힘 있는 자의 특권이다. 지구상에서 이런 행동을 할 수 있는 사람은 극히 드물다. 물론 30년이 넘게 관리보수 5퍼센트와 성공보수 44퍼센트를 차감하고 나서도 거의 40퍼센트에 달하는 연평균수익률을 달성해온 사람 역시 극히 드물다. 보수를 차감하기 전에 그가 운용하는 펀드는 무려 66.1퍼센트의 연간수익률을 달성했다.

퀸트와 양적완화의 조합은 시장을 변화시켰고, 많은 투자자에게 독이 되었다. 능력과 연륜을 겸비한 많은 트레이더들이 짐을 싸서 이 바닥을 떠났다. 셔터를 내린 셈이다. 이게 냉혹한 현실이다. 시대에 발맞춰 가지 않으면 교체되기 십상이다. 나도 이 점을 인지해야 한다. 기술과 데이터의 쓰임새가 최고조에 달하고 있다. 그 유용함은 시간이 갈수록 더 빛을 발할 것이다. 제프 베조스도 알렉사(아마존에서 개발한 인공지능 플랫폼)를 이용해 스탠리 드러켄밀러와 같은 투자자들의 주식 투자에 관한 논평을 듣는다고 한다. 그 장면을 상상하며 미소를 지었다. 내게는 혼자만의 생각에 완전히 빠져서 잠시나마 세상사를 완전히 벗어날 수 있는 능력이 있다. 재미있는 놀이다.

드러켄밀러: 이번에 금에 대한 투자를 늘려갈까 생각 중이야.

알렉사: 제프, 드러켄밀러가 금을 더 사들인다고 해요.

드러켄밀러의 애널리스트: 드러켄밀러, 금 가격이 2달러 더 올랐습니다. 매수 주문이 본격적으로 시작된 것 같아요.

아내가 문을 향해 큰 소리로 내가 어디 있냐고 물었다. 내가 계속 전화를 붙들고 있는 동안, 그녀는 옷을 갈아입고 저녁 먹으러 나갈 채비를 하고 있었다. 나는 방으로 들어가 외투를 집어 들었다. 우리는 초밥을 먹으러 일식당 펜엔으로 향했다.

그녀는 탄수화물은 조금 먹고 대신 지방을 많이 먹는 '저탄고지' 다이어트를 하는 중이라, 초밥에서 밥을 빼고 상추로 대체해달라고 했다. 그녀는 건강을 지킬 수 있는 일이라면 뭐든 할 기세다.

"그럼 초밥을 먹는 이유가 없지 않아?" 내가 말했다. 난 시비를 거는 게 아니라, 그저 대화를 이어가고 싶었을 뿐이다. 아내는 여전히 심기가 불편해 보였다. 내 말을 건성으로 듣는 것 같았다. "언제까지 그렇게 꽁하고 있을 거야?"

"아, 내 얘기였어? 와, 이제 드디어 내가 보이나 봐." 그녀가 대답했다.

>|<

월요일 아침이다. 회사에 일찍 출근해 제리, 엘리아스, 랍비와 주간 회의를 했다. 우리는 세계 경제 성장 모델에 대한 최근 동향을 논의했다. 현재 우리 팀의 분위기는 좋다. 지난 90일도 양호했다. 직원들이 연말에 상당한 보너스를 받게 될 것이라는 사실을 알고 있는 탓이다. 금융업계에서는 주로 보너스로 큰돈을 벌어들인다. 그렇다 보니 자신이 보너스로 얼마나 받는지에 상당히 민감한 편이다. 나는 연휴가 시작되기 직전에 보너스 금액을 알려준다. 그래야 그해에 남은 일주일 동안 최고의 기량으로 일해주기 때문이다. 그런데 갑자기 변수가 생겼다. 연준에서 이번에 새롭게 발표한 내용이 우리의 투자 방향과 맞는지 점검해보고 싶었다.

"데이터를 엑셀로 만들어 이메일로 드렸습니다. 발표에 대한 월가의 분석 내용도 가져왔습니다." 엘리아스가 말했다.

"제리, 혹시 다 검토해봤어?" 내가 물었다.

"네. 한마디로 요약하면, 미국의 하위 50퍼센트 계층이 경제적 압박을 크게 느끼고 있습니다. 임금은 제자리이니 생활을 유지하기 위해 부채를 늘려가고 있다는 게 핵심입니다."

"중요한 사항을 지적했어." 내가 말했다. "길거리를 지나는 사람 중 3분의 2가 하루 벌어 하루 먹고 사는 힘든 생활을 하고 있어. 하지만 종종 이 사실을 잊게 되지."

"맞아요. 그래도 런던에 온 건 행운이네요." 엘리아스가 말했다.

"왜요?" 제리가 물었다.

"미국엔 돈 벌 기회가 많지 않잖아. 다행히 나는 여기에서 좋은 직장을 얻었지만 말이야." 엘리아스가 대답했다.

제리는 화제를 바꾸며, "제가 전 세계 사회 이동성 지수global social mobility index에 대한 글을 읽었는데요. 세계경제포럼에서 사회적 계층 이동성을 측정하기 위해 마련한 것이라고 하는데, 실제로 다수가 자유롭게 이동의 자유를 누리지 못하고 있다고 합니다."

그의 말이 맞았다. 부모의 사회경제적 지위에 따라 자녀가 어떠한 삶을 살지가 크게 좌우되는 편이다. 이 지수는 82개국의 사회적 계층 이동성을 측정하면서, 부모와 자식의 사회적 지위 그리고 계층 변화를 살핀다. 특히 자녀가 부모보다 나은 삶을 살고 있는지를 조사한다.

나는 그의 말에 답했다. "맞아. 미국은 심지어 상위 20개국에도 속하지 않아. 우린 겨우 중간에 머물러 있더라고. 빌어먹을 27위. 미국보다 오히려 체코에서 경제적으로 신분 상승할 확률이 높다니까."

"정말 그 정도라고요?" 엘리아스가 질문했다.

"그렇다니까." 내가 대답했다. "망할 놈의 아메리칸드림이 된 거지. 지금 같은 현실에서는 허레이쇼 앨저〔미국의 유명한 아동문학가로, 보잘것없는 사람이 열심히 노력해 결국 커다란 성공을 거둔다는 자수성가형 이야기를 소설화했다〕도 환상을 심어줄 엄두를 못 낼 거야. 빈털터리가 부자가 된다는 인생 역전 스토리는 안 통해. 그리고 레이 달리오도 비슷한 말을 했어. 주말에 인터뷰를 하나 봤거든. 그는 자신이 공부한 10년 동안 미국의 최저임금 노동자가 중산층으로 올라갈 확률이 14퍼센트에 불과했다고 말하더라고."

"와, 그렇군요." 제리가 말했다. "한때는 미국이 인생 역전하기에 최고의 국가였었는데."

랍비는 그를 노려봤다. 사람들이 틀렸다는 걸 알고 지적하려 할 때 짓는 표정이었다. 그는 고개를 옆으로 돌리더니 코를 찡긋하고 눈을 부릅뜨면서 말했다. "그때도 그냥 헛소리였어. 프로파간다였다고. 데이터를 보면 아메리칸드림이라는 게 실존했는지도 의문이야."

제리가 당황한 표정이었다. "뭐라고요?"

"그렇다니까." 랍비가 말했다. "대표님한테 여쭤봐."

제리가 나를 봤고, 나는 뭐라 답해야 할지 생각했다. 나는 거의 속삭이듯 낮은 목소리로 이렇게 말했다. "아메리칸드림을 정의하는 많은 방식은 많아. 사회적 이동성의 관점에서 논하는 거라면, 아메리칸드림이 신분 역전을 보장한다는 건 어폐가 있지. 난 랍비 말에 동의해."

내가 이렇게 말하는 동안, 라이프코치는 나와 아침 회의를 하기 위해 회의실로 들어왔다. 못다 한 대화는 다음으로 미루기로 했다. 우리는 메인 트레이딩 플로어에서 떨어져 있는 작은 회의실에 있었다. 랍비가 엘리아스 맞은편에 자리에 앉아 있었고, 라이프코치는 문 옆에 서 있었다. 나는 갓 내린 커피를 한 잔 마시기 위해 탁자에서 반대편으로 걸어갔다.

엘리아스가 랍비에게 말했다. "좋은 생각 같아요. 소프트뱅크 주가가 엉망이니 말이죠. 숏커버링short covering〔공매도했던 주식을 다시 매수하는 것. 이때 시장에서 수요가 많아지게 되므로 결국 주가도 오를 수 있다〕을 더 해야 할 것 같다는 말이죠?"

"그래, 계속 그렇게 해. 거물급 매수 세력이 있는 것 같아. 공매도 물량을 청산하자."

"제가 처리하겠습니다." 엘리아스가 말했다. "일자리 수 전망에 대해 내기하실 분? 저는 20만으로 내다봅니다. GM 파업 이후에 큰 변수는 없는 것 같아요."

랍비가 곧바로 응수한다. "23만 5000에 20파운드 걸게."

이렇게 우리는 매달 내기를 한다. 20파운드 지폐에 우리 이름의 머리글자와 일자리 수에 대한 각자의 추측치를 적는다. 최종 발표된 신규 일자리 수에 가장 근접한 수를 써낸 사람이 돈을 다 가져간다. 나는 자리로 돌아와 회의 안건을 적은 자료를 라이프코치에게 전달했다. 내가 의논하고 싶은 내용의 요약본이기도 하다. 우리는 유럽

중앙은행의 대차대조표와 마이너스 금리를 검토하고 유럽 금융시장 전반을 검토했다. 현재 암울하기 그지없다는 내용이었다. 그러나 기술주들의 전망은 매우 밝은 편이다. 여느 때처럼 연준 회의가 곧 열리고, 양적완화가 추가 진행될 것 같다는 추측을 해본다. 다들 동의하는 내용이다. 우리는 회의를 마치고 트레이딩 데스크로 돌아갔다.

트레이딩 데스크는 전쟁통의 피신용 참호에 비유할 만큼 금융계의 유일무이한 공간이다. 개방형 좌석 배치도도 여기에서 처음 비롯되었다. 우리 팀에서 개인 사무실이 있는 사람은 나밖에 없지만, 나는 내 트레이딩 데스크에서 주로 시간을 보내는 편이다. 내 옆에는 랍비의 자리가 있고 그 옆에는 라이프코치가 있다. 내 바로 뒤에는 엘리아스가 있고 제리는 그의 옆(랍비의 뒤이기도 하다)에 앉는다. 트레이딩 데스크는 프라이버시가 없도록 설계됐다. 모든 이들이 모든 대화를 듣고 다른 이들이 무엇을 하는지 정확히 알게 된다. 이렇게 가까이에 붙어 있어도 괜찮다고 느낄 만한 사람들이 이 세상엔 그리 많지 않을 것이다. 소속감을 제대로 느끼게 하기도 하지만, 긴장과 두려움을 증폭시키기도 한다. 어쩌면 이곳의 숨은 의도는 후자일 것이다. 제대로 일해보기도 전에 과감히 잘릴 수 있는, 그런 살벌한 곳이다.

트레이딩 데스크는 사람들 간 동지애를 불러일으킨다. 주변 사람들에 대해 속속들이 알게 되기 때문이다. 다른 곳에서는 거의 볼 수 없는 수준의 잡담을 하기도 한다. 스포츠팀의 라커룸에서 선수들이 나누는 잡담을 방불케 한다. 이곳에는 우리만의 언어도 있다.

"대표님, 시황이 암울하네요. 금리에서 불 스티프닝bull steepening(정책

금리 인하 가능성으로 단기 금리가 하락해 수익률 곡선의 경사가 가팔라지는 현상)이 심화될 것 같아요. 상승 폭이 6퍼센트, 하락 폭이 8퍼센트, 중앙은행이 매입 기조를 보이네요. S&P 500지수에서 감마gamma〔기초자산 가격 변화의 속도〕의 한계에 도달할 것 같아요. 신용스프레드credit spread〔채권이나 대출에서의 금리나 수익률의 차이를 의미한다. 스프레드가 확대되면 해당 분기나 그다음 분기의 경제가 둔화한다는 의미다〕가 확대되고 있는데, 금리는 인상으로 가닥이 잡힐 듯해요. 다들 레포 이야기를 하고 있네요. 시장 분위기가 별로 안 좋은데요."

"엘리아스, 자네가 걱정하는 마음 충분히 알겠는데, 내일 일자리 수치 발표에도 대비해야 해."

어라, 신규고용이 생각보다 높다. 266만 개라고 한다. 또 한 번의 휩소whipsaw〔톱날처럼 주가가 출렁이거나 잦은 매매 신호가 발생하는 구간을 의미한다〕 현상이다. 이는 주식 시장을 다시 상승시킬 것이다. 주가는 반등하여 최고치로 되돌아갔다. 세계 시가총액은 글로벌 GDP의 거의 100퍼센트를 차지하고 있다. 한 국가의 주식 시장의 전체 시가총액을 GDP로 나누어 거품을 진단하는 건 워런 버핏이 가장 좋아하는 '지표'다. 모든 것이 과대평가되어 있는 지금, 우리는 거품 속에 살고 있다고 해도 과언이 아니다. 워런 버핏도 자신이 보유한 현금 1300억 달러를 손에만 쥐고 있다. 그는 인내의 미덕을 계속 발휘할 것이다. 거품이 터질 때까지 버틸 기세다.

시장은 현재 연준이 연말까지 최소 5000억 달러의 유동성을 투입할 것으로 예상한다. 경기 부양을 위한 저리 대출금이 그만큼 시장에

풀려난 것이다. 동시에 폴 볼커 전 연준 의장이 사망했다는 기사가 헤드라인에 실렸다. 그의 사망 소식을 접하니 내일 제리와의 수업에서 다뤄야 할 주제가 떠올랐다.

※

"제리, 자네와 연준을 이끌었던 사람들에 관해 이야기해보고 싶어. 자네도 이들의 이름은 알고 있을 테지만, 한 명 한 명이 모두 하나같이 중요하지." 우리는 점심을 먹기 위해 펍에 앉았다.

나는 말을 이어갔다. "그들은 지구상에서 가장 영향력이 강한 인물들이었지만, 그들에 대해 아무것도 모르는 사람이 대부분이야. 그런데 사실 언론의 헤드라인을 장식하는 정치인들보다 더 중요한 인물들이야. 시장에서는 그 누구보다 그들의 입김이 크고, 세계 경제를 움직이는 과감한 베팅을 하기도 하지."

제리에게 내가 준비한 도표를 건넸다. 지난 40년간 연준 의장이 누구였는지, 당시 주식 시장의 수익률이 어떠했는지를 보여주는 표였다. 미국 경제가 침체한 시기를 보여주는 섹션은 음영 처리를 했다.

"어제 사망한 폴 볼커 의장부터 시작할게. 내가 어렸을 적 '연준 의장'이라는 직책을 처음 알게 해준 사람이지. 그는 1979년부터 1987년까지 지미 카터와 로널드 레이건 밑에서 연준 의장을 지냈어. 당시만 해도 집권 정부가 민주당이든 공화당이든 상관없이 의장직을 유지할 수 있었지. 복잡한 상황인 미국 안팎으로 벌어지던 시절이었어. 미국은 석유 파동, 베트남 전쟁의 여파, 브레턴우즈 체제의 종식을 겪었고, 그 후 대규모 감세를 실행했어. 닉슨 대통령이 금본위제인 브레턴우즈 체제를 떠나기로 하자, 인플레이션이 본격화했지.

준비통화로서 미국 달러의 위상에 대해 반신반의하는 분위기가 형성됐어. 투자자들은 인플레이션이 절대 진정되지 않을 것이라고 확신했고, 미국 채권을 헐값에 투매하느라 정신이 없었지. 그런 다음 그 돈으로 할 수 있는 한 많은 금을 샀어. 볼커 의장은 어떻게든 기를 쓰고 인플레이션을 완화하는 데 베팅을 한 거야. 단순히 금리를 약간 인상하는 정도가 아니라, 20퍼센트가 넘을 정도로 최대한 끌어 올렸어. 이로 인해 1980년대 초반, 경제가 망가지는 수준까지 되었고 실업률은 치솟았지만, 결국 인플레이션은 꺾을 수 있었지. 그는 고금리 정책이 효과가 있을지 확신하지 못했다고 했어. 엄청난 베팅이었지. 그는 항상 시중은행을 싫어했어. 은행들이 모두 욕심도 많고, 신뢰도 안 간다고 생각했지. 양적완화를 신뢰하지도 않았어. 세상에 '공짜 점심'은 없다고 생각했거든. 긴축에 적극적으로 나섰고 각자의 분수에 맞는 생활을 주창했지. 연준 의장 중에서는 금리 인상을 감행한 마지막 사람이었고, 카터 대통령이 경제적 실패로 퇴임하게 만들기도 했지. 정부에 쓴 소리를 아끼지 않고 본인의 신념대로 적절한 조치를 취할 만큼 배짱이 있는 사람이었지. 그렇게 옳은 말과 행동을 할 수 있는 사람이 그 이후엔 안 나왔어."

"그렇군요. 근데 트럼프 대통령 같은 사람에 맞서 그렇게 언행을 할 사람이 과연 나올까요?" 제리가 웃으며 물었다.

"볼커 의장이 물러난 이후, 마치 그리스 비극처럼 상황이 급변했지. 라틴어로 '데우스 엑스 마키나^{deus ex machina}'라는 말 들어 봤어?"

"들어만 봤는데, 설명해주십시오."

"절박한 장면의 해결책이란 뜻이야. 그리스 비극의 마지막 부분에서 문제가 너무 커서 해결할 수 없을 때, 절박한 장면을 해결하기 위해 신의 힘이 발휘된다는 거거든."

"아, 기억납니다." 제리가 말했다.

"그게 바로 중앙은행의 역할이야. 공매도 투자자들이 마치 자신들이 시장을 장악한다는 느낌을 받을 때, 중앙은행과 정계에서 난데없이 힘을 써서 그들을 압도하거든. 시장의 기본 원리에 어긋나는 정도가 너무 심해서 투자자들을 환장하게 하지. 그래도 어쩌겠어. 그런 상황에서도 버텨야지."

그 후에 등장한 앨런 그린스펀은 경제 대통령으로 칭송을 받았다. 그는 1987년부터 2006년까지 연준 의장을 지냈다. 그의 경력은 꽤 멋졌다. 헝가리인과 루마니아계 유대인 부모 사이에서 태어난 그는 음악을 공부하기 위해 줄리아드 음악학교로 갔고, 그 후 경제학을 전공하기 위해 뉴욕대학교에 진학했다. 그는 주택 거품에 관한 논문을 썼다. 그의 기조는 신선한 자극제가 되었다. 더 이상의 경기 불황을 원치 않는다는 그의 주장에 대해서는 누구나 공감할 수 있는 것이었다. 불경기는 암울하기 그지없으니 말이다. 1980년대 초 농부들이 트랙터를 몰고 워싱턴으로 가던 시절, 경제적 고통이 서민들을 짓눌렀다. 이 상황에서 저금리 기조를 '더 낮고 더 오래' 유지하도록 하는 것은 바람직한 계획으로 보였다. 희망의 물꼬를 터줄 것만 같았다. 그러나 저금리는 통하지 않았고, 결국 그린스펀 의장은 페드 풋의 개념을 도입하여 사람들이 저가매수에 확신을 갖도록 했다.

"페드 풋은 그린스펀 의장이 만든 개념인 거죠?" 제리가 물었다.

"맞아. 1987년 긴축 사이클 당시 그가 금리를 내리던 때였지."

"이해했습니다."

"이때가 바로 역대 최대의 채권 강세 시장의 시작이었어. 이 시기는 1980년대 후반부터 대안정기great moderation라고 불렸지. 큰 불경기는 없었고 상황은 그저 잘 풀렸어. 그린스펀 의장한테는 재미있는 부분이 있었는데, 엄청 웃긴 건 아니고. 의사소통 방식이 좀 재미났어. 아리송하게 수수께끼처럼 에둘러 말하는 걸 좋아했거든. '연방 재정 적자를 낮추기 위한 재정 조치를 통해 저축을 늘리는 것은 외국인 투자자들의 달러 자산 구매율의 추가 감소가 미국의 장기 성장에 중요한 사업 투자를 심각하게 저해할 수 있는 위험을 완화해줄 수 있을 것입니다.' 이런 식으로 말했어. 결국 '우리가 저축을 늘려야 합니다'라는 한 마디면 될 것을 말이야." 제리가 웃었다.

"어쨌든 부의 분배에 변화가 일어난 시기이기도 했어. 부자들은 점점 더 많은 재산을 축적했어. 지금과 같은 부의 쏠림 현상이 나타난 시발점이기도 하지. 사람들은 대공황이 다시는 일어날 수 없을 것이라고 장담하곤 했는데, 이번에는 상황이 달랐어. 자본주의가 이긴 건 분명했지만, 탐욕이 가득했고 거품이 커지고 있었지. 내가 영화 〈빅쇼트〉를 언급한 적 있지? 월가가 탐욕으로 가득해지면서 거품이 터지기 직전이었지. 그린스펀 의장은 운이 좋았어. 박수를 받으며 2006년 전성기에 은퇴했거든. 거품이 완전히 꺼지기 시작하기 바로 직전에 말이야. 그가 물러난 후 모든 것이 엉망이 되었어.”

“전 그가 그 난장판이 되기 직전에 나온 줄 몰랐어요.”

“맞아. 그는 운이 좋았어.” 나는 말을 이었다. “이 불구덩이에 뛰어든 사람이 바로 벤 버냉키 의장이었어. 2006년부터 2014년까지 연준의 의장을 지냈지. 헬리콥터 벤(경제가 디플레이션 상태에 빠져들면 ‘헬리콥터로 공중에서 돈을 뿌려서라도 경기를 부양하겠다’라는 주장을 펼쳐서 이런 별명을 얻었다)이라고도 불리지. 그는 2000년대 중반, 대안정기에 대한 기조를 내세웠지. 그는 이번에는 상황이 이전과 다르다고 생각했고, 지금까지도 그를 괴롭히는 몇 가지 실언을 했어. 거품이 터지기 전 2007년에 ‘서브프라임 시장 문제가 제한적인 듯하다’고 했거든. 아마 지금은 그 말을 취소하고 싶을 거야.

어쨌든 그는 버블이 막 터지던 시기에 의장직을 수행했어. 그러고 나서 1년도 채 되지 않아 금리를 5.25퍼센트에서 ‘제로’로 인하했는데 이걸로는 충분치 않다고 여긴 거지. 양적완화를 감행한 거야. 양심 없는 조치라는 의미에서 ‘악마의 거래’라고도 불렸지. 그런데 그를 비난하긴 힘들어. 그런 난장판을 처리해본 경험이 없었고, 양적완화를 주야장천할 의도도 없었거든. 그러길 바라는 분위기도 아니었고. 그가 어떻게 그 별명을 얻게 됐냐 하면 말이야. ‘미국 정부는 원하는 만큼 비용도 안 들이고 돈을 찍어내는 인쇄기(물론 지금은 디지털로 발행하면 된다) 기술을 보유하고 있다’는 발언을 한 거야. 쉽게 말하면,

149

더 많은 화폐를 만들어 내서 헬리콥터에 실어서 거리에 돈을 뿌리는 것을 의미하지. 메이웨더(5개의 체급에서 12번 세계 챔피언 타이틀을 거머쥔 복싱계의 전설이자, 전 세계 스포츠 선수 수입 1위로 '머니'라는 별명을 얻었다)가 맥그리거에게 돈을 흩뿌리는 모습, 과시욕에 불타 하늘에서 돈을 퍼붓는 모습을 떠올려봐. 버냉키 의장이 돈을 뿌리는 상황과 비슷할 거야." 나는 맥주를 다 마시고 한 잔을 더 주문했다.

"대표님, 어쩌다 버냉키 의장이 양적완화의 주역이 되었나요?"

"좋은 질문이야. 답을 듣게 되면 놀랄 텐데 말이야. 그는 일본어에 능통한 데다, 양적완화에 대한 논문을 두 편 쓰기도 했어."

"정말요?"

"응. 그린스펀 의장이 주택 거품에 관한 논문을 쓴 것과 비슷한 맥락이지. 사람들은 버냉키 의장이 대공황에 대한 논문을 썼기 때문에 그가 의장직을 수행하는 것에 안심했었지. 그는 당시 연준이 할 만큼 했다고 생각하지 않았고, 본인은 같은 실수를 하지 않을 것이라고 다짐했어. 그는 또한 일본의 거품에 관한 연구도 했는데, 양적완화가 일본 경제에 순기능을 했다고 생각했어."

"흥미롭네요." 제리가 말했다.

"다음 수장이 재닛 옐런이었지. 2018년까지 연준 의장을 지냈어. 직접 만나보면, 정말로 명석한 두뇌를 지닌 할머니란 생각을 하게 될 거야. 그녀도 대안정기를 주창한 의장이었어. 양적완화도 옹호하면서 유지하겠다는 기조를 보여줬지만, 그렇다고 영원히 할 수는 없는 거라고도 늘 말했지. 결국 정상적인 통화 정책으로 돌아가야 한다고 했지만, 결코 그러진 못했어. 이 시기에는 부의 불평등이 심해졌지만, 그렇다고 그녀 탓으로 돌리긴 힘들지. 그녀는 어떠한 상황에서도 침착함과 냉정함을 잃지 않아. 부의 불평등이 극심해지는 상황에도 연준에서 해결책을 내놓아 상황을 개선할 수 있다고 말했을 정도니 말이야."

"연준이 옳은 방향으로 나가길 간절히 바란다는 생각이 드네요." 제리가 말했다.

"글쎄, 다양한 해석이 나올 수 있지. 우선 우리가 만든 세상에는 좋은 의도들이 변질한 형태로 쌓여가고 있어. 애초에 의도가 나쁜 건 없어. 모든 사람이 구제금융을 받도록 하고, 주가가 하락하는 것 자체를 허용하지 않고, 절대 경기 침체를 경험해서는 안 된다고 믿는 거지. 표면적으로는 괜찮아 보이고 딱히 문제가 없어. 그런데 여기에도 나름의 대가가 따라오게 되어 있어. 자산 가격이 급등하니까 부의 불평등을 악화시키게 돼서, 결국 좀비 경제zombie economy〔각종 경기부양책을 펼치는데도 경제 주체들이 거의 반응하지 않는 것. 계속되는 일본의 불안한 경제 상황을 빗댄 용어다〕가 생겨나는 거지."

"그다음 의장은 어떻게 했나요?" 제리가 물었다.

"현재는 제롬 파월이 수장으로 있지. 프린스턴대학교에서 정치학 학사 학위를 따고 조지타운 로스쿨을 졸업한 사람이야."

"대표님은 그분을 프린스턴에서 본 적이 있나요?"

"아니. 나보다 연배가 높지. 그리고 아마 화려한 이팅 클럽eating club〔높은 회비를 내고 가입하는 사교모임 중 하나로 상류층 자제들이 속해 있다〕의

회원이었을 거야. 다이얼 로지dial Lodge(교내의 이팅 클럽을 위한 장소였지만 현재는 벤드 하임 재무센터로 변경되었다)에 많이 가 봤을 것 같진 않아. 거기선 복잡한 일이 많이 일어나고 있으니까."

나는 계속 이어갔다. "트럼프 대통령이 그를 지명했어. 트럼프가 양적완화 지지파였기 때문이지. 그러니 파월 의장에겐 선택권이 없었어. 어쩔 수 없이 미래 세대는 그를 거품을 대폭 키운 사람으로 기억할 거야. 그가 키운 거품은 그린스펀 시절의 거품을 무색하게 할 정도로 어마어마해. 어떻게든 경기 침체는 막아야 하는 상황이고, 결국 엄청난 부의 불평등이 불가피해질 거야. 투자자들은 이미 사상 최고치로 주식을 사들였어. 파월 의장은 결국 엄청난 양의 디지털 화폐를 찍어낼 수밖에 없을 거야. 그는 양적완화라는 주사위를 이리저리 굴리며 어떻게든 효과가 있기를 바라고, 터지기 일보 직전인 재정거품만큼은 안 터지길 간절히 바랄 거야. 그렇다고 걱정은 하지 마. 나름대로 통제하고 있으니. 틈이 군데군데 보여도 걱정하지 마. 수익률 곡선이 역전되거나, 대출채권담보부증권CLO*에 고위험 대출이 포함되어도 너무 걱정하지 마. 레포 시장이 무너지고 있다거나, 소규모 폰지사기 60건이 동시에 벌어진다고 해서 걱정할 필요도 없어. 유니콘 기업들이 파산하고, 전 세계 부채가 250조 달러에 달하고, 부의 불평등이 가속화한다고 해도 걱정하지 마. 파월 의장을 믿자고. 괜찮을

---

* 은행이 기업에 대출한 채권을 담보로 발행하는 자산유동화증권의 일종이자, 신용도가 낮은 기업들에 대한 은행의 대출채권을 묶은 후 이를 담보로 발행하는 채권의 일종이다.

거야." 나는 맥주를 한 모금 마셨다.

"이 모든 상황의 결말은 어떻게 될까요?" 제리가 물었다.

"글쎄, 일본의 상황을 예의주시하면 답이 나올 거야." 내가 답했다. "일본은 이 모든 실험을 진작에 시작했지만, 시간을 질질 끌어왔지. 지금 상황이 어떤지 보라고. 완전히 최악이지. 저성장, 제로 금리, 좀비 기업들, 그리고 일본은행의 대규모 대차대조표 등등. 경제가 늪에 빠져 있어. 양적완화를 더 많이 할수록, 경제는 더 약해진다는 걸 보여주고 있지."

그때 전화벨이 울렸다. 랍비였다.

"대표님, 테이프(주식 시세 업데이트 상황표. 과거 주식 시장에서 주가의 변화를 적어놓았던 테이프에서 유래한 말로, 티커 테이프라고도 부른다) 좀 보셔야 할 것 같습니다. 연준이 레포 시장에 앞으로 30일 안에 5000억 달러를 투입한다고 합니다. 내년 1월 중순이면 연준의 대차대조표가 사상 최고치인 4조 5000억 달러를 넘어선다는 뜻입니다. 배부르고 등 따뜻한 이 시기를 계속 즐기자고요."

한 해의 마무리가 이렇게 화려할 수가. 3x ETF의 수익률이여, 갈 때까지 가 보자.

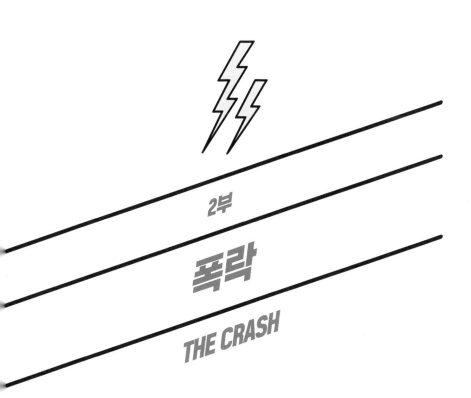

2부

폭락

THE CRASH

2020. 1. 1.
• 우한수산물도매시장에서 최초 환자 증상 발현되어 시장 폐쇄조치 시행

2020. 1. 3.
• ISM 제조업지수, 10년 만에 최저 수치인 47.2로 하락

2020. 1. 7.
• 중국 시진핑 주석, 비공개 중앙정치국 회의에서 신종 바이러스에 대한 예방과 방역작업 요청

2020. 1. 8.
• 대한민국, 최근 우한을 방문한 여성을 최초의 코로나바이러스 감염 사례로 발표

2020. 1. 10.
• 일자리 14만 5000개 증발, 실업률 3.5%로 제자리걸음, 시간당 평균 임금 변동률 2.9%로 7월 이후 3% 이하로 하락[이 수치가 높으면 달러화 가치 및 전망이 긍정적이다]

2020. 1. 11.
• 중국, 최초의 신종 코로나바이러스(COVID-19) 사망 사례 보고
• WHO의 발표: "중국 정부에 따르면, 바이러스가 사람 간에 쉽게 전파된다는 명확한 증거는 없다."

바이러스의 확산

월말 기준: 미국 10년물 국채 금리 1.51%
S&P 500 -0.04%
(중반까지 상승하다 그 후 하락 추세)
나스닥 +2.05%

2020. 1. 30.
• 연방공개시장위원회,
정책금리 목표 범위
현 수준에서 유지.
가계지출 '강세'에서
'완만한 속도'로 하향 조정
• WHO, '국제적 공중보건
비상사태' 선언

2020. 1. 20.
• 미국에서 첫 번째 확진
사례 발생

2020. 1. 15.
• 1단계 미·중 무역 협정 체결

2020. 1. 16.
• 미 상원, 트럼프 대통령
탄핵 절차 본격 돌입
• 일본, 최초의 신종
코로나바이러스 사례 보고

2020. 1. 23.
• 우한 폐쇄령 발동

2020. 1. 31.
• 트럼프 대통령,
중국 방문객의
미 입국 금지 조치

"10, 9, 8, 7, 6, 5, 4, 3, 2, 1. 해피 뉴 이어!" 작은 말풍선이 터지면서 이리저리 날아다니며 핸드폰 화면을 가득 메운다. 나의 딸 엘리자베스는 아이폰 화면에 특수 효과를 사용하는 것을 좋아한다.

> 오래된 인연을 어찌 잊을 수 있으리
> 어떻게 다시 기억하지 않을 수 있으리
> 오래된 인연들과 지난 지 오래된 날들
> 어찌 잊으리오
>
> 오래된 나의 친구여,
> 오래된 나의 친구여,
> 다정함 한 잔 축배를 드세,
> 오래된 우리 인연을 위해.

또 한 번의 10년이 지났다. 'teen'으로 끝나는 해가 막을 내리고 2020년이 되었다. 2010년대의 첫 단추는 2008년 글로벌 금융위기에서 빠져나오는 것으로 꿰어졌지만, 결국 포퓰리즘과 양극화로 치닫는 형국으로 마무리되었다. 허울 좋은 '빈부격차'라는 주제는 핵심 안건이 되었다. 소득, 기회, 성공하는 데 필요한 기술은 그 어느 때보다 복합적으로 긴밀하다. 미국은 세계 최대의 에너지 생산국이 되었다. 의료비와 대학 등록금이 폭등했고, 사람들은 유선전화를 버리고 SNS와 스트리밍 서비스에 더 많은 시간을 보내게 되었다. 넷플릭스는 10년 동안 최고의 주식으로 자리 잡았다. 밀레니얼 세대는 현재 미국에서 가장 많은 비중을 차지하는 인구층이 되었다. 또한 마침내 미국에서도 기호용 대마초 합법화가 진행되는 추세다.

캐럴라인과 나는 신년 파티에 참석했다가 집에 가는 길이었다. 그녀는 관자놀이에 손가락을 대고 있었다. 샴페인 때문에 편두통이 왔나 보다. 그녀는 자신이 신청하고 싶은 심리상담 프로그램에 대해 쉬지 않고 말하더니, 차 시트에 머리를 기대고 가만히 있다가 잠이 들었다. 파티에서는 두통의 기미조차 없었고 즐거워 보였다. 방 안을 돌며 왈츠를 췄고, 사람들에게 내가 아닌 그녀 자신에 관해 얘기할 때는 목소리에서 카리스마가 느껴졌다.

파티는 벨그레이브 스퀘어에 있는 가장 큰 저택에서 열렸다. 어퍼 벨그레이브 거리의 사우디아라비아 대사관에서 대각선 방향에 있다. 저택에 도착했을 때 캐럴라인은 어깨에 걸쳤던 코트를 벗었다. 발목까지 떨어지는, 반짝이는 드레스를 과시하고 싶은 눈치였다.

우리가 다가가자 문이 휙 열렸다. 회람판을 들고 귀에 에어팟을 꽂은 경호원, 샴페인 잔을 가득 올린 쟁반을 들고 있는 웨이터, 그리고 손님들이 코트 벗는 것을 도와주는 스태프가 손님들을 맞이했다. 스태프는 캐럴라인의 모피코트를 받아서 가져다가 객실에 보관했다. 러시아산 담비 모피코트가 하도 많이 걸려 있어, 모피코트 창고가 아닌지 착각할 정도다.

경호원은 짧게 "위층으로 가세요"라고 말한 후, 에어팟을 귀에 대고 세게 누르며 우리 이름을 마이크에 대고 중얼거렸다.

지금 계단을 오르자 깨끗한 새 잔이 가득한 쟁반을 든 또 다른 웨이터가 우리를 맞이한다. 내가 어디에 와 있는 건지 알 수가 없다. 무슨 초현실주의 영화 속으로 들어온 것 같다. 초현실주의 화가 달리의 작품이 로비 맞은편 벽 전체를 덮고 있다. 그림에는 해변과 눈부신 모래 언덕, 신비로운 하늘, 그리고 나처럼 혼란스러워 보이는 남자가 묘사되어 있었다. 마치 나를 노려보는 듯하다.

내가 그림에서 시선을 떼고 주변을 두리번거리니 캐럴라인은 사라지고 없었다. 그녀는 엘리자베스와 기숙사 생활을 함께하는 친구의 어머니이기도 하다.

지금은 나이츠브리지의 전성기다. 참석자들은 런던에서 가장 잘 나가는 사람들이다. 신흥 재벌, 억만장자, 유명한 축구선수, 록스타를 비롯한 내로라하는 사람들이었다. 파크 애비뉴(뉴욕주 뉴욕시 맨해튼에 있는 초고층 주상복합 아파트 건물)를 누비는 WASP들과는 차원이 달랐다. 이곳은 전 세계 부의 진원지다. 인도 사업가들과 그들의 후

계자들, 말레이시아 왕족, 석유로 갑부가 된 사람들, 애스콧 타이를 매고 담배를 피우는 유럽 사람들이 주를 이뤘다. 나는 이곳에서 백인 이자 미국인이었고, 월가에서 일하는 소수 계층이었다.

방 건너편에서 캐럴라인이 손가락으로 내게 손짓을 했다. '1분만 (혹은 2시간만)' 더 있겠다는 의미였다. 나는 그 고급스러운 방에서 내가 안면이 있을 법한 사람을 찾아보았다. 여기저기를 훑어보니, 유리공예가 데일 치훌리의 작품이 보였다. 라스베이거스의 화려한 벨라지오 호텔 인테리어를 방불케 했다. 사람들은 최고의 정장을 차려입었다.

여기에서 말하는 '최고의 정장'은 뉴욕 사람들이 입는 턱시도 같은 스타일이 아니다. 격식을 갖춘 정장과 다소 거리가 있다. 여기 사람들이 누구인지 몰랐다면 어떤 사람이 록스타인지 모를 정도로 화려하고 멋지게 입었다는 의미다. 사람들은 젊고 건강해 보이며 저마다의 개성을 뽐내고 있었다. 내 시선을 가장 사로잡은 사람은 팔에 비즈 장식과 팔찌를 치렁치렁 매달고 있었다. 자세히 보면 그중 일부는 고무줄 같았다. 손짓으로 대화할 때 50만 달러짜리 바쉐론 콘스탄틴 손목시계가 슬쩍 보이기라도 하지 않으면, 대강 봐서는 여기 사람들의 재력을 판단하기 어렵다.

다들 워낙 부유한 사람들이어서인지 굳이 부를 과시하려 하기보다는 나름의 절제미도 있었다. 굳이 졸부처럼 돈 자랑을 할 필요가 없다. 인생에서 돈이 그다지 중요하지 않다는 뉘앙스로 대화를 주고받았다. 단, 이들은 맛집을 발견하면 자주 가서 먹겠다고 생각하기보다는 그냥 그 식당을 사버린다.

우리가 파티장을 나올 때쯤 파티 분위기는 더욱 무르익었다. 우리를 초대한 부부는 손님들에게 어마어마한 멋진 선물을 나눠줬다. 롤스로이스 여러 대가 손님들을 집까지 모시기 위해 기다리고 있었다. 저 부부를 조만간 우리 집에 초청해야겠다는 생각이 들었지만, 이내 당장은 안 되겠다는 생각이 스쳤다. 우리 집 인테리어가 귀빈들을 맞이할 준비가 아직 안 됐다는 생각이 들었기 때문이다. 미술품들도 더 좋은 작품들로 바꿔야 할 것 같았다. 내가 좋아하는 워홀의 믹 재거도 이러한 부류의 취향과는 거리가 멀 것이 분명했다.

우리는 집에 도착했고, 캐럴라인은 침대로 향했다. 나는 거실에 혼자 남아 TV를 켰다. 거의 새벽 1시였다. 딸들은 각자 초대된 파티에 가고 집에 없었다. 딸들이 나보다 늦게까지 놀다 온다니 기분이 이상하다. 적어도 엘리자베스만큼은 나이 든 사랑하는 아빠 생각을 하고 있겠지. 그 아이에게서 특별한 문자 메시지를 받은 것이 그날 밤 제일 소중한 일이었다.

술을 꽤 많이 마셨다는 생각이 들었다. 채널을 돌리다 갓 시작한 미국 새해 전야 프로그램에서 멈췄다. 유명 가수 블레이크 셸턴이 무대를 곧 시작하려고 준비 중이었다. 시차 상으로 미국은 아직 2020년이 아니었다. 나는 화면을 보면서, 세계의 상황과 지난 한 해를 곱씹어봤다. 그리고 지난 10년을 돌이켜봤다.

10년이면 강산이 변하듯, 그간 10년을 주기로 참 많이도 변했다. 레이 달리오도 전적으로 동의할 것이다. 10년에 한 번 정도는 아무도 예상치 못하는 사건이 터진다. 이전 사건의 여파나 상처가 여전히 남아 있거나, 충격이 가시지 않은 상태에서 반전이 나타나기도 한다. 2008년 글로벌 금융위기를 몸소 경험한 이들, 특히 밀레니얼 세대가 금융 투자에 치를 떠는 것은 당연한 현상이리라. 그들의 증조부모 세대가 대공황의 충격에서 완전히 회복하지 못한 것처럼 말이다. 대공황과 2008년 글로벌 금융위기가 비슷하다는 주장도 많지만, 결과적으로 나타나는 현상은 매우 다르다. 지금으로부터 10년 전인 2009년도가 끝날 무렵, 우리는 이 위기를 겨우 빠져나오고 있었고 투자자들은 지난 10년간 벌어졌던 예상치 못한 일들을 되새기고 있었다. 주식은 거의 증발한 상태였고, 가치주가 성장주를 크게 앞질렀으며, 소기업들이 대기업들보다 실적이 우수했고, 국제 주식이 미국 주식보다 상승세를 그리고 있었으며, 신흥국들이 선진국들보다 성적이 우수했다. 그전 10년 동안에는 볼 수 없던 현상이었다. 2000년대와 완전히 반대 양상을 보인 2010년대는 '광란의 20년대roaring 20s'(스페인 독감이 유행이 끝나고 1차 세계대전 종전 이후 10년간 초호황을 누리던 시기)를 연상시킨다. 2010년대와 1920년대를 비교해야 하는 또 다른 이유는, 1920년대는 그 끝이 '대공황'이라는 몰락이었기 때문이다.

주식 시황의 역사를 살펴보면, 주가가 항상 오르는 것은 아니라는 사실을 알 수 있다. 거품이 생길 수도 있고 그게 터질 수도 있다. 자산은 고평가 혹은 저평가되기도 한다. 인플레이션도 한 번씩 왔다가 간다. 2020년을 맞이하는 현재 상황이 흥미롭기 그지없다. 10년 전처럼 시장이 극단으로 치닫는 상황에서 새로운 10년을 맞이하고 있다. 투자심리가 여지없이 강화되고 있지만, 이번에는 그 반대 방향으로 치닫고 있다. 장기적 수익을 내다보고 주식을 매입하는 롱 포지션이 강세를 띠자 거품만 커졌다. 비정상적으로 강세장(즉 곰이 공격을 당해 쓰러지는 상황)이 되고, 투자 분위기 때문에 어쩔 수 없이 곰이 동면 상태에 들어가는 형국이다. 2019년은 비현실적인 허황된 상황을 마침내 다들 인정하고 수용해버린 한 해였던 것 같다. 중앙은행에 반격하지 않고, 유동성에 찬물을 끼얹지 않으며, 주어진 분위기 속에서 괜히 나대지 않고, 공격성을 버리고 칼을 내려놓고, 현실을 즐기자는 결론에 도달한 것이다. 그리고는 이 빌어먹을 상황을 진심으로 즐겼다. 2019년 한 해 동안 마이너스 금리채는 7조 달러에서 17조 달러로 증가했다. 경제가 방향을 잃고 휘청거렸다. 세상으로부터 완전히 고립된 사람이 이 사실만 접했다면, 아마도 제3차 세계대전이 발발한 것은 아닌지, 착한 놈들이 뒤통수를 맞는 세상이 되어버린 건 아닌지 혼란에 빠질 것이다.

2010년대를 대표할 만한 키워드를 꼽으면 무엇이 있을까. 우선 양적완화를 꼽을 것이고, 자산 채널에 집중하는 부의 효과wealth effect(자산 가치가 상승하고 이자율이 낮아지면 가계 부담이 감소하여 증시가 호황을 이루고 재산이 증대되어 소비와 일자리가 증가하는 효과)도 있을 것이다. 이 방법으로 경제에 활력을 넣고 시장을 활성화하는 것이 주요 목표였다. 전 세계 최대 중앙은행들은 이 목표를 이루는 데 큰 역할을 했다. 특히 연준, 유럽중앙은행, 일본은행, 영란은행이 주축이었다. 이들은 적극적으로 양적완화에 나섰고, 그 결과 일부 계층을 초부유층으로 만들었다.

2010년대는 1850년 이후 처음으로 미국에 경기 침체가 전혀 없던 10년이었다. 그렇다면 그 대가는 언제 치를 것인가?

이런저런 생각으로 쉽게 잠이 들지 못했다.

>|<

직원들과 회의를 했다. 새해니만큼 새로운 아이디어가 필요하다. 지나간 것은 지나간 대로 의미가 있을 테지만, 기본적으로 깨끗이 청산하고 새롭게 시작해야 한다. 이때 구조적 관점으로 시장을 파악하는 것이 첫 단추를 끼우기에 가장 효과적이다. 또한 실용적인 관점, 한 해를 긍정적으로 시작하려는 태도도 중요하다. 제대로 보이지도 않는 차갑고 어두운 구멍을 깊게 파느라 하루에 16시간씩 쩔쩔매는 것만큼 미련한 행동도 없을 것이다.

2019년은 주식 시장만 놓고 보면 놀라운 해였다. 우선 주식과 채권이 큰 폭의 강세를 보였다. 20년이 넘는 기간 동안 주식과 채권에서 가장 큰 수익을 거둔 해이기도 하다. S&P 500 지수는 30퍼센트 급등했고, 기술주도 40퍼센트 상승했다. 채권 가격 랠리(상승세가 유지되는 것)는 기준금리인 10년물 국채의 수익률을 0.75퍼센트 포인트 하락시켰다. 모든 것의 가격이 올랐다. 주가는 현재 사상 최고치를 기록하고 있다. 집값도 마찬가지로 사상 최고치를 기록하고 있다. 실업률은 50년 만에 최저 수준이다. 그런데 이 모든 현상이 여전히 중앙은행의 지원에 의존하고 있다.

연준은 2019년에 세 차례나 금리를 인하해야 했고, 2019년 마지막 3개월 동안 대차대조표를 4000억 달러나 키웠다. 블룸버그통신은 "블룸버그 억만장자 지수에서 추적하는 세계 500대 부자들이 1조 2000억 달러를 추가로 확보했다. 그들이 보유한 전체 순자산이 25퍼센트 증가하여 5조 9000억 달러로 증가했다"라고 밝혔다. 이들 외에도 작년에 연봉이 25퍼센트 인상된 사람들이 있다면, 이 모든 결과가 중앙은행과 양적완화 덕분일 것이다.

매해 첫 번째 회의는 항상 특별한 기운으로 넘쳐나서 큰 회의실에서도 충분히 느낄 수 있을 정도다. 우리 팀은 연휴 동안 어느 정도 재충전을 했고, 일하고 싶어 몸이 근질근질하다는 느낌을 받았다.

"랍비, 연휴 동안 살이 좀 빠진 것 같은데요." 엘리아스가 말했다.

"무슨 소리야. 나 매년 살찌는 거 몰라?" 랍비가 답했다.

매크로 트레이더들은 대부분 채권이나 외국환으로 경력을 시작한다. 주식 투자자들은 항상 파이팅이 넘치고, 낙관적이다. 그러나 매크로 트레이더들은 그렇지 않다. 우리는 상대적으로 회의적이고 비관적이다. 채권은 우리를 배반하지 않는다는 말이 있다. 세상이 우리에게 알려주는 경고나 핵심 사항을 예의주시해야 한다.

우리 업무의 핵심은 투자 과정에 있다. 매크로 투자자들의 과제와 고민거리를 한마디로 요약하면 다음과 같다. "미래의 세계 상태는 어떤 모습이고, 이미 시장에 의해 가격이 책정된 것은 무엇인가?" 우리는 이 질문에 답하기 위해 엄청나게 많은 시간을 할애해 조사하고 분석한다. 혹여라도 열외값, 즉 시장에서 가격이 정해지지 않은 특이사항을 발견했을 때 짜릿한 희열을 느낀다.

나는 랍비에게 내년 전망을 정리해서 직원들에게 설명해달라고 미리 요청해뒀다. 사람들의 주목을 즐기는 그는 오늘 발표를 위해 말끔히 차려입고 왔다.

그는 요약 슬라이드부터 설명해나갔다. 세계 경제가 보합세를 보인다는 내용이었다. 트럼프 대통령이 진두지휘하는 미·중 무역 전쟁은 일단락되었지만, 여전히 세계 공급망이 휘청거리고 있다. 미국의 각종 지표는 안정적으로 보이지만, 세계의 지표는 취약하다. 세계 GDP 성장률이 글로벌 금융위기 이후 가장 낮은 상태다. 전 세계 10퍼센트 정도 국가들에서만 경기가 확장되었고, 작년 세계 무역량은 실제로 감소했다. 보기 드문 현상이었다. 미국의 경우 산업생산량이 감소하여 전년 대비 3년 연속 감소세를 보인다.

"전반적으로, 상황이 별로 안 좋습니다." 그는 말했다. "미국이 쌓아놓은 부채 때문에 상황이 더 복잡해지는 거죠. 부채가 전 세계적으로 250조 달러에 달합니다. '1000조'의 4분의 1에 달하는 금액이죠. 제 입에서 나와본 적이 없는 금액이네요. 우리가 쓴 돈이기도 하죠. 연금이나 의료비 같은 미적립 금액은 포함하지도 않은 수치입니다." 그는 말을 이어갔다. "미국의 경우 기업의 투자 활동이 특히 부진한 상황입니다. 기업들이 지출이나 투자를 하지 않고 있어요. 단지 자사주를 매입할 뿐이죠. 더 많은 부채를 발행함으로써 주식 매입을 위한 자금을 대고 있습니다."

"상황이 나아질 것 같아? 기업들이 투자를 재개하고 실질 성장률을 높일 발판을 마련할 것 같아?" 내가 물었다.

"그렇지 않을 것 같습니다. 기업들은 트럼프 정권의 세금 혜택을 받을 수 있는 자격을 얻기 위해서, 계획하던 자본지출CAPEX을 이미 모조리 추진했습니다. 한편 부채를 발행하는 비용은 거의 공짜잖아요. 미국의 모든 연기금에서 수익률을 높이기 위해 필사적으로 노력하는 상황에서 신용스프레드는 기록적으로 타이트한 상황이고요. 주식 시장의 흐름이 최고라고 판단한 개인 투자자들은 마침내 대거 주식 시장에 다시 뛰어들고 있습니다. 내가 기업의 CEO라면, 자사주를 다시 사들이는 쪽으로 생각할 것 같습니다."

제리가 끼어들었다. "실물 경제에서 성장은 주로 소비자들이 이끌어 온 것 같아요. 소비가 우릴 살린 거나 다름없죠."

"맞아." 내가 말했다. "우리가 제일 잘하는 게 그거잖아. 젠장, 미국 인구의 절반 이상이 자신이 버는 돈보다 더 많은 돈을 쓰고 있으니 말이야. 리스크는 어떻게 해야 하지? 우리 매매 장부는 어떻게 하나?" 내가 물었다. 랍비에게 답을 얻어내야 하지만, 이 부분은 그가 취약한 면이었다. 랍비는 위험을 무릅쓰고 투자를 감행해야 하는 상황보다는 투자를 경계해야 하는 상황에 대해 더 많이 알고 있다. 많은 투자자가 그러하듯 말이다. 그는 현재 투자를 하지 말아야 하는 근거가 되는 '부정적 요소'는 잘 설명하지만, 과감히 리스크를 더 감수하라고 설득하는 데 필요한 '긍정적 요소'는 찾아내기를 어려워한다.

"우리가 알고 있는 내용부터 짚어보겠습니다." 그는 말했다. "실업률은 낮고, 정부 지출액은 높은 상황이죠. 통화 정책도 큰 고민 없이 쉽게 실행하고요. 그런데 경제 펀더멘털economic fundamental〔나라의 경제 상태를 나타내는 데 가장 기초적인 자료가 되는 주요한 경제 지표〕이 좋지 않아요. 기업의 순가치가 너무 낮아진 거죠. 제 생각엔 중앙은행이 우리가 리스크를 떠안길 원하는 것 같습니다. 그래도 어쨌든 중앙은행을 믿어야겠죠." 그는 화이트보드 앞에 서서 긍정적 요소와 부정적 요소의 목록을 만들기 시작했다. "이번 경제 사이클은 안 좋게 끝날 테지만, 긴축정책을 펼치거나 채무불이행 같은 '사건'이 생기기 전까지는 지금의 상황이 이어질 것 같습니다." 그는 말을 이었다. "미국 주가는 현재 과도하게 부풀려져 있어요. 합리적인 가격 표기 수단이 필요합니다."

"수익 성장률은 어때?" 내가 물었다.

"꽤 명백하게, 성장률이 전반적으로 상당히 하락하고 있습니다. 애플의 실적만 보더라도 알 수 있어요. 지난 12개월 동안 연간 총이익은 감소했지만, 주가는 75퍼센트 가까이 올랐습니다. 멀티플 익스펜션multiple expansion〔가격 대비 수익률 등을 복합적으로 산정하는 것. 멀티플 익스펜션이 낮을수록 주가가 싸다는 의미로, 상승 여력이 남아 있기에 투자 가치가 높다고 해석된다〕이 거의 모든 주식에서 나타나고 있어요." 그는 말했다. "분위기를 깨자고 하는 말은 아닌데, 미국 경제 지표에서는 회복의 조짐, 특히 제조업 경기에서 그동안 얼어붙은 땅을 뚫고 새싹이 돋아나는 징후는 보이지가 않습니다."

"무슨 말이에요?" 제리가 물었다.

"데이터가 현상을 반영하지 못한다는 말이죠. 더 말도 안 되는 상황은 뭔지 알아요?"

"그게 뭐지?"

"중국이 현재 세계 제조업의 거의 30퍼센트를 차지하고 있거든요. 미국, 독일, 일본의 제조업을 합친 것과 거의 맞먹는 비중이죠."

"우와." 제리가 말했다.

"그러니까요. 근데 미국이 대중 수출을 늘려서 더 저렴하게 물건을 수입하려고 했다는 거죠. 이런 게 꼼수 아닌가요?"

나는 엘리아스에게 발언권을 넘기며, "엘리아스, 요즘 트레이더들이 주로 하는 매매기법이 어떻게 돼?"

"대표님, 국채는 숏 포지션을 유지하고, 스티프너, 주식, 은행 채권, 영국 주식, 실물화폐를 롱으로 가져가는 경향이 짙습니다. 신흥시장주보다는 기술주를 매입하는 게 영원한 진리죠."

"제리, 투자 모형 작업은 끝났어?"

"네, 대표님. 중앙은행들의 모형을 개편해봤어요."

"실시간 경기 순환지수는? 새로운 데이터세트는 도움이 돼?"

"아직 작업 중입니다, 대표님."

"그럼 그 작업을 가장 우선시하자."

제리가 마지막으로 말했다. "미국 대선과 관련된 리스크도 있습니다. 워런이나 샌더스 같은 급진 좌파 후보가 인기몰이하면 매도세가 시작되겠죠."

랍비가 끼어들었다. "그거 아세요? 넷플릭스와 도미노 피자가

10년 동안 최고의 주식이었다는 사실을요? 이게 말이 됩니까? 기술 혁신을 일으키는 회사와 토마토소스 맛이 끝내주는 회사가 나란히 최고의 반열에 올랐다는 게 대단하죠. 2020년대에는 도미노가 강세를 유지하지 못할 거라고 장담해요."

"엘리아스, 신흥 시장이 반등할 것 같다고 보나?"

"시장 분위기가 그럴 수도 있는데, 그렇게 안 될 거라고 봅니다."

"가격이 가장 잘못 매겨진 주식은?"

랍비가 마지막 슬라이드를 가리켰다. "투자 등급을 믿는 게 꽤 좋은 헤징 수단이죠. 어느 시점이 되면, 투자 등급이 대거 내려가게 되어 있어요. 기업 부채가 더 많이 증가했으니까요. 일촉즉발의 상황인 거죠. 기업들은 부채를 감당하기 어려운 상태고, 다음번 경기 하강 시에는 유동성이 제로가 될 전망인데 그러면 총체적 난국입니다. 이런 거에서 거리두기를 해야 합니다. 저는 투자 등급이 대체로 수익률과 비례한다고 생각합니다."

"부차적인 관점이긴 한데," 나는 말을 이어갔다. "투자 등급과 수익률을 같은 선상에 놓는다는 관점이 먹히려면 시장에서 수긍할 만한 사건이 터져야 해. 그전까지는 설익은 주장이고. 작지만 투자하기에 좋은 가치가 있는 거부터 하면 좋은데, 과연 시장에서 좋은 평가를 받을지, 그 시점은 언제가 될지 아무도 모르잖아."

랍비는 설명을 계속했다. "알다시피, 실질적으로 발생하지 않을 것이라 예상하는 사건tail event이 간혹 큰 규모의 신용 사건credit event(파산, 채무불이행, 채무 재조정 등을 일컫는다)을 일으키거나 소비자들에게

큰 타격을 가할 수 있습니다. 중국의 대형은행이나 정부후원기업GSE
이 관여하게 되는 사건일 수도 있고요. 그렇게 되면 민스키 모멘트
Minsky moment(과도한 부채 확대에 기댄 경기 호황이 끝난 뒤 은행 채무자의 부채
상환 능력이 나빠져 채무자가 결국 건전한 자산까지 내다 팔아 금융 시스템이 붕
괴하는 시점)가 오는 거죠."

　　회의가 한창일 때, 누나에게서 문자가 왔다. 가족끼리 오랫동안 알
고 지낸 지인 한 명이 죽었다는 소식이었다. 나와는 연락이 끊겼는
데, 내가 마지막으로 만났을 때 경찰이었던 친구였다. 내가 만난 사
람 중에 재미있기로는 세 손가락 안에 꼽을 정도로 유머 감각이 뛰어
났던 그는 경찰로 활동했을 때를 포함해 블루칼라로 오랜 세월을 보
냈다. 함께 밤늦게까지 놀러 다니며 광란의 밤을 보내기도 했던, 자
칭 자수성가한 아시아인이었다. 인품도 괜찮은 훌륭한 경찰이었는
데…. 그는 거리 순찰대원으로 시작해 승진하여 풍기문란 범죄 단속
반에서 활동했다. 상남자였던 그는 긴급구조대원으로 활동하고 싶
어 했다. 한번은 그와 술집에 있었는데 그가 두 번 체포했던 사람에
게 다가가서는 그 남자에게 맥주를 한 잔 사주며 잘 지내냐고 물었
다. 그런데 신기하게도 그 남자는 자신을 체포한 그에게 예의를 갖추
며 존중하는 모습을 보였다. 내가 살면서 본 것 중 가장 놀라운 광경
이었다. 내가 그 친구라면 절대 그러지 못했을 것 같았다. 나중에 친
구에게 왜 그랬냐고 물었더니, 자신은 그 사람이 좋고 그가 유머 감
각도 뛰어나단다. 그 친구는 불시단속을 위해 마약범 아지트를 뚫고
들어가기도 했다. 마약범 한 명이 옆문으로 뛰쳐나가는 것을 보고 뒤

쫓기도 했다. 골목길을 따라 울타리를 넘고 막다른 골목으로 쫓아가서는 마침내 그를 잡았다고 했다. 그 청소년(당시 마약범 나이는 어렸다고 한다)의 주머니에 마약이 가득 들어 있었다. 그 아이는 정색한 얼굴로 내 친구를 바라보며 말했다. "내 청바지가 아니에요. 그냥 빌린 바지에요." 이 말을 들은 그 친구는 웃음을 참지 못했다고.

어쨌든 그는 합병증 때문에 직장을 그만둬야 했다. 그는 창문으로 뛰어내렸다. 설명을 좀 붙이자면, 우리 집에서 파티를 크게 열었는데 그날 밤에 호수 옆의 우리 집 창문 밖으로 뛰어내렸다. 너무나도 충격적인 사건이었다. 다 얘기하자면 길지만, 결론은 그가 무슨 실수나 잘못을 해서 그랬던 것이 아니라는 것이다. 그가 도저히 감당할 수 없는 장면, 자신의 아내가 다른 누군가와 침대에서 뒹구는 장면을 목격했기 때문이었다. 캐럴라인은 그날 밤 파티장에 없었는데, 나를 의심하기라도 한 건지, 이 사건을 계기로 우리 부부 사이가 틀어지기 시작했다. 밥 딜런의 노래 가사가 생각난다. "나는 언제나 선을 넘는 걸 좋아하지 않는 부류였지. 그런데 가끔은 도를 넘은 자신을 발견하기도 해." 아무튼 내 친구는 결과적으로 경찰직을 잃었다. 그 후 생계유지를 위해 근근이 일했다. 그러다 항공사에 취직하기 위해 비행기 조종사 면허증 취득에 도전했다. 상황이 좀 나아지는가 싶더니 뇌졸중과 뇌출혈이 왔다. 50살도 되지 않은 나이였다. 두 딸을 남기고 떠난 가여운 인생이었다.

나는 다시 토론에 집중했다. 랍비는 아직 설명하는 중이었다. "우리는 달러 약세를 더 주시해야 합니다. 경상수지와 재정 적자와 관련

되어 있습니다. 적자 폭이 계속 확대되면 달러화 가치는 더 떨어질 수밖에 없는데, 유로화를 좀 매수해두는 게 나을 것 같아요."

"제리, 다음 불경기에는 어떠한 일이 일어나게 될까?" 내가 물었다.

"적자 지출deficit spending(특정 기간의 수입을 초과하는 지출)이 GDP의 12퍼센트로 증가할 수밖에 없는데, 정말 끔찍한 상황이 될 것 같습니다. 그럼 누가 국채를 사두겠어요?"

"맞긴 한데, 지금 그게 문제는 아닙니다." 랍비가 말했다. "10년 만기 그리스 국채수익률은 미국에 비해 낮아요. 그래도 매수세가 여전히 강해요. 그런데 유동성이 어떻게 움직이는지 알죠? 하룻밤 사이에도 사라질 수 있는 게 유동성이고, 정작 필요할 땐 없잖아요."

나는 직원들에게 말했다. "우리의 트레이딩 전략에 제안할 것 있으면 알려줘."

"저는 여전히 소프트뱅크를 싫어하지만, 숏에서 롱으로 포지션을 움직여야 할 것 같습니다." 랍비가 베이글을 집기 위해 손을 뻗으며 말했다. "거기가 부침이 심하긴 했는데, 가치주에 주로 투자하던 투자자들이 여기로 몰리기 시작할 것 같던데요. 우버의 공동 창업자가 자신이 보유하던 회사 지분을 90퍼센트 이상 매각한 거 보셨어요? 연말에 주식을 25억 달러어치 넘게 팔았어요. 수십억 달러의 손실을 보는 회사에서 창업자이자 전 CEO가 의무보호예수기간(기업 상장 후 최대주주 등이 시장에 한꺼번에 매도하는 것을 방지하기 위해 설정하는 기간. '락업'이라고 부른다)이 만료되고 나서 3개월 동안 주식 90퍼센트를 매각하는 모습을 보면 회사에 대한 신뢰가 쌓일 리 만무합니다. 저라면 우버 주식 뺍니다."

엘리아스가 끼어들었다. "우리는 회사의 수익에 초점을 맞출 필요가 있어요. 랠리가 유지되려면, 수익 성장률이 나와줘야 합니다. 작년에 성장이 없었다고 하면, 롱이건 숏이건 무슨 포지션을 취하더라도 상황을 낙관적으로 보지 않아요. 우리는 트레이더로서 향후 투자 방향을 설명할 필요가 있습니다."

"이미 끝난 얘기일 수도 있는데, 기업투자 상황이 거슬립니다." 랍비가 말했다. "상황이 개선되어야 해요. 투자 속도가 더딘 정도가 아니라, 마이너스를 향해 가고 있는데 정말 안 좋은 징후죠."

엘리아스가 말했다. "기업 대표들과 이 부분에 관해 통화해봤는데요. 다들 시장에 가장 큰 힘을 실어줄 수 있는 게 연준과 바이백이라고 생각하는 것 같습니다. 두 가지 변수에서 하나라도 수가 틀리면 문제가 생기는 거죠."

라이프코치가 끼어들며 말했다. "저는 작년 자료부터 보고 있는데요. 상황이 정말 말도 안 되게 돌아가고 있어요. 작년 점도표dot plot(연준이 3개월에 한 번씩 발표하는 금리 인상 전망표)를 보면 금리 인상을 네 번 하고 대차대조표 감축을 해야 하는 상황이었잖아요. 그런데 어떻게 달라졌죠? 금리 인상은 물 건너가고, 대차대조표를 늘리기만 하고, 연준은 완전히 반대로만 했잖아요."

토론은 3시간 동안 계속되었다. 결론은 하나였다. '롱'을 유지할 것. 미국은 '더러운 셔츠 더미에서 그나마 가장 깨끗한 셔츠the world's cleanest dirty shirt'였다. 주가는 더 오를 것이다. 양적완화가 여전히 대세가 될 것이다. 거품도 더 커질 것이다. 이것이야말로 역사상 가장 큰 강탈행위가 아닐까 한다. 나이츠브리지에서 일어난 강도 사건보다 훨씬 더 규모가 더 크다. 절도범들은 영국의 사교계 명사이자 포뮬러 원 매니지먼트의 대표 버니 에클레스톤의 딸인 타마라 에클레스톤 에게서 6400만 달러의 보석을 훔쳤다고 했다. 누가 집에 6400만 달 러어치의 보석을 보관하고 있겠는가? 범인들은 더 스타 태번에서 계획을 세웠음이 틀림없다.

오늘 밤에 더 스타 태번에 들러야겠다. 거기서 그들이 축하 파티를 벌일 수도 있으니.

>×<

새해 트레이딩 업무를 시작하고 한 주가 지났다. 경제의 현주소를 점검하자면 작년 말 상태 그대로일 것이다. 중국 런민은행은 기준금리를 50bp 낮추었다. 대형은행들도 덩달아 금리를 낮출 것이고, 금융 시스템에 1150억 달러 정도가 풀릴 전망이다. 이지 머니easy money(금융 위기 극복을 위해 막대한 유동성을 풀면서 조달 비용이 낮아진 자금)가 늘어난 셈이다. 런민은행은 2018년부터, 엄밀히 말하면 2018년 초부터 여덟 차례 기준금리 인하를 단행했고, 시장은 양호한 성장세를 보이며 주가는 최소치를 경신했다.

주말 동안 양적완화 카드로 위기를 넘긴 '헬리콥터 벤'은 자신의 블로그에 글을 올렸다. 경제 전망에 대한 글에서 그는 중앙은행들이 악순환에 갇혀 있으며 거기에서 점점 더 빠져나오기 힘들게 상황이 돌아간다는 사실을 알고 있다고 언급했다. 그는 마이너스 금리 상황이 곧 도래할 수 있고 다음 침체기에는 '증권'에 대한 추가 매입이 이어질 것으로 내다봤다. 연준은 결국 극단적으로 나아갈 수밖에 없는 것이다.

마크 카니도 같은 경고를 하고 있다. 전 세계에서 가장 큰 중앙은행 중 하나인 영란은행의 총재였던 그는 곧 퇴임할 예정이다. 캐나다 국적의 그는 좋은 평가를 받았다. 프로 아이스하키팀 토론토 메이플 리프스의 열성 팬이고, 그 스스로도 실력 좋은 골리(아이스하키의 골키퍼)이기도 하다. 골리들은 대체로 성격이 괴짜 같고 징크스를 맹신하지만, 진실을 말하는 경향이 있다고 한다. 그는 마지막 기자회견에서 유동성 함정liquidity trap(금리를 추가 인하해도 경기 부양 효과가 나타나지 않는 현상)으로 향하는 현재 상황을 밝혔다. 나는 이러한 점에서 영란은행의 정책에 박수를 보낸다. 영란은행은 자체 홈페이지에서 양적완화에 대한 매우 명확한 글을 게재했다. 곧 터지게 될 큰 거품을 비유하는, 터지기 일보 직전의 풍선을 삽화로 싣기도 했다. 적어도 카니 총재만큼은 재치 있고 쉽게 양적완화의 폐해를 설명하고 있다.

랍비와 나는 아침 식사를 하기 위해 아츠 클럽the arts club(150년 전통의 회원제 사교클럽)에서 만났다. 테슬라 주가가 올해 이미 30퍼센트 상승했다. 사람들은 단순히 리스크를 쫓아다니는 것 같다. 식당은 비싼 양복을 입고 손에 피치북pitch book(투자은행이 잠재적 고객들을 대상으로 특정 금융상품이나 서비스를 제공하기 위해 배포하는 자료)을 들고 있는 사람들로 북적였다. 랍비를 볼 때마다 항상 신기하다고 느끼는 점이 있는데, 아직 오전 8시도 안 됐는데 이미 머리가 헝클어져 있다는 거다. 항상 약간씩 흐트러져 있다. 그를 제외한 나머지 사람들과 식당의 분위기는 정갈하고, 투자자들로부터 자금을 조달하려는 열기가 느껴진다. 높은 투자수익을 기대하면서 출자한 자금도 막대하다. 함께 테이블로 걸어가고 있는데, 랍비가 내게 고개를 돌리고 말한다. "여기 한심하게 앉아 있는 머저리들 좀 보세요." 그는 강매 방식으로 세일즈를 하는 사람들의 눈빛을 혐오한다. 그들의 입에서 나오는 말이 대부분 헛소리라는 걸 알기 때문이다.

아츠 클럽에 들어가면서 주변을 둘러보면 보기 드문 광경이 펼쳐진다. 그곳은 사람들이 끊임없이 서로를 곁눈질하는 그런 장소다. 누군가와 이야기하면서도 동시에 더 중요한 먹잇감이 있나 보기 위해 눈동자를 굴리며 방을 샅샅이 뒤진다. 오전에 우리는 야외 테라스에 앉기로 했다. 런던은 1월에도 그다지 춥지 않기 때문이다. 우리가 테라스 쪽으로 나가기 위해 식당을 가로질러 걸어가는 동안 사람들은 우리를 힐끗대며 쳐다봤다.

랍비와 나는 과연 현재의 랠리 국면이 지속될 것 같은지를 판단해야 한다. 다시 말해, 현재 수준에서 얼마나 더 반등할 것인지를 가늠해야 한다. 최고의 경제학자들은 올해 미국의 성장률이 2퍼센트 아래로 떨어질 것으로 예상한다. 이렇게 되면 현재의 경제 확장은 차세계대전 이후 가장 둔화할 것이고, 제조업지수는 여전히 불황 이후 바닥에 머무는 총체적 난국에 처할 것이다. 우리는 테이블에 앉아 대화를 이어갔다. 우리의 결론은 행동을 취하지 않고 당분간 참자는 거였다. 즉 버티기 작전이다. 금요일 고용지표가 발표되니, 그때까지 한 번 더 검토하기로 했다.

자리에서 일어나는데, 엘리아스가 브로커 한 명과 함께 식당으로 걸어 들어오는 모습이 보인다. 그에게 다가가자 엘리아스는 우리에게 자신의 핸드폰 화면을 보여주었다. 트위터 앱이 열려 있었고, 다음의 트윗이 보였다.

> 대통령의 지시에 따라 미군은 국외 미국인들을 보호하기 위해 결정적인 방어 조치를 취했다. 미국이 지정한 해외 테러 단체인 이란 혁명수비대-쿠드스군의 사령관 거셈 솔레이마니Qasem Soleimani를 암살했다.
> ―미국 백악관

그 후 트럼프 대통령은 늘 그렇듯 트위터에서 떠들었다.

> 이란은 전쟁에서 이긴 적이 없습니다. 헌데 협상에서 진 적도 없죠!

이에 대한 반격으로 이란 국영 TV에서는 트럼프의 목에 현상금 8000만 달러를 걸었다. 이 모든 내용이 트위터를 통해 발표되었다.

미국의 드론 공격으로 솔레이마니와 그의 부하는 처참히 살해되었다. 솔레이마니는 세계 최고의 테러리스트로, 이란 밖에서 군사 및 비밀 작전을 수행한 쿠드스군을 지휘했다.

현재 SNS에서는 실시간 트렌드로 제3차 세계대전이 올라 있다. 물론 시장은 꿈쩍도 하지 않는다. 나는 직장 생활 초기에 상사로부터 좋은 교훈을 얻었다. 당시 중동에서 교전이 벌어지고 있었고 원유 가격이 상승하고 있었다. 나는 우리가 감당해야 하는 리스크와 시장의 반응에 대해 걱정했는데, 그는 나를 보고 웃었다. 그는 나처럼 불안해하는 사람들이 있기 때문에 트레이더들이 이 일로 밥벌이를 계속할 수 있는 것이라고 말했다. "그쪽 지역에서 어떠한 일이 벌어지건 시장에서는 관심을 두지 않아. 어차피 그런 일은 4000년 동안 지속되어 왔다고."

우린 작별 인사를 한 후 사무실로 걸어왔다. 나는 제리가 보낸 이메일을 검토했다. 제리의 아내가 금요일부터 건강보험공단 병원에서 일하게 되었는데, 그날 베이비시터가 시간을 낼 수가 없다 해서 금요일에 재택근무를 해야겠다는 내용이었다. 요즘 왜 그런지 모르지만, 내가 제리를 갈구고 있다는 생각이 들었다. 내게 공격적 성향이 짙어지는 것 같다. 나는 주말 동안 그가 끝내지 못한 프로젝트들을 지적하는 이메일을 쓰면서 그의 일요일 오후를 망치고 있다. 제리가 무슨 말을 하든 쉽게 짜증이 나는데, 시장 상황이 전혀 나아지지 않고 최근 자료를 보면 걱정이 돼서인가 보다. 시장은 올해 이미 3퍼센트의 성장을 보이며 강세를 띠고 있고, 기술주도 오름세를 보인다. 우리의 실적이 다시 저조해졌다는 의미다. 현재 상황에서 시장수익률을 상회하려면, 무조건 리스크에 대해서는 '단순한' 롱 포지션이 아니라, '최대한의' 롱 포지션을 유지해야 한다. 물론 쉬운 일은 아니다.

그렇다고 제리가 일을 잘하지 못한다는 건 아니다. 더 이상 그를 곁에 두고 싶지 않을 뿐이다. 아직도 그에게서 시장 상황을 적극적으로 파악하려는 열정을 느끼지 못한다. 그는 주의를 산만하게 한다. 내가 누군가에게 이런 느낌을 받기 시작하면 웬만해서는 마음이 변하지 않는다.

사무실의 책상에서 일어나 트레이딩 플로어의 모니터 화면을 봤다. 신규 고용이 14만 5000명이고, 대부분의 일자리가 레저숙박업에서 창출되었다. TGIF에서 마르가리타 칵테일을 제조하는 바텐더들이 늘어났다는 뜻이다. 한편 제조업에서는 더 많은 일자리가 사라졌다. 늘 그렇듯 같은 내용이다. 소득 평등에 대한 말도 안 되는 보고서가 등장하지만, 그래도 뉴스에서는 주가가 오른다는 소식을 전한다. 젠장, 변동성이 작아진 상황에서 조금씩 오르고 있다.

런던 날씨는 이 소식을 더욱 우울하게 만든다. 춥고 비도 온다. 하이드 파크는 온통 젖어 있다. 해리 왕자와 메건 마클 왕자비는 언론의 과도한 관심 때문에 영국을 떠나 할리우드로 향했다. 그나마 반가웠던 일은, 나와 친분이 있는 라스베이거스 카지노 호스트 모가 오늘 데이클럽에서 DJ를 선발하는 오디션과 단기 근로자 모집이 시작된다고 문자 메시지를 보낸 것이다. 수영장 개장 시즌이 코앞으로 다가왔다는 의미다. 수영장이 개장하는 3월에 방문해야 할 것 같다. 긴 주말 연휴를 활용하면 되겠다.

또 새로운 한 주가 시작되었다. 제리와 랍비와 나는 고용보고서를 깊이 조사하면서 눈여겨볼 만한 새로운 추이가 있는지 확인했다. 트레이딩 플로어 옆 회의실에서 문을 열어놓고 회의를 해서, 플로어의 TV 소리를 들을 수 있게 했다. 다보스 포럼은 이번 주에 열리는 큰 행사다. 그곳에 모이게 될 100명 이상의 억만장자들이 약 5000억 달러의 순자산을 보유하고 있다. 언론은 연일 행사 소식으로 헤드라인을 장식했다. 브리지워터의 최고투자책임자 밥 프린스도 테이프에 떴다. 그는 연설에서 '호황과 불황의 경기 순환 사이클이 종식되었다'라고 주장했다. 이 사람마저 잘못된 사실을 맹신하고 있다.

이제 메인 행사가 시작되었다. 트럼프 대통령의 연설은 '미국 우선주의'에 관한 프로파간다 일색이었다. 미국은 세계 최대의 석유와 가스 생산국 역할을 한다고 홍보하며, 일자리, 임금, 주식 시장에 대한 자신의 성과를 연신 강조했다. "오늘 저는 미국이 경제 활황의 한가운데 있다는 것을 자랑스럽게 선언합니다. 단순한 활황 정도가 아니라 세계가 일찍이 본 적도 없는 그런 화려한 경제 호황입니다." 그의 트레이드마크인 능글맞은 웃음기를 보이며, "우리는 사람에 투자해야 합니다. 사람이 잊히는 세상은 조각날 것입니다"라고 덧붙였다.

30년 치의 고용 자료를 파헤치다 보면, 이 자료를 트럼프 대통령과 함께 검토해볼 수 있으면 좋겠다는 생각이 든다. 나는 그의 이번 연설 내용에 이의를 제기하고 싶다. 연설 내용과 현실의 괴리가 너무 크다. 게다가 그 어느 때보다도 일자리 시장이 잘못되어가고 있다는 생각이 든다. 중간 기술, 중간 임금 일자리는 사라졌다. 중산층이 무너지고 있다. 평생 한 회사에서 일하며, 은퇴 시기에 맞춰 연금을 받는 삶은 동화 같은 일이 되었다.

"제가 보기에는요." 랍비가 말했다. "데이터가 확실히 입증합니다. 미국 경제에는 고도기술·고임금 일자리가 조금 남아 있고, 수많은 저기술·저임금 일자리가 만연해 있어요."

제리가 답했다. "새로 생겨나는 일자리는 레저숙박업에 몰려 있고요."

"모두 똥값을 치르는군." 내가 말했다.

랍비는 말을 이어갔다. "개인 항공기를 소유할 정도의 부를 거머쥔 기술전문가거나, 고용보험 혜택을 못 받는 바텐더로 살아가는 거죠. 모 아니면 도입니다. 수학 실력을 쌓거나, 좋은 마르가리타를 따르는 기술을 배워야 하는 세상입니다."

나는 덧붙였다. "새로운 일자리 대부분은 심지어 건강보험이나 고용보험 혜택도 안 주잖아."

"안타까운 현실이죠." 제리가 말했다. "이 사람들이 10대들이 하는 아르바이트를 하는 것도 아닌데 말입니다."

맞는 말이었다. 미국에서 저임금 일자리에서 일하는 5300만 사람들은 대부분 경제 활동 전성기인 25~54세 성인들이다. 그들의 시간당 평균 임금은 10.22달러고, 보험도 안 돼서 병원도 쉽게 가지 못하고 진통제로 버티는 현실이다.

"이제 왜 모든 사람이 인스타그램에 빠져 있는지 알겠어요." 랍비가 말했다.

"이유가 뭔데요?" 제리가 물었다.

"현실보다 폼이 나고, 또 폼을 연출할 수 있잖아." 그는 말을 이어 갔다. "새로운 아메리칸드림은 이런 거예요. 팔로워 100만 명을 모아 크게 성공하기, 틱톡의 5분 영상으로 화제 몰이하기 같은 거요. 저희 어머니는 제가 의사나 회계사가 되길 바라셨는데 사실 그건 본인의 꿈이었죠. 아직도 제가 무슨 일을 하는지 모르세요. 제가 주식중개인인 줄 아신다니까요."

"자네가 만약 의사가 되었으면 꽤나 기계적인 의사였겠군." 내가 말했다.

"맞아요. 게다가 팔로워를 100만 명이나 모을 능력도 안 되죠. 제가 사진발이 받는 사람도 아니고요. 제가 지금 사회에 첫발을 내디뎠다면 손가락이나 빨고 있었을 것 같아요."

정규장이 마감되었다. 제리, 엘리아스, 랍비와 나는 술집으로 향했다. 제리를 위한 과외수업이기도 하다. 보통은 1대 1로 수업을 하지만, 제리와 단둘이 있는 시간을 조금이나마 희석하고자 다른 직원들의 합석을 요청했다.

라스베이거스 세션 후에 제리는 내게 몇 가지 질문이 있다고 했다.

그는 어떻게 전체 금융 시스템이 불문율 같은 약속을 토대로 운영될 수 있는지, 대형 중앙은행 중에 혹시 국민을 속여 적발된 적이 있는 대형 중앙은행이 있는지 궁금하다고 했다.

랍비가 먼저 운을 떼었다.

"제리, 내가 먼저 질문할게. 어떻게 정부의 약속에 가치를 매길까? 계약이 아니라, 약속 말이지."

제리는 그를 보고 어깨를 으쓱했다.

"대부분의 사람이 당연하게 여기는 거시적인 사항 중 하나인데 말이지." 랍비는 말을 이어갔다. "정부는 항상 거짓말한 걸 들키고 말아. 국방부 기밀문서, 이란이나 아프가니스탄에 관한 정보를 봐도 그래. 직관에 어긋나는 정부의 언행이 많거든. 그런데 좋은 정치인이 되려면 거짓말쟁이가 되어야 해. 사람들이 듣고 싶어 하는 말을 해야 하지."

바텐더가 우리에게 와서는 한 잔 더 할지 물었다. 랍비는 고개를 끄덕인 후 말을 이어갔다.

"미국의 적자 지출을 생각해봐. 현재 10년째 강세장인데 정부는 수조 달러의 적자를 보고 있잖아. 예전 같으면 민주당은 이것을 두고 펄쩍펄쩍 뛰었겠지. '젠장, 트럼프가 없애겠다고 약속했는데'라고 푸념하면서 말이야. 그런데 그렇지 않고 술에 취한 선원처럼 돈을 물 쓰듯 쓰고, 적자는 두 배 이상 늘었지. 당장 눈에 보이는 것만 1조 달러 규모야." 그는 계속했다. "요즘은 이성적인 사람이 선거에서 당선될 수 있을지조차 모르겠어. 이기기 위해서는 거짓말을 하고 속임수를 쓰는 '인간 메가폰'이 되어야 하거든."

랍비가 옆길로 빠지는 것 같아 내가 뛰어들었다. 수업의 핵심을 짚어야 한다. "엘리아스, 제리에게 우리가 늘 언급하는 대표적 사례를 설명해주겠어?"

"네, 그럼요. 이 일을 직접 겪은 사람이니까 며칠 동안도 얘기할 수 있어요. 그때 나는 시장에서 최대 리스크 테이커로 꼽히는 펀드매니저 한 명을 위해 주문을 실행하고 있었거든. 그런데 그와 그의 펀드가 이 일로 날아가게 된 거야. 스위스 국립은행SNB과 유로·스위스 프랑 환율에 관한 일이었지."

그는 계속했다. "스위스 국립은행은 서방 세계에서 간섭주의가 가장 심한 중앙은행이야. 시장에서 우리 같은 놈들과 경쟁하고 있거든. 취리히의 호수 근처에 있는 스위스 국립은행 사무실에서 트레이더들이 활동하고 있지. 거래량이 너무 많아서 심지어 싱가포르에도 트레이딩 데스크를 두면서 밤새 진행되는 활동들을 관리한대. 어떻게 보면 그냥 큰 헤지펀드일 뿐이지."

"맞아." 랍비가 말했다. "전형적인 스위스 스타일이지."

엘리아스가 말을 이어갔다. "스위스 국립은행은 스위스라는 국가의 규모치고는 상당한 크기의 대차대조표를 보유하고 있어. 스위스 국립은행은 연준처럼 국채를 매입하기도 하지만 주식도 사들이지. 마이크로소프트, 페이스북, 아마존, 존슨앤드존슨, 엑손모빌과 같은 기업들의 지분을 소유하고 있거든. 애플 주식을 40억 달러나 가지고 있어. 애플의 최대 주주 중 하나지."

답을 알고 있는 질문이지만, 랍비는 어쩔 수 없이 한마디 했다. "대체 애플 주식으로 뭘 하겠다는 거지?"

엘리아스는 천천히 긴장감 넘치는 어조로 말을 이어갔다. "중앙은행들은 신뢰할 수 있는 기관이어야 하거든. 예측 가능한 정책을 시간을 두고 세워야 하는데, 2015년 1월 15일 스위스 국립은행이 갑자기 스위스 프랑을 유로와 고정 환율로 유지하지 않겠다고 발표해버린 거야. 결국 전 세계 시장 참여자들에게 수백만 달러의 손실을 입혔어. 시장 참여자들에게 한 방 세게 먹인 거지. 그것도 토마스 조던 총재가 시장을 직접 속였어. 자기가 지금까지 중요하다고 강조해온 말과 딱 정반대의 행동을 했어. 뻔뻔한 새끼! 시장을 잘 만들어놓고 결국 불태운 꼴이야."

바텐더는 술을 더 가져왔다.

"나는 그날을 똑똑히 기억해." 엘리아스는 계속 말을 이어갔다. "당시 내 상사가 폭발했어. 그때 그 상황을 내 눈으로 직접 봤는데, 충격 그 자체였지. 그린파크역 뒤에 있는 메이페어 사무실 밖으로 나갔는데, 사람들이 길에서 서성거리고 방황하더라고. 뭐라고 할 말이 없었어. 금융 쪽 사람들은 한순간에 일자리를 잃은 셈이었어. 그렇게 순식간에 일이 벌어지더라고. 너무나 많은 돈을 잃었어. 그런데 중앙은행의 트레이더들은 이 조치(페그제 폐지)로 자기네들이 이익을 볼 수 있는 포지션을 만들어 놨더라고. 내 지인이 그러는데, 그때 그것들은 쾌재를 불렀다나."

랍비도 한마디 했다. "난리가 났지. 처음에 수십억에 달하는 저평가된 스위스 프랑을 사들여서 그 돈으로 유로를 매수했지. 그러다 보니 비교통화 대비 스위스 프랑의 가치가 인위적으로 하락하게 되었어. 누군가는 롤렉스 시계를 살 절호의 기회라고 생각했을 거고. 그후 유로화는 주로 달러화로 통화스와프가 되었고, 그 달러들은 애플의 주식을 사는 데 사용되었지. 신의 한 수인지 광기의 한 수인지는 모르겠지만. 아무튼 무에서 유를 창출한 거나 다름없지."

제리는 당황한 것 같았다. "뭐라고요?" 그가 물었다. "정말 그렇게 할 수 있는 건가요?"

랍비는 맥주를 내려놓았다. "맞아. 나는 항상 스위스 국립은행의 13F〔미국 증권거래위원회의 규정에 따라 1억 달러가 넘는 기관 투자자들은 의무적으로 13F라는 보고서를 작성해 분기의 포트폴리오 변동 내역을 공개하게 되어 있다〕를 예의주시하지. 3월에는 마이크로소프트 주식 45억 달러, 애플 주식 44억 달러, 아마존 주식 32억 달러, 구글 27억 달러, 페이스북 주식 16억 달러를 소유하고 있었지. 그 규모가 어마어마하다는 거야."

"우와."

랍비가 결론을 지었다. "누구도 믿기 힘들다는 걸 기억해. 환율 변동 게임은 제로섬 게임이야. 이기는 놈이 있으면 지는 놈이 있고."

"맞아요." 엘리아스가 손을 뻗어 맥주를 집으며 말했다. "저는 그 제로섬 게임에서 직장을 잃은 사람들을 많이 알고 있어요."

"그렇지." 랍비가 스카치 에그를 한 입 베어먹으며 말했다. "중앙은행 얼간이들이 하는 짓이 다 그렇지. 저것들을 믿고 선물거래를 하고 앉아 있으니.”

시간이 늦어지고 있다. 마지막으로 한 잔씩 마시고 오늘은 이쯤에서 일어서기로 했다. 나이츠브리지 방향으로 몇 블록 걸어갔다. 직원들은 귀가하기 위해 지하철로 향했다.

>×<

캐럴라인이 날 흔들어 깨웠다. “일어나. 기차 놓치겠어.”

나는 원래 늦잠은 절대 안 잔다. 그런데 아프거나 그냥 우울해져서 일어나기 힘들 때가 있다.

황급히 샤워하고 길을 나섰다. 나는 라이프코치와 함께 파리행 유로스타를 타기 위해 세인트판크라스역으로 향했다. 그녀가 활동하는 위원회가 리보금리의 변경을 논의하기 위한 회의를 연다. 나는 그곳에 참여하는 옛 동료와 만나 시장 상황을 얘기하기 위해 동행하기로 했다.

우리는 비즈니스 좌석에 앉았다. 우리 앞에는 갓난아기와 함께 탄 부부가 앉았다. 아기가 많이 울었다. 나는 아기를 좋아해본 적도 없고, 요즘에는 아기들이 무섭기까지 하다. 옛날에는 자식을 낳으면 농장 일을 돕는 값싼 노동력으로 여겼다고 한다. 이젠 자식은 돈 먹는 하마다. 아기들을 보면 달러 이미지가 바로 떠오른다. 애를 키우는 데 많은 돈이 들어가고, 엄청난 노력이 필요하지 않은가. 좋은 대학에 보내고, 근면함이나 성실함과 같은 직업윤리를 가르치며, 삶에 대한 열정을 갖고 살도록 해야 한다. 그런데 요즘은 직업윤리만으로는 충분치 않다. 어느 정도 자본이 필요하다. 자식에게 물려줄 자본이 있다면, 자식이 부모만 믿고 사고를 치지 않도록(마약을 복용해서 재활센터에 입소해 부모 속을 썩이지 않도록) 지도해야 한다. 나는 이런 생각을 라이프코치에게 얘기했는데, 표정을 보니 같은 얘기를 전에도 들었다는 표정이다. 나는 하던 말을 멈췄다.

기차는 파리 북역에 멈췄다. 이곳 역사 앞은 하도 어수선해서 택시 잡기가 항상 힘들다. 길거리를 돌아다니는 집시들을 조심하지 않으면 지갑을 소매치기당할 수도 있다. 우리는 마침내 각자 택시를 잡았다. 그녀는 회의장으로, 나는 친구를 만나러 갔다. 내 친구는 주식 파생상품 전문가다. 그는 이곳 파리의 라 펠린La Féline 근처에 작은 사무실을 마련하고는 20년째 일하고 있다. 몇몇 사람들과 작은 규모로 일한다. 주로 아비트리지arbitrage 거래(차익거래라고도 하며, 동일한 채권이 지역에 따라 수익률이나 가격이 다를 경우, 이들 채권을 매수 및 매도하여 수익을 얻는 것을 말한다)를 한다. 그는 나에게 현재의 시장 상황이 역겹다고 했다. 변동성이 큰 시장에서는 할 만한 게 없고, 변동성이 너무 낮으면 체계적인 변동성 매도자가 너무 많아진다. 그는 자신의 투자 운영을 대부분 중단했고, 다음 위기가 닥칠 때까지는 방관하고 있겠다고 했다. 그는 현재 상황이 일촉즉발의 위기라고 했다.

그나마 대형 헤지펀드 투자에만 관심을 두고 있다고 했다. 보험업에서 아비트리지 거래를 하려고 한단다. 보험 계리 모델링을 통해 예측한 보험가입자의 사망 시점보다 앞서 죽을 사람들에 대한 생명보

191

험 매매로 차익을 남기는 원리다. 그는 이를 서브프라임 시장과 부채 담보부증권과 비교하며 "채무불이행 가능성이 가장 큰 경우, 그러니까 예상보다 일찍 사망하는 사람들을 찾는 게 내가 하는 일이야"라고 말했다.

자기네들이 가장 관심 있는 분야 중 하나인 절망사 deaths of despair에 대해서도 설명했다. 25세에서 64세 사이의 미국인들 가운데 마약과 알코올로 죽음에 이르는 경우를 가리키는데, 2000년 이후로 계속 증가 추세에 있다고 했다.

"이례적인 일이야." 그는 말했다. "미국에서 기대 수명이 실제로 감소한 것은 이번이 처음일 거야."

그는 관련 데이터가 설득력이 있다면서, 운영이 폐쇄된 자동차 공장이 있는 지역의 약물중독으로 인한 사망 건수가 공장이 가동되고 있는 지역에 비해 85퍼센트 많다고 했다.

"이 사람들은 정리해고를 당하고 나서 삶을 재정비할 방법을 못 찾은 거야. 그저 죽도록 술을 마시거나 약물을 과다복용하는 거지. 소름 끼치는 현실이야." 그는 크루아상을 집으며 말했다. "하지만 나도 먹고살 거리를 찾아야 하니까."

>><<

파리의 생제르맹 지역에 내 딸이 근무하는 경매 회사가 있다. 딸아이는 내가 런던으로 돌아가기 전에 나와 커피 마실 시간을 내겠다고 약속했다. 그렇다. 워낙 바쁜지라 어렵게 시간을 빼야 하는 상황이란다. 나는 택시에서 창문을 열고 딸아이를 불렀다.

딸은 카페 드 플로르의 테라스에서 나를 기다리고 있었다. 검은색 터틀넥에 플레어 청바지를 입은 딸은 예술적 분위기를 풍겼다. 파리 현지인 같은 아우라가 느껴졌다. 거북 등껍질로 만든 안경을 머리 위에 올렸다. 엄마와 놀랄 만큼 닮은 딸은 키도 이목구비도 작았다.

"아빠, 잘 지냈어?" 딸이 일어나 나를 맞이했다.

"별일 없었고? 여기에 완전히 적응한 것 같구나. 승진도 했다며?" 내가 말했다.

"클림트 작품을 거래하는 과정에서 브로커를 도와줬거든. 말이 나왔으니까 말인데, 아빠가 소장한 컬렉션에 공을 좀 들일 때가 온 것 같은데." 딸이 말했다.

내가 딸에게 절대 물어보지 않는 유일한 주제는 연애다. 이런 문제는 모르는 게 약이라고 생각한다.

딸은 더블 에스프레소 한 잔을 마시고 나서 일어설 채비를 했다. 명품 서류 가방을 꾸리면서, "아빠, 파리에서는 택시 기사한테 팁 안 줘도 돼. 알았지?"라고 말하고는 황급히 가버렸다. 나는 남겨진 채 한동안 지나가는 사람들을 구경했다.

나는 서툰 프랑스어로 택시 기사에게 호텔 앞까지 가달라고 요청했다. 이곳에서 라이프코치를 만나 술을 마시기로 했다. 그녀는 시카고에서 자랐다. 시카고는 맛있는 핫도그와 분위기 좋은 피아노 바가 많은 것으로 유명하다. 시키고 하면 많은 사람이 피자가 맛있다고 하지만, 내 입맛에는 별로다. 나는 버디스 피자에서 파는 디트로이트 스타일의 피자가 좋다. 그래도 시카고의 피아노 바는 최고급이긴 하다.

우리는 최고급 술집인 르 흘레 드 라 위세트Le Relais de la Hucette라는 곳으로 들어갔다. 자리는 피아노 앞으로 잡았다. 피아노 연주자가 잠시 휴식하는 동안 우리는 정치 이야기를 시작했다. 오늘 트럼프 대통령이 하루 동안 엄청난 수의 트윗을 올리며 신기록을 세웠다. 우리가 이 술집에 앉아 있는 동안에만 트윗을 10개나 올려서, 오늘만 총 125개의 트윗이 올라갔다. 탄핵 심판이 한창 진행 중이라 트위터에 화풀이하는 모습이 역력했다.

"어젯밤 대선 후보 토론에 대해 어떻게 생각해?" 나는 라이프코치에게 물었다.

"엘리자베스 워런 상원의원이 과거 샌더스로부터 '여성은 대통령이 될 수 없다'라는 발언을 들었다고 면전에서 말해 속이 시원했어요. 샌더스는 정말로 그렇게 생각한다니까요. 지어낸 말이 아니에요. 솔직히 남자들 속으로는 다들 그렇게 생각할 거예요. 진짜 위선적인 거 같아요. 겉으로는 남녀평등을 말하지만, 엄밀한 의미에서 실현되지 않잖아요. 자칭 사회주의자라는 새끼들마저 어물쩍 넘어가기만 해봐, 아주 그냥. 십자가에 매달아버릴 테니까."

라이프코치는 욕설을 자주 하는 편이 아닌데 정말 열을 받긴 받았나 보다. 아마도 우리의 실적 부진 때문에 스트레스를 받고 있는 것 같다. 그녀는 화를 잘 내지 않는 편이다. 하지만 아주 가끔 화를 낼 때가 있는데 그럴 때 그녀를 조심해야 한다. 그녀가 방금 언성을 높여서 피아노 바에 있는 사람 중 절반이 무슨 문제라도 생겼나 해서 분위기가 뒤숭숭해졌다. 긴장감이 느껴진다고 생각했을 것이다. 분위기는 확실히 더 나빠졌다.

>X<

한밤중에 전화벨이 울렸다. 우리와 거래하는 아시아 브로커 중 한 명이었다. 긴급한 상황이 아니면 전화하지 않는 사람인데 웬일인가 싶었다.

"깨워서 죄송한데요. 상황이 안 좋아서요. 리스크가 붕괴 수준이에요." 그가 말했다.

"아시아에서 코로나 바이러스 때문에 난리가 난 것 같아요. 감염 확진자가 늘어나면서, 빠르게 전파되고 있나 봐요."

젠장, 이젠 강 건너 불구경 수준이 아니다. 중국 우한시에서 시작된 신종 바이러스로 80명이 사망했다. 월말까지 겨우 이틀 앞둔 상황이었다. 1월에 수익률이 1퍼센트 올라서 한 해의 시작으로 훌륭하다고 생각했는데, 빌어먹을 바이러스라니. 시장의 반응은 전형적인 성장 공포growth scare(지구촌 경제의 성장판이 조만간 닫힐 것이라는 우려가 번지기 시작하는 현상)다. 주가 하락, 채권 랠리, 달러와 금의 가치 상승, 유로·엔화 환율 급락, 신용스프레드 확대, 원유와 원자재 가격 하락 등등. 물밑에서는 더 큰 움직임이 감지되고 있다. 항공사들의 수익률이 5퍼센

195

트 이상 하락하고 있고, 카지노 주식이 폭락하고 있다. 새로운 수익률 곡선 역전까지 나타나고 있다. 미국 10년물-2년물 금리가 역전되고 있다. 시장은 올해 연준의 추가 금리 인하에 대한 압박을 가하는 동시에, 또 한 번의 경기 침체를 예고하고 있다.

나는 라이프코치에게 전화해서 런던으로 돌아가는 첫 기차를 다시 예약하라고 했다.

이번엔 방심하면 안 되는 독한 바이러스 같다. 증상은 독감과 비슷해 보이지만, 폐를 공격하고 호흡에 문제를 일으키는 바이러스성 폐렴으로 이어지고, 일단 감염되면 최소 주변의 두세 명을 감염시킬 수 있단다. 중국 중앙 정부는 셧다운을 고려하고 있다. 불길하다. 문제는 중국에서 사망 건수를 80명으로 보고했지만, 아마 실제 수치는 800명일 것이라는 지점이다. 중국은 작은 사건으로 전면 봉쇄를 고려하는 국가가 아니다. 역겨움에 치가 떨린다.

우리는 롱 리스크 포지션을 유지해왔는데, 현재 포트폴리오에 손실이 나고 있다. S&P 500 지수는 최고치에서 3245로 하락하고, 원유 가격은 배럴당 54달러로 하락했다. 달러는 상승세에 있다. 미국 월가의 공포지수fear index로 불리는 시카고옵션거래소 변동성지수, 즉 VIX는 저점 12에서 17로 상승했다. 금 시세는 온스당 1580달러를 기록했다. 윈 리조트 주가는 152달러에서 142달러로 10달러 갭다운gap down(장이 마감된 뒤부터 다음 날 장이 시작하는 사이에 환율이나 주가가 내려가는 현상)되었다.

트위터에서 트럼프 대통령은 바이러스 확산을 막으려는 중국의 노력을 칭찬했다.

중국은 코로나바이러스를 막기 위해 매우 열심히 노력해 왔습니다. 미국은 중국의 노력과 투명성에 크게 감사하게 생각합니다. 다 잘될 것입니다. 특히 미국 국민을 대표해 시진핑 주석에게 감사를 표하고 싶습니다!

우리 분야에서는 한 해를 활기차게 시작하는 것이 중요하다. PnL 분석을 위한 데이터를 구축한다. 충격을 완충할 수 있는 장치를 마련한 다음에는 리스크를 늘려간다. 1월이 절반이나 지났는데 실적이 부진해 갑갑하다. 바이러스의 확산세가 크고 다른 국가들로도 전파가 진행되는 탓에 시장에서는 매도세가 두드러진다. 방금 신규 확진자 수치가 나왔다. 거의 3000명이 감염되었다고 한다. 대부분은 중국에 거주하는 사람들이지만, 전 세계적으로 확진 소식이 들려온다.

우리 팀은 이 사태를 너무 안이하게 인식했던 것 같다. 분명 음모론을 다루는 블로그 여러 곳에서 2주 동안 관련 게시물을 읽었는데도, 회사 내 리스크 회의에서는 다루지도 않았다니. 회식과 친목 도모에 더 빠져 있었던 게 아닌가 한다. 직원들과 현 상태를 재평가해야 한다. 나는 긴급회의를 소집했다. 진작 이렇게 해야 했는데 타이밍을 놓친 것 같아 화가 치민다. 제길, 돈 잃는 건 너무 싫은데 엉성하기 그지없는 대처였다.

2020. 2. 2.
• 중국 외의 다른
국가(필리핀)에서
코로나 사망 사례 보고

2020. 2. 5.
• 미 상원, 트럼프 탄핵안 부결

2020. 2. 14.
• 프랑스, 유럽에서 최초의
코로나 사망 사례 보고

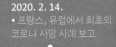

2020. 2. 3.
• 개표 혼선 끝에 아이오와
코커스에서 피터 부티지지
후보가 선두에 오름
• 미국, '공중보건 비상사태'
선언
• ISM 제조업지수 50.9로
반등, 미·중 무역 긴장
완화의 결과로 여겨짐

2020. 2. 7.
• 일자리 22만 5000개
증가해 1월 수치 상회,
실업률 3.6%, 시간당 평균
임금 3.1%

돈장난의 변곡점

월말 기준: 미국 10년물 국채금리 1.15%
S&P 500 -8.2%
나스닥 -6.4%
달러 지수 +0.8%
유가 -12.5%

2020. 2. 23.
• 이탈리아, 확진자 급증으로
다수 지역에 봉쇄 조치 시행

2020. 2. 29.
• 미국, 최초의
코로나 사망 사례 보고

2020. 2. 19.
• S&P 500 최고치 기록

2020. 2. 26.
• 이탈리아 방문한 브라질
남성, 남미 최초 확진자로
보고됨
• 펜스 부통령, 코로나19
태스크포스 수장으로
임명되어
정례 브리핑 발표

주식 차트가 빨간색으로 깜빡거린다(우리나라와 달리 미국은 빨간색이 매도자가 매수자보다 많다는 의미다). 마이너스 숫자들이 나를 향해 날아온다. 정체 모를 사람들이 숏 감마short gamma(주가가 상승하면 추가로 매수를 하고 주가 하락 시에는 보유 물량을 매도하는 것)와 수익률 곡선 평탄화에 대해 중얼거린다. 탈출로를 찾는 사람들의 바쁜 움직임이 보인다. 갑자기 등장한 나의 상사를 마주한다. 그는 내 출입증을 빼앗아버리고 나를 건물 밖으로 쫓아낸다. 밤새 땀을 흘리다 눈을 뜬다. 이게 나를 괴롭히는 PnL 악몽이다.

이런 악몽을 꾸고 일어나 거울을 보면 눈 밑 다크서클이 죽 내려와 있다. 얼마나 짙은지, 원래 눈 밑에 까만 눈이 새로 생긴 것 같다. PnL 악몽은 최악이다. 원래 뭉그적거리는 성격은 아닌데 정오까지 누워 있었다. 오늘은 다행히 토요일이다.

이쪽 분야에서는 PnL 악몽을 많이들 꾼다. 2008년에 나는 부채담보부증권 종이 쪼가리들이 얼굴 앞에서 수류탄처럼 폭발하는 꿈을 꾸곤 했다. 그런데 우리는 지난 위기의 교훈을 금세 잊어버리는 것 같다. 이미 더 많은 쓰레기 대출로 부채담보부증권을 꽉꽉 채우고 있다. 젠장, 국제결제은행은 이미 "차입금융leveraged finance과 대출채권담보부증권의 빠른 성장은 2008년 글로벌 금융위기 직전 미국 서브프라임 모기지 시장에서 전개된 상황들과 맥을 같이 한다"라고 경고한 바 있다. 또 하나의 불길한 징조다.

악몽과 스트레스는 모두 PnL을 향한 추격에서 비롯된다. PnL은 월가에 힘을 실어주는 역할을 한다. 레버리지 기능도 한다. 가끔 PnL이 잘못될 때도 있지만, 가끔 내 뜻대로 움직이면 환상적인 기분이 든다. 왕이 된 것 같다. 잘못될 것이 하나도 없어 보인다. 그런데 그게 바뀌어서 불리하게 작용하면, 중성화 수술을 받은 들개가 된 기분이다. 투자에 대한 감을 잃은 것 같아 생각이 많아진다.

하지만 시장의 스트레스는 일단락되었다. 애플과 아마존은 엄청난 자금력으로 모든 이들을 구제했고, 중앙은행들은 수천억 달러의 추가 유동성으로 시장에 개입했다. 파월 연준 의장은 시장이 예상했던 것보다 완만한 통화 긴축을 희망하는 비둘기파dovish였다. 중국 런민은행은 엄청난 양의 돈을 풀었고, 시장은 최고치를 갈아치웠다. 그래서 한 달은 어찌어찌 버텼다. 기준금리도 +93bps로 마감했다. 나름의 호조세가 이어지고 있다. 순풍에 돛을 단 듯 한해를 순조롭게 시작하는 듯했으나, 뭔가 찝찝한 구석이 있었다. 운이 좋아 어떻게든 버텨왔지만, 순조롭지만은 않아 보였다. 채권 수익률fixed income yield(예금의 이자율과 같은 개념으로 채권의 투자 성과를 평가하는 보편적으로 사용하는 척도)은 지난 9월 천정부지로 올랐던 수준에 근접해있고, 3개월물과 10년물 국채 수익률 곡선이 다시 역전했다. 시장에서 파월 의장에게 더 많은 양적완화를 원한다는 신호를 보내고 있다. 한편 채권 시장은 큰소리로 외치고 있다. "휴스턴, 문제가 생겼어요."(1970년 나사가 쏘아 올린 아폴로 13호의 산소탱크가 폭발했고, 창 너머로 하얀 입자가 내뿜어지는 것을 본 우주비행사들이 나사에 도움을 요청하기 위해 무전으로 한 말이다) 큰 문제가 생긴 거다. 나는 직원들에게 리스크 감쇄derisk 전략을 실행해야겠다는 내용의 이메일을 보냈다. 손익 흐름을 정리한 후 다시 평가하고 싶었다.

내가 이 분야에서 아직까지 버티는 비결은 리스크 관리를 잘하기 때문이다. 아니다, 정정하겠다. 사실 잘하지 못할 수도. 아니다, 잘 못하고 있는 것 같다. 젠장, 시장은 기술을 추진력 삼아 날쌔게 달리는 엉클 모Uncle Mo(유명한 경주마로, 은퇴 후 번식용 말인 씨수말로서 여러 챔피언 말들의 아버지다)에 올라타 질주하고 있는 형국이지만, 일부 똑똑한 매크로 트레이더들은 사람들이 신종 바이러스를 과소평가하고 있다고 주장하고 있다. 폴 튜더 존스가 테이프에 떴다. 그는 전설적인 인물이다. 인터뷰에서 그는 바이러스에 대한 우려를 표하며 사스SARS와 비교했다. 유럽의 대형 헤지펀드 기업 브레반 하워드의 트레이더들이 살 수 있는 모든 미국 재무부 채권을 사들이고 있다는 얘기가 돈다. 그들은 시장이 폭락할 것으로 예상하는 것이다.

시간이 지남에 따라 매크로 트레이딩의 베테랑들은 시장과 그들이 보유하고 있는 포트폴리오에 대한 직감이 발달한다. 어느 정도는 그 직감이 위대한 트레이더와 평범한 트레이더를 구분한다. 직감은 분석력을 동원해 투자자와 자산 배분가들이 찾아내려고 고군분투하는 비밀 소스와도 같다. 직감적으로 아니다 싶으면 건드려보지도 않고 스프레드시트에 모델링하지도 않지만, 한편으로는 결국 어떤 형태로든 직접 행동을 취하기 전까지는 확신에 차기란 또 힘들다. 어느 정도 발품을 팔아서, 리스크를 밤에 잠을 잘 수 있을 정도로는 만들어야 한다. 조지 소로스는 시장에 변화가 감지될 때마다 허리가 쑤신다고 했다. 매번 자신의 포트폴리오를 깨끗이 정리하는 일은 골치가 꽤나 아팠을 것이다. 수십 년 동안 투자가로 활동해온 그의 생체리듬은 무의식적으로 리스크를 평가하고 감지하는 데 최적화되어 있으리라. 그는 자신의 육감과 직감을 사용해 통찰력을 발휘한다. 말콤 글래드웰은 그 분야의 최고가 되려면 1만 시간의 연습과 노력이 필요하다는 '1만 시간의 법칙'을 소개했다. 이 법칙을 금융시간에 적용해 보자면, 나는 어떤 규모의 베팅을 하건 1만 시간은 훌쩍 뛰어넘는 연습과 노력을 감행했다.

이 분야에서 필요한 또 하나의 덕목이 절제다. 어떠한 포지션이건 멈춤 버튼을 설정해둬야 한다. 배당성향payout ratio(당기순이익 중 배당금으로 나가는 비율)은 20퍼센트면 이상적이되, 다양한 방법으로 수익률을 높이는 방법을 모색해야 한다. 장부를 정리하고 구성할 때 필요한 것들이다. 이는 나의 초기 상사 중 하나가 가르쳐준 내용이기도 하다. 그는 우리 장부에 기록된 모든 포지션에 대해 내게 매일 같은 질문을 하곤 했다. 왜 그러는지 도무지 이해할 수 없었다. 나중에 알게 되었지만, 그는 내 대답이 조금이라도 바뀔지 모른다는 징후를 찾고 있었다. 즉 내가 확신을 갖고 일하는지 시험해보고 싶었던 것이다. 처음에는 일일이 답변하는 게 나를 미치게 했다. 그런데 돌이켜보니 이 과정을 거치지 않는 게 더 미친 짓이었다. 최고의 리스크 테이커가 되려면 이 정도의 훈련은 필수다.

TV를 켰다. 방송에서는 미 대선을 앞두고 온갖 의견과 분석을 쏟아내고 있다. 투표 결과를 집계하는 모바일 앱 오류로 민주당의 아이오와 코커스 개표 결과를 투표 하루 뒤 발표하는 대형참사가 빚어졌다. 그 와중에도 결과가 새어나오고 있는데 버니 샌더스가 승리한 징후가 농후하다. 트럼프 탄핵안 부결 소식과 같은 시기에 벌어진 일이다. 국정연설을 하기 위해 나온 트럼프 대통령은 낸시 펠로시 하원의장의 악수를 거부하고 펠로시 하원의장은 그에 응수하듯 연설문 사본을 찢는 등 노골적인 신경전을 벌이기도 했다. 세 개의 무대에서 동시에 진행되는 삼중 서커스를 방불케 했다. 혼돈의 카오스다.

그러나 뉴스, 정치, 호황 상태의 시장, 그 어디에서도 아직 바이러스를 집중 조명하지 않는다. 아직은 정치인들의 관심을 끌지 못했나보다. 주가는 다시 사상 최고치를 기록했다.

다들 채권 시장에만 신경이 곤두서 있는 것 같다.

>I<

양적완화와 손쉽게 실행되는 온갖 정책은 진짜 문제들을 숨기기에 급급하다. 문제들을 쓸어서 러그 밑에 넣어두고 없는 척한다는 의미다. 사람들은 주가 경신과 테슬라 주식에 관해 이야기하지만, 이는 실제 현상을 모호하게 할 뿐이다. 이게 거품의 본질이다. 상위 1퍼센트만이 시장의 혜택을 누리고 있다. 그들 손에 온갖 주식이 다 가 있다. 그들 외에 다른 사람들은 고군분투 중이다. 10년 연속 강세장이 이어지는 가운데 오늘도 주가는 최고치를 경신했다. 그리고 주요 공적 연금 제도에서는 퇴직금을 대폭 삭감했다. 지난주에 오하이오주에서는 공무원 퇴직기금이 부도나는 상황을 막기 위해 현재와 미래의 퇴직자들에게 제공되는 의료보험금을 삭감하는 안을 의결했다. 이젠 가혹한 현실에 대한 감을 얻지 않을까? 사람들이 빌어먹을 의료보험을 잃는다면 정신을 좀 차릴까?

엘리아스가 왓츠앱에서 연이어 메시지를 보내왔다.

어제 중국에서 97명 추가 사망

총 사망자 910명

중국 확진자 4만 171명

전 세계 추가 확진자 700명

2003년 사스로 인해 전 세계적으로 774명이 사망했는데, 신종 바이러스로 인한 사망 건수가 당시 수치를 추월했다. 참혹한 상황이다. 우한의 팬데믹 관련 실상을 전하던 천추스 기자가 실종되었다는 뉴스가 내 시선을 사로잡았다. 기자들의 실종 소식은 나쁜 징조다. 수면 위로 보도되는 것보다 더 심각한 팩트가 수면 밑에 머물러 있다는 뜻이기 때문이다.

하지만 집어치우라지. 우린 이미 리스크 감쇄를 했고, 중국 우한은 영국 나이츠브리지에서 멀리 떨어져 있지 않은가. 영국에서는 마침내 그날이 되어 축하 분위기가 한창이다. 영국이 드디어 브렉시트를 이루어냈다. 47년 만에 EU를 탈퇴한 것이다. 이제 남은 2년 동안 영국과 EU의 맹렬한 타협안 협상이 전개되리라. 나는 브렉시트에 반대한다. 그러나 이유가 어떠하건 파티는 신난다. 물론 영국 파운드화가 우리의 PnL에 악재로 작용했다는 건 받아들이기 어렵다.

우리는 나이트클럽으로 가서 중요한 날을 기념하려고 한다. 저스틴 비버가 신규 앨범 홍보를 위해 이곳에서 공연을 한단다. 나는 정통 록 음악을 즐기는 편이지만 라이프코치는 저스틴 비버에 열광한다. 최신곡을 들어보라며 권유해주는 덕분에 나도 유행에 뒤처지진 않는다.

이곳에서는 생뚱맞은 사람들의 조합이 눈에 띈다. 우선 내 직원들이 있고, 아내가 있다. 우리와 거래하는 브로커 부부, 나의 요가 선생님, 베이징에서 온 가족끼리 다 알고 지내는 중국인 지인도 왔다. 중국인 친구는 중국의 부잣집 출신으로, 현재 이곳 런던에서 대학원에 재학 중이다. 저스틴 비버의 광팬이다. 그녀는 N95 마스크를 착용하고 있다. 혼자서만 마스크를 낀 모습이 괴짜처럼 보이지만, 중국에 있는 가족이 바이러스가 사방에 널려 있으니 예방을 철저히 하라고 일러두었다고 한다.

저스틴 비버가 탈색한 흰 머리를 뽐내며 모습을 드러냈다. 이곳은 그야말로 사람들로 북새통이다. 우리 테이블은 축구선수 베컴의 아이들이 앉은 테이블 바로 옆자리다. 어린 친구들과 같이 있으니 새삼 격세지감이 느껴진다. 저스틴 비버는 DJ 구역으로 걸어갔다. 운동신경이 좋아 보인다. 그의 취미가 아이스하키라는 얘기를 듣고 호감이 생겼다. 그가 아이스하키를 하는 모습을 좀 더 보고 싶다. 하지만 톱스타인 그가 런던(지금 이 런던 말고, 캐나다 온타리오주의 런던)으로 돌아가서 살기도 쉽지 않을 것이다. 캐나다는 하키로 유명하지만, 억만장자는 그리 많지 않다. 그에게 아직 캐나다인의 모습이 남아 있는지, 아니면 뼛속까지 글로벌 스타로 변했는지 문득 궁금해진다.

엘리아스는 평소처럼 컨디션이 좋아 보였다. 우리 테이블에 앉은 모든 사람에게 보드카를 한 잔씩 마시게 하며 즐거워했다. 나는 그가 웨이트리스에게 돈을 주면서 자기 술잔에는 술 대신 물을 채워달라고 하는 건 아닌지 항상 의심해왔다. 조만간 내가 속임수를 잡아낼 것이다. 한편 랍비는 요가 강사에게 새로 산 구두를 자랑해 보인다. 이멜다 마르코스(명품 신발 3000켤레를 보유해 화제가 됐던 전 필리핀 대통령 마르코스의 아내)보다 신발이 많을 것이다. 참 별난 부분일 수도 있겠지만, 나이가 들면서 사람들의 이와 같은 특이하고 괴짜 같은 면에 매료되는 것 같다.

라이프코치는 그녀의 대학원 수업을 들었던 예전 학생 중 하나와 수다를 떠느라 바빠 보였다. 그 학생의 표정을 보니, 이곳에서 그녀를 만날 줄은 전혀 예상하지 못한 것 같았다.

제리가 의자 위로 올라가 서서는 "비버! 비버!"를 외쳤다. 이 친구는 자기가 흥을 돋울 줄 아는 끼 많은 사람이라고 생각하는 것 같지만, 내 눈엔 그저 얼간이 같다. 평소엔 저 정도로 설치지는 않는데. 창피한 건 그의 아내 몫이 되었다. 그녀는 평소보다 오만상을 더 찌푸렸다.

밤이 깊어지면서 분위기가 한창 무르익었다. 라이프코치가 나를 한쪽으로 끌어당기며 속삭인다.

"저 먼저 집에 갈게요."

"아직 너무 이르잖아."

"알아요. 근데 브로커들을 조심해야겠다고 생각해서요. 저 사람들 지금 다 취해서, 가까이 와서 들이대고 만지면서 추태부리곤 하잖아요. 딱 질색이에요."

"아…." 내가 말했다.

"그것도 그렇고," 그녀는 갑자기 순진한 미소를 지으며 내게 말했다. "어떤 학생이랑 우리 집에 가기로 했거든요."

"와, 대박이군. 근데 너무 들이대지는 마. 남자 쪽에서 먼저 다가오게 만들어."

"사모님에게 대신 인사 전해주세요. 인사하고 가려고 찾았는데 안 보이네요."

"아츠 클럽에서 아는 사람들하고 같이 있는 것 같아." 내가 말했다. "내가 전해줄게. 조심히 들어가."

나는 눈앞의 광경을 바라봤다. 샴페인 병이 가득한 바다가 눈앞에 펼쳐지는 모양새였다. 저스틴 비버의 최대 히트곡 〈러브 유어셀프〉의 가사가 들려온다. "우리 엄마는 널 좋아하지 않아…." 내일 아침부터 현실로 돌아가는 게 무진장 힘들 것 같다는 예감이 든다.

>|X|<

포트폴리오에서 리스크를 낮춘 후부터 실적이 저조하다. 내 스트레스 레벨에 빨간불이 들어왔다. 모든 상황이 여전히 엉망진창 같다. 제조업은 미국보다 유럽에서 더 상황이 안 좋아지고 있다. 경제 지표를 보니 2008년 글로벌 금융위기 수준으로 무너지고 있다. 유로화 환율의 심리적 마지노선도 무너졌다. 유로화 매수 포지션에 제동을 걸고 거래를 중단했다.

바이러스 확산세가 여전하다. 어제 5000건의 신규 확진자가 발생하여 누적 확진 건수가 거의 6만 5000건에 달하고, 현재까지 1100명 이상의 사망자가 발생했다. 이 신종 바이러스에 '코로나19'라는 정식 명칭도 생겼다. 원래 생각했던 것보다 훨씬 치명적인 바이러스다. 급성 호흡곤란 증후군 및 다발성 장기부전을 일으킬 수 있다고 한다. 중앙은행들도 유동성을 높이며 대처에 나섰다. 런민은행은 사들일 수 있는 모든 것을 사들이는 중이다. 연준도 시장에 추가로 800억 달러를 풀었다.

시장은 팬데믹 상황을 파악하느라 애를 먹고 있다. 어느 순간 갑자기 등장한 외부 충격의 일종이지만, 통제하지 못하면 경제에 막대한 파장을 몰고 올 수 있기 때문이다. 시장은 사망 건수는 신경 쓰지 않는다. 다만 이 골칫덩어리가 세계 성장, 공급망, 소비에 어떤 영향을 끼칠지만 관심을 둔다.

바이러스의 여파로 성장률이 반등할지 여부에 대해 시장은 회의적이다. 원자재와 신흥 시장도 또다시 직격탄을 맞았다. 기본적으로 중국의 소비에 의존하는 것은 무엇이든 타격을 받고 있다. 미국은 '특별한 나라'고 미국 방식이 항상 최고라는 미국 특별주의american exceptionalism와 미국 자산의 초과성과outperformance가 시장에서 다시 주요 테마가 되었다. 월가는 사람들이 격리에 들어감에 따라 새롭게 초과성과를 나타낼 주식들을 적극적으로 홍보하고 있다. 아시아 통화들(태국 바트화, 말레이시아 링깃화, 인도네시아 루피아화, 한국 원화 등)은 계속 약세를 보인다. 한편 미국 회사들 가운데 애플이 최초로 매출 전망치를 충족하지 못할 것이라고 발표했다. 바이러스로 인해 아이폰 생산에 차질이 빚어져 공급망이 영향을 받은 것이다.

우리는 최근 진행 상황을 논의하기 위해 회의실에 모였다.

"코로나 확산세가 계속되면 어떻게 헤징하는 게 최선일까?" 내가 물었다.

엘리아스가 말했다. "대표님, 이게 바로 세계 성장이 멈출 것이라는 우려가 번지면서 생기는 성장 공포입니다. 매도세가 어마어마해요. 딜러들한테 설문조사를 돌려보려 합니다. 혹시 생각하고 있는 매매 구조가 있는지 물어보게요."

"직격탄이 심한 부문 위주로 물어봐." 랍비가 말했다. "많은 사람이 집에서 격리 중입니다. 웬만한 산업에는 다 치명타가 가해졌겠지만, 항공사와 호텔만 하겠어요?"

그는 말을 이어갔다. "제길, 나도 헛물만 켜고 있지만, 소프트뱅크는 어떻겠어요? 위워크와 오요 둘 다 죽어나갈 게 거의 뻔한 상황인데 말입니다."

나는 좀 더 강하게 몰아붙였다. "시장이 과민반응을 보인다고 생각해? 아니며 우리가 오버하는 건가?" 나는 극적인 효과를 주기 위해 벌떡 일어서서는 회의실을 돌아다니기 시작했다. "에볼라 사태 기억나지? 그때 너무 침울해져서 6주 동안 이러지도 저러지도 못하고 헤맸잖아. 투자자들에게 우리가 갑자기 전염병학자 행세를 하면서 코로나 확산세와 감염률에 당신들 돈을 걸라고 할 수는 없는 노릇이잖아."

"그렇죠." 랍비가 대답했다. "불확실한 요소가 너무 많아요. 제가 확인한 몇몇 아시아 블로그에서는 코로나가 에볼라보다 훨씬 더 빨리 퍼진다고 말합니다."

"그럼 채권이 강세를 띠게 된다는 건가?"

"네. 채권금리가 반등할 거라 봅니다. 대부분의 자산군에서 아시아는 취약해질 것이고요. 앞으로 2주가 중요합니다. 바이러스가 유럽이나 미국으로 퍼지면 완전히 새로운 국면이 펼쳐지게 될 테니까요. 그게 핵심입니다."

엘리아스가 뛰어들었다. "맞는 것 같아요. 연준이 다음 주 회의에서 바이러스에 대해 논의할 것 같습니다. 그동안 지켜봐온 현상에 대해 멍석을 깔고, 행동에 들어가겠죠. 리스크 트레이딩은 유지하게 할 것 같은데, 바이러스가 계속 확산되면 사람들은 리스크를 매도하려 할 거예요."

나는 머리에 양손을 대고 자리에 앉아 직원들이 한 말을 하나씩 곱씹었다. "이 수치들을 보면 무서워지는 것 같아. 다들 롱 포지션을 유지해 왔는데 이젠 뭔가 '이건 아니다' 싶은 거지. 뇌동매매weak hands〔스스로 판단하지 않고 남들이 하는 대로 따라하는 매매〕를 하는 사람들도 팔랑귀를 버려야 할 텐데. 전에 별 문제 없이 재미 봤던 투자물에서 손을 떼어야 할 시점이 된 거지. 이 와중에 이윤을 남기는 포지션도 있을 테니 그걸 찾아서 전술적으로 도박을 해보자고."

나는 말을 이었다. "랍비, 또 눈여겨봐둔 전술 있어?"

"전염병 관련해서 더 깊게 조사해보려 합니다. 스페인 독감, 사스, 메르스, 신종플루와 같은 과거의 팬데믹을 조사해서 시장을 가장 크게 움직이게 만든 전염병이 뭔지 알아보려고요. 또 조사해볼 만한 게 있을까요?"

"음, 헤지펀드들의 지금 포지셔닝을 알아봐." 내가 말했다. "많이 입에 오르내리는 헤지펀드들 위주로 말이야."

"좋은 생각이에요."

"또 뭐가 더 있을까?" 내가 물었다.

"글쎄요." 랍비가 말했다. "크래프트 하인즈〔세계 5대 식품회사. 워런 버핏이 투자해서 한국에서 유명해졌다〕의 투자 등급이 마침내 내려갔어요. 이 회사 외에도 타락천사fallen angel〔투자 적격 등급에서 투기 등급으로 떨어진 회사로, 한때 신뢰받던 기업들이 도산을 걱정해야 할 수준으로 망가졌다는 의미)가 더 있을 겁니다. 기업 레버리지가 너무 높고 신용스프레드도 증가 추세여서요. 기업이 더 높은 이자율로 자금을 차입해야 하니 주식 가치도 떨어지고요. 코로나가 심해지면 신용스프레드가 크게 벌어질 겁니다. 우리도 신속히 움직여야 해요."

"좀 더 팔자."

회의를 끝내고 사무실로 돌아왔다. 생각할 시간이 필요하다.

코로나19는 세계화의 어두운 면을 드러냈다. 이 바이러스로 세계 경제와 중앙은행의 활동이 얼마나 연동되어 있는지를 다시금 확인할 수 있었다. 중국이 2002년 세계무역기구WTO에 가입한 이후 국제적 연결 고리가 더욱 강력해졌다. 세계화로 말미암아 공급망은 국경을 넘어 확장되었고, 상품과 서비스의 가격은 하락했다. 이로 인한 세계 무역의 급증으로 신흥 시장과 중산층은 매슬로의 욕구단계설에서 더 높은 욕구를 추구하게 되었고 기대 수명도 증가했다. 미디어와 인터넷에 냉소주의가 만연하기는 하지만, 우리는 인류 역사상 가장 평화로운 시대에 살고 있다. 그렇다고 장밋빛 현실만 펼쳐지진 않는다. 국경 간 상호 연결성이 증가함에 따라 전 세계의 경기 변동 주기는 점점 더 연동되어간다. 여러 대륙의 국가들이 경험하는 경기팽창과 불경기는 전 세계적으로 거의 동시에 일어난다. 중국이 재채기를 하면 나머지 나라들은 감기에 걸린다는 말을 즐겨 하는 이유도 여기에 있다.

지구 반대편에서 무슨 일이 일어나는지가 그 어느 때보다도 중요한 시대가 되었다. 지금까지는 전 세계 중앙은행들이 조화롭게 돈을 찍어낸 덕에 시장 상황이 괜찮았다. 하지만 이 상황에 변수가 생기면 어떻게 될까? 부작용이라도 생기면? 중국이나 바이러스가 전 세계를 끌어내린다면? 이게 무서운 부분이다. 우리가 통제할 수도 없지 않은가. 중국은 이미 너무 커져버렸다. 중앙은행들은 출구전략을 결코 실행하지 못할 것이다. 부채도 너무 많다. 모두가 같은 포지션에 있기에 모두가 동시에 포지션 전환을 할 수는 없는 노릇이다. 문이 너무 좁다.

이에 대한 시장 심리는 간단하다. 양적완화가 발표될 때 시장에는 매수세가 늘고 물가는 올라간다. 지난 10년간은 나름의 효과가 있었다. 그동안 시장이 그렇게 움직이도록 훈련해온 덕이다. 반면 중앙은행이 시중에 푼 유동성을 회수하는 출구전략을 시도하면, 시장은 위축된다. 실제로 출구전략이 실행되면 주가는 폭락한다. 이 부분에서도 시장이 그렇게 움직이도록 훈련해온 탓이다. 이 모든 것들을 기억하는 시장은 그렇게 자연스러운 반응을 보일 뿐이다.

그렇다면 큰 의문을 제기해볼 수 있다. 지금 이 상황에서 어떻게 빠져나갈 수 있는가? 연준이 출구전략으로 테이퍼링tapering(연준이 양적완화 정책의 규모를 점진적으로 축소해나가는 것)을 발표하는 순간, 세상의 모든 컴퓨터가 그동안 학습한 바에 따라 주식을 팔아야 한다고 할 것 같지 않은가?

215

장 마감 후 집까지 걸어가기로 했다. 걷기에 좋은 날씨다. 걸으면서 생각에 잠겼다.

월가의 트레이더들은 자기 잘난 맛에 살던 놈들이었다. 솔리 투자회사 사람들부터 시작해서 드렉셀 투자은행에서 일하던 밀켄의 직원들에 이르기까지 승승장구하던 시절이었고, 그 후엔 골드만삭스가 판을 한층 키워놓았다. 골드만삭스가 세계를 제패하며 소위 '흡혈문어vampire squid'로 불리던 시절이 있었다. 골드만삭스는 세계 최고의 자기자본투자를 하고 고객들을 멍청이muppet라 부르며 철저히 속여왔다. 회사는 사기행각을 벌이기에 최고의 조건을 갖추고 있었다. 상품을 만들어 고객에 팔고, 판매한 채권이 어떤 고객의 손에 있는지 파악하고, 고객이 보유한 금융상품에 대해 꿰고 있으며, 고객이 낸 주문을 선행매매front-run(주식 중개인이나 거래자가 펀드 거래에 대한 정보를 미리 알고 거래가 일어나기 전에 뛰어들어 차익 취득 매매를 하는 것. 부당이득을 취하는 행위이므로 불법이다)하고, 채권 전체의 흐름을 파악하면서 최강의 리스크 테이킹risk taking을 감행했다. 혹여라도 고객이 손실이 너무 많이 나거나 상황이 안 좋아진다면, 그건 골드만삭스와 경쟁을 하기 때문이었다. 고객을 폐업시키고 고객의 실수를 벌하려는 악마 같은 약탈자, 그게 골드만삭스였다.

악마 얘기가 나와서 하는 말인데, 골드만삭스 파트너로 활동하던 나와 가까운 지인 한 명이 내게 문자를 보냈다. 이 친구는 2008년 글로벌 금융위기 전에는 사기꾼이나 다름없었다. 사람들이 원하지 않는 상품을 팔아 큰돈을 만졌는데, 이제는 은퇴했다. 그는 지금 뉴저지의 자선모금 행사에 있는데, 로커 브루스 스프링스틴이 깜짝 공연을 선보였다고 했다. 그가 〈약속된 땅The Promised Land〉을 노래하는 영상을 보내줬다. 난 스프링스틴을 정말 좋아한다. 런던에서는 그의 음악을 자주 접하지 못한다. 유럽에서는 반향을 일으키지 못하는 걸 보니, 미국(특히 뉴저지)만의 정서가 유럽인들에게 별로 와 닿지 않는 모양이다.

2008년 글로벌 금융위기 이후 은행들의 상황이 변했다. 대형은행들은 골드만삭스가 저질렀던 만행을 더 이상 할 수 없게 되었다. 또 흥미로운 사실은 골드만삭스가 싼 똥을 치우기 위해 전 연준 의장인 볼커를 소환해야 했다는 점이다. 그는 인플레이션을 종식하고 공짜 점심 따위는 없다고 믿었던 의장이었다. 2010년 오바마 대통령은 '볼커 룰Volcker rule'이라는 은행 규제안을 제안하며 기존 규정을 개편할 것을 주장했다.

따라서 이제 은행들은 예전처럼 자기자본이나 차입금으로 주식이나 채권, 파생상품 등에 투자하는 자기자본투자를 할 수 없게 되었다. 다시 말해 월가 전체에 걸쳐 트레이딩 플로어에서 벌어들이는 수익이 줄어든다는 의미다. 그럼 은행들은 어떻게 대응할 것인가? 1980~1990년대부터 줄곧 활동해오던 베테랑 트레이더들, 매년 한 달씩 휴가를 갔다가 오후 5시 15분 영국 그리니치로 돌아오는 기차에 타는 것이 자신들의 특권인 것처럼 생각하는 이 트레이더들을 버려야 할 것이다. 그들의 몸값은 너무 뛰었다. 어떤 면에서는 소름이 끼치기도 한다. 생각해보라. 2010년, 와튼 경영대학원을 졸업한 그 친구는 10년 동안 트레이딩 '경험'을 쌓았다. 투자은행의 직급서열 문화 속에서 꾸준히 승진했다. 애널리스트analyst(사원, 대리, 과장)로 3년, 어소시에잇associate(차장, 부장)으로 3년, 이사vice president로 4년을 채운 후, 그리고 제길, 올해는 전무managing director로 승진할 것이다. 내가 (혹은 나의 경쟁사 한 곳이) 그의 재능을 알고 그에게 거절할 수 없는 제안을 했으면 모를까, 별 일 없으면 그렇게 승진 가도를 걷게 될 것이다. 나는 여러 헤드헌터들을 알고 있다. 그들이 하는 일은 각 은행 트레이더가 특정 기간 동안 얼마만큼의 금액을 끌어오는지 세세히 알아내는 것이다. 30대 은행 트레이더들은 아직 완전한 경기 순환을 경험하지 못했지만, 월가에서 가장 활발히 일하는 연령대의 사람들이다. 단, 그들이 아는 거라고는 대체로 주식과 채권은 가격이 오른다는 사실, 그리고 드물게 가격이 오르지 않는 일이 벌어지면 연준과 유럽중앙은행 혹은 일본은행이 구원투수로 나선다는 사실이다.

또한 은행에 관한 규정이 바뀌었을 때, 다시 말해 볼커 룰이 적용됨에 따라 은행원들은 대거 해고되었다. 그 자리를 빅 스윙잉 딕big swinging dick(시장을 움직이는 거물 트레이더)이라 불리는 헤지펀드 트레이더들이, 그리고 지금은 중앙은행 직원들이 꿰차게 되었다. 파월 의장이 이제 새로운 채권왕이다. 젠장, 유럽에서 가장 강력한 곳은 그 누구도 예상하지 못할, 키친kitchen이라 불리는 곳이다. 키친에서는 25명 안팎의 유럽중앙은행 트레이딩팀 직원들이 일한다. 창문 밖으로 축산물 시장이 보이고, 볼품없는 트레이딩 데스크에는 구식 컴퓨터들이 놓여 있다. 여기가 바로 이 멍청이들이 시장을 쥐락펴락하는 곳이다. 한 무리의 젊은 애송이들이 불법 텔레마케팅 사무실 같은 데 모여서 새로운 디지털 화폐를 만들고, 새 화폐로 채권을 모조리 사들이고 있다. 이들이 바로 시장을 지배하는 사람들이다.

키친에 있는 사람들 대부분은 스프링스틴의 음악은 듣지 않을 거다. 그의 음악 세계가 생소할 뿐이겠지. 그들은 그의 노래 〈배드랜드〉나 〈정글랜드〉와 같은 곳도 모를 것이다. 생각해보면 내가 어렸을 때는 사는 게 지금처럼 복잡하지 않았던 것 같다. 어느 정도 성실하고 약간의 운만 있다면 타고난 신분을 바꿀 수 있었다. 개천에서 용이 날 수 있고 신분과 계층의 유연함이 어느 정도 허용되던 시절이었다. 극복해야 할 장애물이 더 명확하기도 했다. 그러나 오늘날은 어떤가. 젊은 청년들이 '키친'에 앉아서, 화폐를 만들고, 더 많은 채권을 매수한다. 밥그릇을 한 번에 다 가져가는 격이랄까. 그 결과 중산층이 싹 다 사라질 것 같다. "나는 옳은 길을 살기 위해 최선을 다 했어 … 매일 아침 일어나서 매일 일하러 가 … 하지만 눈이 멀고 피가 차가워 … 때때로 나는 너무 약한 느낌이라 그냥 폭발해버리고 싶어."(〈프로미스드 랜드〉의 가사) 그렇다. 난 그 약속의 땅이 존재한다고 믿었다.

><

미 대선 후보들은 네바다주 토론회와 프라이머리primary(코커스와 다른 예비선거 방식. 당원뿐 아니라 비당원에게도 투표권이 부여된다)에 참여하기 위해 라스베이거스에서 선거 유세를 하고 있다. 라스베이거스에서 그들의 운명이 결정될 것이다. 여전히 예비선거에서 이기지 못한 바이든은 궁지에 몰렸다. 샌더스는 추진력을 키우는 중이다. 현재 민주당원들은 급격히 친좌 성향을 보인다. 양손으로 핸들을 잡고 최대한 액셀을 밟아 좌회전하는 형국이다.

VIP 카지노 호스트인 모도 이번 주에는 바쁠 것이다. VIP 구역으로 유세단 무리를 모시려면 정신이 없겠지. 네바다의 민주당원들은 코커스가 무승부로 끝나지 않도록 최종 결과를 운에 맡기기로 했다. 무승부가 될 경우, 후보들은 각각 카드를 한 장씩 뽑아 동률을 깬다. 숫자가 높은 카드가 승자를 결정한다. 숫자 1을 뜻하는 에이스(최고의 의미도 있지만)는 라스베이거스에서 가장 높은 숫자로 간주된다.

나는 라이프코치와 작은 회의실에 앉아 있다. 뭔가 할 말이 있는지 그녀가 내 소매를 당긴다.

"대표님이 들으면 좋아하실 얘기예요." 그녀가 말했다. "어젯밤 대선 토론회를 보면서 이 얘기를 해야겠다고 생각했어요."

"무슨 얘기?"

"음, 제가 온라인 데이트를 좀 즐기는 거 아시죠. 사실 저도 아직 온라인 데이트가 좀 불편하고 탐탁찮긴 한데요, 이 얘긴 대표님도 재미있어하실 거예요."

"얘기해 봐."

"제가 계정을 만들고 프로필도 기본으로 설정해놨거든요. 그냥 밋

밋한 프로필요. 약간 신비주의랄까. 제 얼굴이 전세계에 공개되는 게 좀 그렇기도 하고요."

"응. 그럴 수 있지."

"근데 두어 명 정도가 돌진하는 거예요. 그중 한 명이 괜찮은 것 같더라고요. 전화 통화를 좀 하고 저녁 식사를 하자고 하더라고요. 소방관이라는 점이 좋더라고요. 전문직 남자들은 내가 자기보다 더 많이 번다는 걸 알면 행동이 이상해지거든요. 내가 무슨 일을 하는지 말해도 잘 모르기도 하고요. 아 그리고, 소방관은 내 친구들한테 말하기에도 좋은 직업 같고요."

"그래서, 마음에 들었어?"

"저녁 먹을 때까지는 괜찮았는데, 시간이 지나니까 완전 남성우월주의에 빠진 꼰대 돼지처럼 변하더라고요. 어이가 없었어요. 결혼하면 여자는 집에서 살림을 해야 한다고 하질 않나, 자기 전에 사귀던 여자 얘기를 쉬지 않고 떠들어대지 않나…."

"어휴…." 내가 말했다.

"시간이 지나니까 더 개차반이더라고요. 완전히 열 받아서 그냥 면전에 대고 소리를 질렀죠. 그 자식 얼굴에 100달러짜리 지폐를 던져버리고 자리를 박차고 나왔어요."

나는 웃으면서 고개를 흔들었다.

그녀는 계속 이어갔다. "근데 오늘 아침 그 작자가 문자를 보냈어요. 자기가 한 말 때문에 기분 나빴던 거냐고. 진짜 머리가 어떻게 된 거 아니에요?"

제리가 회의실 문을 열었다. "대표님, 오늘 오후에 저랑 10분 정도 대화 가능하실까요?"

"좋아." 내가 말했다. "내가 자네한테로 갈게."

나는 라이프코치와 회의실을 나가면서 그녀에게 어제 그 남자의 기분이 마이클 블룸버그 전 뉴욕시장과 비슷할 것 같다고 말했다. 라스베이거스에서 열린 TV 토론 후 오늘 그에 대한 혹평이 쏟아지고 있기 때문이다. 블룸버그의 첫 출연이었는데 다른 후보들에게 집중포화를 당했다. 엘리자베스 워런이 독설의 도화선을 당겼다. 거의 8초 만에 일어난 일이었다. "우리의 토론 상대가 누군지 알려드릴게요. 여성들을 '살찐 계집,' '말상의 레즈비언'이라고 부른 억만장자입니다. 아뇨, 도널드 트럼프 대통령을 말하는 게 아닙니다. 블룸버그 시장의 이야기입니다." 통쾌한 발언이었다.

흥미롭게도 바이러스에 관한 얘기는 토론회에서 언급되지 않았다. 아직 정치적 의제에 오르진 않은 것이다. 트럼프 대통령은 토론회가 끝나자마자 트위터에 소감을 말했다.

어젯밤 토론회를 본 사람이 있을지 모르겠습니다. 다들 아는지 모르겠는데, 미니 마이크Mini-Mike(키 작은 블룸버그 전 시장을 폄하한 표현)는 어젯밤에 잘하지 못했죠. 나는 그에게 이렇게 메모를 보내려고 했다. '내가 하는 일이 쉽지 않죠?' 블룸버그는 자신을 웃음거리로 만들었습니다. 제대로 죽 쒔군요.

트럼프는 자신의 넥타이를 잡고는 비아냥거렸다. "숨을 못 쉬겠어!" 그는 정말로 행복해하고 있을 것이다. 그는 진흙탕에서 허우적대면서 모두를 상대로 이기는 중이니까.

>I<

나는 사무실에 서 있었다. 제리와 눈을 마주쳤고, 나는 그에게 오라고 손짓했다.

"무슨 일 있어?" 내가 물었다.

"지금 이런 말씀을 드리기엔 타이밍이 좀 좋지 않지만, 하루나 이틀 정도 휴가를 써야 할 것 같아요. 아내와 아직도 안 좋아서, 휴가를 내고 아기를 봐줘야 할 것 같습니다."

"아내가 들어갔다던 새 직장은 괜찮고? 내가 물어봤다.

"들어간 지 얼마 안 되긴 했지만, 대거넘 근처 종합병원이거든요. 멀지 않아서 그나마 나은 것 같아요."

"그래. 내 도움이 필요하면 말해."

이제 바이러스는 유럽에도 퍼지고 있다. 점점 더 걱정된다. 눈이 빨갛게 부어오르고 후각을 상실하는 등 새로운 증상이 나타나고 있다. 이탈리아의 확진자 수가 급증하고 있다. 당국은 밀라노 인근 마을들을 봉쇄하기 시작했다. 이제 전 세계적으로 2500명 이상이 사망했다. 바이러스에 관한 추가 정보가 밝혀지고 있는데, 중국 우한에서 12월 중순에 처음으로 발현했다고 한다. 이제야 사람들이 관심을 두기 시작했다. 지금껏 최저 수준의 거래액을 보여주는 채권 시장의 상황이 가장 우려스럽다.

하지만 트럼프 대통령은 그다지 걱정하지 않는 듯하다. 그는 트위터에 이렇게 썼다.

코로나19가 미국에서 제대로 통제되고 있습니다. 우리는 모든 사람, 관련 국가와 접촉하고 있습니다. 질병통제예방센터CDC와 WHO는 매우 현명하게 열심히 일하고 있습니다. 주식 시장 상황도 매우 좋아 보입니다!

또한 그는 밀켄을 사면했다. 밀켄은 내가 트레이딩 일에 처음 관심을 갖게 되었을 때 《강도의 소굴Den of Thieves》과 《프레더터스 볼Predators' Ball》과 같은 책에서 다뤄진 인물이기도 하다. 그의 인생은 파도타기, 즉 서핑에 비유할 수 있다. 그는 인생 전반에 걸쳐 몇 번의 큰 파도를 탔다. 그가 첫 번째 파도를 탔을 때는 누구보다 훌륭한 실력을 보여줬다. 그런데 두 번째 파도에서는 완전히 고꾸라졌다. 세 번째 파도는 부상을 딛고 모범적으로 재활하는 모습을 보여줬다. 그가 겪은 파도들은 시대상을 그대로 반영한다. 그는 하이일드 채권high-yield bond(정크본드라고도 부른다. 밀켄은 회계자료를 바탕으로 정크본드 중에 실제로는 신용도가 높은 채권이 있다는 점에 착안해, 당시 대형 증권사들이 거들떠보지 않던 정크본드를 대량 인수해 투자자에게 되팔면서 엄청난 성공을 거두었다) 시장을 만든 장본인이다. 제길, 그는 정크본드를 상품화한 발명가로 1980년대 그 누구보다 큰 수익을 거머쥐었다. 그러나 1980년대가 끝나면서 형세가 그에게 불리해졌다. 그와 같은 사람들이 정부 규제와 단속의 표적이 된 것이다. 일단 정부가 내 머리채를 잡으려고 나선다? 그건 이미 끝난 게임이다. 아무튼 경제의 역사에서 그의 경력은 시대적으로 중요한 큰 변곡점들을 나타낸다는 점에서 의미가 크다.

매크로 트레이더들은 변곡점, 즉 메가 트렌드를 좋아한다. 하나라도 미리 읽어낼 수 있으면 돈방석에 앉을 수 있으니까. 변화하는 시장에서 앞서 나가는 것은 정말 기분 좋은 일이다. 반대로 변곡점을 놓치면 죽을 쑨다.

시장에서는 돈을 버는 것보다 훨씬 더 빠른 속도로 돈을 잃는다. 오후 몇 시간 동안 PnL을 모조리 날릴 수도 있다. 따라서 이 바닥에서 오래 살아남으려면 변곡점 기간을 슬기롭게 보내야 한다. 특정 시기에만 실력을 발휘하는 트레이더들은 많지만, 경기 사이클 전반을 놓고 보면 이를 다 버텨내는 트레이더들은 매우 적다. 변곡점을 놓치는 사람이 부지기수다.

‍❌‍

증시 붕괴 1주 차
(2월 23일 일요일 ~ 2월 29일 토요일)

바이러스가 점점 심해지고 있다. 전 세계 사망자 수는 2800명을 넘어섰고 확진 건수는 8만 2000건을 돌파했다. 이탈리아에서 확산세가 심각한 가운데, 유럽의 다른 나라로도 전파되고 있다. 시장에는 항상 공포와 탐욕이 득실거리지만 지금은 공포가 만연하다. 사람들이 패닉에 빠지기 시작했다. 바이러스가 변이되어 강력해지고 있다는 우려의 목소리가 크다. 후유증으로 혈액 응고와 뇌출혈이 보고되고 있다.

트럼프 대통령은 펜스 부통령을 코로나19 태스크포스 수장으로 임명했다. 펜스 부통령을 책임자로 앉히기 직전, 대통령은 "2~3일 안에 미국 코로나바이러스 확진자 수가 0에 수렴할 것이다"라고 주장하며 사태의 심각성을 경시한 바 있다.

오늘의 코로나19에 관한 헤드라인이다.

- 캘리포니아주에서 주민 8400명을 관찰대상으로 지정, 확진자 28명
- 감염경로를 파악할 수 없는 환자를 치료한 수십 명의 병원 의료진이 관찰대상으로 지정됨
- 뉴욕 시민 700명이 자가 격리 대상자가 됨
- 북아일랜드에서 첫 번째 확진자 발생
- 노르웨이의 신규 확진자 3명
- 독일의 신규 확진자 14명
- 이탈리아에서 사망 3건이 추가되어 총 사망자 17명, 총 확진자 650명
- 미국의 펜스 부통령과 아자르 보건복지부 장관은 코로나19 태스크포스에 므누신 재무부 장관과 커들로 백악관 경제보좌관, 아담스 보건총감을 투입
- 일본 정부, 전국에 휴교령
- 질병통제예방센터, 소노마 카운티에서 감염경로를 알 수 없는 첫 번째 미

국 확진 사례를 발견한 후 지역감염 우려

• 사우디아라비아 정부, 성지순례 금지령

달러 약세가 감지된다. 위험자산은 자유낙하 중이다. 이제 시장은 미국을 걱정하고 있다. 완전히 개판이 되어가고 있다.

시장이 붕괴하고 있다. 각국은 올해 말까지 세 번의 미국 금리 인하 가능성에 베팅하고 있다. 다우지수는 개장 후 900포인트 하락했고, 채권과 금도 하락세고, 10년물 채권은 수익률이 사상 최저다. 미국의 석유 선물은 배럴당 50달러 이하를 밑돈다. 변동성은 증폭되고 있다. 원유는 올해 25퍼센트 가까이 떨어졌다. 독일 국채 수익률은 30년 만에 다시 마이너스를 기록하고 있다. 빌어먹을.

나는 엘리아스의 자리 옆에 있다. 그는 높이 조절이 되는 스탠딩 데스크를 사용하는데, 가장 높게 조절해두었다. 우리는 리스크를 한 줄씩 검토 중이다. 일주일 전에 위험을 완화했는데 다시 한번 검토해야 한다. 베이시스 리스크basis risk(베이시스는 현물가격과 선물가격의 차를 말한다. 시간이 지남에 따라 움직이는 베이시스의 변화에 따른 손익을 베이시스 리스크라 한다)가 어디에 있는지, 잘못될 수 있는 부분이 어디에 있는지 파악해야 한다. 유동성이 악화되고 신용스프레드는 점점 벌어지고 있다.

엘리아스의 다중 모니터 9개가 모두 깜빡이고 있다. 그는 화면에 엄청난 양의 정보를 띄우고 있다. 워낙 압도적인 양이라 대부분의 사람은 보자마자 과부하가 걸리고, 애초에 어디서부터 봐야 할지도 모를 것이다. 하지만 그의 눈에는 모든 정보가 각자의 자리에 있는 하나의 큰 마인드맵으로 보인다. 어떤 화면에는 채팅창이 80개에서 100개 정도 열려 있다. 화면마다 나타내는 자산군이 다르다. 금리를 모니터링하는 화면, 주요 외환 쌍FX pairs 을 나타내는 화면, 주식과 신용 시장을 보여주는 화면도 있다. 매도 전문 트레이더가 알고 있어야 하는 모든 뉴스 헤드라인을 꿰고 있는 그는 자기 일을 묵묵히 잘해낸다.

나는 라이프코치에게 펀딩 시에 부채를 단기에서 장기로 자본화termout 하라고 소리쳤다.

데스크는 섬뜩할 정도로 조용하다. 다들 화면만 쳐다보고 있다. 그냥 불빛만 반짝거릴 뿐이다. 화면에 빨간색이 너무 많아서 사무실 전체를 빨간색으로 칠한 것 같다.

오늘 다우지수와 S&P 500 지수가 역사상 가장 큰 하락 폭을 기록했다. 이날 나스닥 지수를 추종하는 최대 ETF인 QQQ의 거래량은 리먼 브라더스 사태 이후 최고치를 기록했다. 사람들이 동요하기 시작했다는 조짐이다. 미 보건당국은 이제 미국에서 코로나19가 더욱 퍼질 것으로 예상하며 팬데믹으로 발전할 수 있는 가능성에 대비하고 있다고 말했다. 당국은 기업, 학교, 그리고 지역사회가 스스로 대비하고 확진자 발생 예방 계획을 세울 것을 요구했다.

목요일

아직 목요일인데 이번 주는 벌써 한 달이 지난 것처럼 느껴진다. 모든 게 너무 빨리 일어나고 있다. 우리는 24시간 내내 일한다. 아프리카에서는 코로나에 메뚜기떼까지 강타하여 전염병 확산세가 커지고 있다고 한다.

지금의 상황에 대해 시장은 거부감을 쏟아내고 있다. 유동성 문제가 심각해지고 있다. 시장 참여자들은 LQD, HYG, JNK와 같은 회사채 ETF에 대해 이야기하기 시작했다. 그럴 만한 이유가 있다. ETF는 개인 투자자들이 접근 비용이 너무 크게 드는 시장을 맛볼 수 있도록 고안된 상품이다. 이들의 포트폴리오에는 매일 거래조차 되지 않을 수 있는 단기 고수익 회사채가 포함되어 있다. 거래되더라도 거래량 자체가 매우 적다. 엘리아스와 같은 노련한 트레이더조차도 몇몇 ETF에서 유동성을 확보하는 데 어려움을 겪을 정도다. 그럼에도 ETF의 장점은 일중유동성이 확보되어서, 투자자들이 마치 애플 주식을 거래하듯 ETF를 매매할 수 있다는 점이다. 그런데 유동성이 마비되었으니, 자산과 부채의 재무조건이 일치하지 않는 현상이 나타난다. ETF처럼 유동성 압박을 받는 금융상품이 늘어나고 있다. 따라서 이 상품들에 대해 대대적인 환매redemption〔펀드에 투자한 투자자가 펀드의 순자산 가치대로 자신의 투자 지분의 전부 혹은 일부를 회수하는 것.〕 현상이 나타나고 있다. 시장이 위기에 처했을 때, 줄줄이 도미노처럼 무너지기 직전의 신호라 볼 수 있다.

이제 시장에서는 최악을 막기 위해 힘을 합쳐보자는 분위기다. 하락장세에서 채권은 6초마다 수익률 최저치를 경신하고 있다. 원유는 그냥 자유낙하 중이다. VIX가 40까지 치솟았다. 신흥 시장의 지수도 무너지고 있다. 아이셰어즈 MSCI 브라질 ETF(EWZ)는 38달러다.

방금 전에는 48달러였다. 모든 위험자산이 무너지고 있다. 사람들은 손을 털고 나가고 싶어 한다. 2008년 글로벌 금융위기 이후 최악의 한 주다. 모든 새내기 트레이더들은 패닉에 빠졌다. 실제로 시장이 참패하는 것을 본 적이 없기 때문이다. 시장에서 과거의 경제 위기를 겪으며 트레이딩을 진행했던 전문 인력이 많지 않다. 다우지수는 최고치에서 10퍼센트 이상 하락했다. 유럽과 아시아 지수도 더 큰 폭으로 하락했다. 국제 증시에서 2008년 글로벌 금융위기 이후 가장 극단적인 매도세다. 국채와 같은 상대적으로 안전한 상품에 대한 입찰 분위기도 정상이 아니다. 30년물 채권수익률이 이렇게 낮았던 적은 없었다. 단 한 번도 없었다. 한 치 앞을 볼 수 없다.

긴 하루가 끝날 때쯤 랍비와 라이프코치를 회의실로 불렀다. 밤 11시가 다 되어가는 시간이지만, 그래도 우리의 리스크 상황과 매매 상황뿐 아니라 리스크 관리 체계와 그 안의 여러 요소(운영 리스크와 유동성 리스크)에 대해 얘기해보고 싶었다. 상황이 더 나빠질 것 같아서였다.

"리스크 측정을 위해 VaR* 모형만 갖고는 지금 상황에서 도움이 안 돼. 어디에서 가장 문제가 심각할 것 같아?"

랍비가 대답했다. "대부분의 리스크 측정 모형이 도움이 안 될 거라 봅니다. 2008년 글로벌 금융위기 리스크도 염두에 두지 않은 모형

---

* Value at risk[정상적인 시장에서 일정 기간 동안 발생할 수 있는 최대손실금액을 뜻한다]

이 대부분이거든요. 금리가 가장 문제입니다. 이렇게 움직이면 안 되는데, 상대가치 부문에서는 모형들이 대부분 무용지물이에요."

이어서 그는 덧붙였다. "VaR은 현재 이동하는 목표물입니다. 모형에 투입되는 새로운 변동성과 더 높은 변동성으로 인해 수익 위험 수준이 높아지고 있어요. 심지어 자산 간 높은 상관관계도 고려하지 않고 있는데도 말이죠. 변동성 수준이 1 아니면 –1입니다. 트레이더들한테 리스크 매니저들이 와서는 익스포저exposure(리스크에 노출된 금액) 좀 줄이라고 설득한다니까요. 이제는 수익성이 좋은 포지션도 문제를 일으키고 있어요. 그리고 3월 1일이 다가오는 거 아시죠? 유동성 타이밍이 분기별인 펀드에 대해서는 이번 주 분기 말에 환매 통지서를 받게 됩니다. 쭉 환매해야 합니다."

말이 너무 빨라 거의 방언을 하는 듯하다. 말을 끝낸 그는 숨을 몰아쉬더니, 회의실을 둘러보고는 빨간 펜으로 글을 쓰고 있는 라이프코치에게 물었다. "나 펜 좀 잠깐 빌릴 수 있을까?"

그녀는 그에게 펜을 건넸다. 랍비는 그 펜을 곧장 쓰레기통에 던졌다.

"제정신이야? 절대 빨간 펜으로 쓰지 마. 손실을 의미하잖아. 불운을 가져온다고."

"그러면 신용 시장은 어때?" 내가 물었다.

"이쪽은 다른 차원의 문제를 안고 있어요." 라이프코치는 스카프를 만지작거리며 손을 뻗어 새 펜을 집으면서 말했다. "신용등급 강등이 어떻게 작용할 것인지를 생각할 필요가 있어요. 누가 유동성을 확보하고 있는지도 파악해야 하고요. 주로 레버리지에 의존하는 트레이더들이 많더라고요. 그런데 시장 구조적 관점에서 볼 때, 이러한 신용 ETF로는 환매가 해결이 안 될 것 같아요."

라이프코치의 설명은 이어졌다. "제가 어젯밤에 이거 생각하느라 잠을 못 잤는데요. 고민해야 할 문제가 한두 개가 아니에요. 우선 운영 리스크가 있고요. 다들 원격으로 일할 경우 결제 리스크settlement risk〔거래 당사자 간에 금융거래는 약정되었으나 아직 자금결제가 이루어지지 않은 상태에서 거래 일방이 자신의 결제를 이행하지 못하게 됨에 따라 거래상대방이 손해를 입게 되는 위험)도 있을 수 있죠. 거래상대방 리스크counterparty risk, 딜러에 관한 전반적인 유동성 리스크, 그리고 우리 자체적인 펀딩도 문제가 있을 수 있고요. 상황이 정말 나빠질 수 있어요."

갑자기 내 전화가 울렸다. 엘리아스였다. "미국에서 첫 번째 확진자 사망 소식입니다."

"미국에서 첫 번째 코로나19 사망자가 나왔대." 나는 직원들에게 엘리아스의 말을 전했다. "안 좋네. 우리 혹시나 놓치는 부분이 없도록 지금 말한 내용을 다 적어보자. 체크리스트가 필요할 것 같아. 수고했어. 다들 이제 가서 눈 좀 붙여. 내일이 본격적인 피바다가 될 테니."

금요일

주식, 원자재, 신흥국 통화 등 모든 위험자산이 여전히 매물로 나와 있다. 시장은 경기 침체를 대비하고 있다. 오늘은 2008년 글로벌 금융위기 이후 최악의 한 주를 마감하는 날이다. 다우지수는 또다시 하락했다. 이번 주 12퍼센트 이상 하락해 2008년 이후 가장 큰 주간 하락률을 기록했다. 포인트 기준으로는 3500포인트 이상 하락해 역대 최대 주간 포인트 하락 폭을 기록했다. 또한 최고치보다 14.1퍼센트 하락한 조정장에서 한 주를 마감했다. S&P 500 지수는 이번 주 11.5퍼센트 하락하며 글로벌 금융위기 이후 최악의 주간 실적을 기록했다. 지난주보다 13퍼센트 가량 하락한 수치다. 나스닥 지수는 이번 주 10.5퍼센트 하락했으며 사상 최고치인 13퍼센트 가까이 밑돌았다. 오늘 VIX가 49.48로 최고치를 기록했다. 29bp 하락으로 이번 달을 마감했다. 손실이 1퍼센트가 채 안 된다. 살아남았다. 그런데 다가올 월요일을 준비해야 한다. 상황이 더 나빠질 테니까.

233

2020. 3. 15.
• 질병통제예방센터, 50명 이상 집합 금지 명령: 뉴욕시 공립학교 폐쇄령
• FOMC 비상 회의 소집: 100bps 금리 인하, 자산 매입 목표액 7000억 달러로 설정(필요에 따라 증액 가능), 재할인창구discount window(연준을 구성하는 12개의 지역 연방준비제도은행이 금융기관에 직접 단기자금을 대여하는 창구) 운영 재개(150bps 감축 기반), 제로금리 정책과 양적완화로 회귀
• 캐나다 중앙은행 영란은행, 일본은행, 유럽중앙은행, 스와프 라인(외국 중앙은행이 해당 지역의 금융기관에 미국 달러 자금을 제공하여 유동성을 강화하는 장치)을 통해 달러 유동성을 높이려고 시도함

2020. 3. 3.
• FOMC 비상 회의 소집, 연준은 연방기금 금리를 50bps 인하하여 1~1.25%로 감축

2020. 3. 9.
• 10년물 국채금리 0.50%

2020. 3. 6.
• 일자리 27만 3000개 창출, 실업률 3.5%로 하락, 시간당 평균 임금 3%로 하락
• 캘리포니아에서 크루즈 선박 탑승객 21명 코로나 양성 판정

2020. 3. 13.
• 트럼프 대통령이 국가 비상사태 선포, 연방기금으로 500억 달러 마련

2020. 3. 16.
• 이탈리아 정부, 250억 유로 규모의 긴급경기부양책 승인

2020. 3. 17.
• EU, 역외에서 유입되는 대부분의 여행객에 입국 금지 조치
• 연준, 기업어음직접매입기구 창설 발표(소액 단기 무담보 대출)

6장

2020년 3월

추락하는 칼날

월말 기준: 미국 10년물 국채 금리 0.67%
S&P 500 -12.4%
나스닥 -10.1%
달러 지수 +0.9%

2020. 3. 23.
• 연준, 주택저당증권
MBS을 포괄한 양적완화
추가 확대, 대출 기구
3곳 신규 창설, 기업
신용기구창설을 통한
대기업 지원, TALF를
부활해 기존 기업 채무에
대해 신용 제공

2020. 3. 18.

• 유럽중앙은행,
비금융 기업 부채를
포괄하는 7500억
유로 규모의 팬데믹
긴급매입프로그램PEPP
발표, 담보 기준 완화

2020. 3. 26.
• 3월 21일에 마감하는
한 주 동안의 실업자
328만 명으로 급등

2020. 3. 30.

• 미국 버지니아주,
메릴랜드주, 워싱턴주에서
자택 기거명령 발동

2020. 3. 19.
• 신흥국을 비롯한
더 많은 국가에 달러
스와프 라인 확대 적용
• 캘리포니아, 주 전체에
자택 기거명령 발동

2020.3. 24.
• 도쿄 올림픽 2년 연기

2020. 3. 27.
• 영국 보리스 존슨 총리
코로나 확진 판정

2020. 3. 31.
• 연준, 외국에서 보유한
미국 채권을 한시적으로
달러로 스와프하는 추가
유동성 조치 발표

증시 붕괴 2주 차
(3월 1일 일요일 ~ 3월 7일 토요일)

월요일

경제학자 루디거 돈부시는 이렇게 말했다. "경제학에서 여러 현상이 일어나는 데 걸리는 시간은 예상보다 훨씬 길 수 있지만, 막상 어떠한 현상이 일어나면 예상보다 더 빠르게 진행된다." 금융시장에서 밥벌이를 하려면 돈부시가 말한 속도보다 100배 이상 빠르게 상황이 진전된다는 것을 염두에 두어야 한다. 문득 그가 경주마를 전력질주하게 만드는 스테로이드 주사를 3대 정도 맞았다면 그 속도를 어떻게 표현했을지 궁금해진다. 지금 시장이 그런 느낌이다. 물론 그 방향은 나쁜 쪽이다. 활활 타오르는 불구덩이 같다.

주말 동안 뉴스는 더욱 심각해진 상황을 전했다. 일요일에 뉴욕에서 발생한 첫 번째 확진 사례가 발표되었다. 워싱턴, 시카고, 플로리다, 뉴욕, 로드아일랜드에서도 확진자가 나왔다. 현재 전 세계적으로 3000명이 사망했다. 상점들은 사람들이 사재기할 것을 대비해 재고를 비축하고 있다. 밤 사이 주식 시장은 극도로 불안한 혼조세를 보여주었으며, 개장 후 다시 하락세를 암시했다. 다들 숨죽이고 시장 상황을 예의주시하며 기다리는 형국이다. 파리에서는 루브르 박물관이 휴관에 들어갔다. 바티칸에서는 성 베드로 대성당이 사순절 동안 문을 닫았다. 코로나 때문에 당분간 미사도 못 드린다. 중국의 제조업 데이터는 역사상 가장 가파른 하락세를 보였다. 코로나가 활동을 전면적으로 마비시키고 있다.

경제학자들은 향후 6개월 동안 시장이 급격한 둔화세를 보일 것이라는 기존 전망마저 확실치 않다고 머뭇거리고 있다. 골드만삭스는 현재 0퍼센트의 성장을 예상한다고 이야기하지만, 그저 앙증맞은 예측일 뿐이다. 아무도 이 난장판을 설명하는 정확한 모델을 제시하지 못하고 있다. 심각하고 추악한 상황일 뿐이다. 그나마 시장이 더 곤두박질치지 않는 이유는 전 세계 중앙은행들이 곧 시장에 자금을 풀 조짐이 보이기 때문이다. 그들의 개입이 필요하다. 블룸버그 터미널bloomberg terminal〔온라인 증권거래 소프트웨어〕에 빨간색 헤드라인이 연신 깜빡이는데 가만히 앉아 공매도하려는 사람은 없을 것이다.

사무실에 들어가니 엘리아스가 바로 내 앞에 다가선다. "대표님, 뉴욕 거래처들과 얘기하고 있는데 뉴욕에도 봉쇄조치가 내려진다고 합니다."

"그러면 시장에 어떤 영향을 미치게 될까?"

"확실친 않지만, 좋지는 않을 거라 봅니다. 얽히고설킨 이슈가 너무 많아요. 거래소는 영업을 계속하겠죠? 유동성이 조금이라도 있긴 있는 건지 모르겠습니다. 은행에서 재해 복구 지역으로 '찾아가는 서비스'를 할 수는 있는 건가요? 제길, 사람들이 음식은 전달받을 수 있긴 할까요?"

"알겠어. 소식들이 업데이트되면 나한테도 계속 알려줘."

검은 백조 이론〔전혀 예상할 수 없었던 사건이 실제로 발생하면 사후 이를 분석하는 과정에서 '사고는 필연'이었다는 논리를 만들어낸다는 이론〕에서 큰 사건을 의미하는 '검은 백조'는 늘 회자되는 주제다. 흔히 사람들은 검은 백조가 아무런 전조 없이 나타난다고 생각한다. 그러나 사실 검은 백조가 나타나기 전에는 항상 전조가 되는 사건들이 있다. 예를 들어 컨트리와이드〔2008년 글로벌 금융위기 당시 미국 최대 서브프라임 모기지 대출회사〕와 노던록〔당시 영국 4위의 주택담보대출 은행〕의 파산사태도 당시에 크게 문제 삼지 않았지만 뒤돌아보면 위기의 전조였다. 지금도 위기의 전조들이 여기저기에 도사리고 있다. 무역 전쟁, 중국의 디레버리징deleveraging〔차입청산〕, 유럽의 부채 위기 등 전 세계적으로 성장을 조금씩 갉아먹는 단발성 사건과 사고들이 끊이질 않는다. 젠장. 수익률 곡선 역전, 레포 시장, 위워크를 비롯해 거품의 지표들이 널리고 널렸다. 어쩌면 이번 위기가 마침내 우리 모두를 뒤엎는 큰 것일 수 있다.

설령 큰 위기가 다가온다 해도, 연준은 호들갑을 떨지 않는다. 주가가 사상 최고치를 기록하고 미국의 고용이 사상 최저치를 기록했는데도 연준은 이미 지난 6개월 동안 세 차례나 금리를 인하하고 대차대조표를 확대해왔다. 연방기금 금리가 1.50퍼센트인 상황에서 시장이 하이퍼 파라볼릭hyper-parabolic〔주가의 상승세가 과도하게 가팔라지는 모습] 상태가 되면 연준도 난감해진다. 2008년 글로벌 금융위기의 진동이 시작되기 전 정책금리는 5.25퍼센트였다. 연준은 충분히 타당성을 갖고 금리 인하를 할 수 있었고, 주식 시장이 빠지더라도 국채로 자본을 안전하게 몰아넣을 수 있었다. 시장의 충격을 흡수하는 완충 장치가 있었다. 그러나 이번에 시장이 붕괴할 때의 충격은 마치 건물 49층에서 뛰어내려 콘크리트 바닥에 부딪힐 때의 충격에 비유할 수 있을 것이다.

미국 국회의사당에서 공화당 상원의원들과 만난 트럼프 대통령은 다음과 같이 말했다. "예상치 못한 일이었습니다…. 그리고 바이러스는 세계를 강타했습니다. 하지만 우리는 이미 모든 준비가 되어있고, 잘 대처하고 있습니다. 바이러스는 사라질 것입니다. 평정심을 유지합시다. 바이러스는 사라질 것입니다." 불행히도 시장을 안심시킬 수는 없었다. 시장과 트럼프 대통령의 사이가 나빠지고 있다.

민주당 대선 후보 경선에 출마한 트럼프 대통령의 반대파들은 여전히 자신들끼리 옥신각신하고 있지만, 3명의 추가 후보들이 경선 하차를 선언했다. 음모론자들은 그들이 무더기로 낙마하는 이유가 대선에서 바이든이 이기도록 표를 몰아주기 위해서라고 했다. 바이든은 이제 샌더스의 표밭을 가져가기에 유리한 상황이 되었다. 어쨌든 판세가 가닥을 잡아가고 있다. 민주당 대선 경선은 독주 양상의 샌더스에 제동을 걸어 매직 넘버 1991(민주당 주자가 자력으로 대선 후보로 확정되는 데 필요한 대의원 수를 뜻한다) 싸움을 본격화하는 자리가 되었다. 내일이 바로 슈퍼 화요일(뉴욕, 오하이오, 캘리포니아 등 14개 주에서 예비선거가 치러지는 날로, 민주당 경선 레이스의 최대 승부처다)이다. 14개 주에서 대의원 1300여 명이 선출된다.

트럼프 대통령은 갑자기 코로나19에 대해 기조를 바꿨다. 트위터에 글을 올린 지 48시간도 지나지 않아 기자들과 만난 자리에서 그가 한 말이다. "이것은 팬데믹입니다···. 저는 그것이 팬데믹이라고 불리기 전부터 그게 팬데믹이라고 느꼈습니다." 이 인간은 자기 자신이 주체가 안 되나? 지구상에서 가장 강력한 미국 대통령인데, 자기가 했던 말을 번복하고 왜곡해서라도 역사에 위대한 인물로 기억되고 싶은 충동을 여전히 억누르지 못한다.

나는 제리에게 소리쳤다. "제리, 시뮬레이션한 투자 모형에 새로운 지표를 투입해서 돌려봤어?"

"거의 다 했습니다, 대표님. 몇 가지만 재확인하면 됩니다."

"죽기 아니면 까무러치기야. 꼭 해야 해."

시장은 어려움에 처해 있다. 헤징을 하지 않고 공매수에 의존한 이들은 연준이 조치를 취해주기만을 눈 빠지게 기다리고 있다. 구제되려면 무조건 연준이 필요한 상황이다. 일본은행이 직접 대량으로 시장의 매물을 매입한다는 소문이 돌고 있다. 간밤에 니케이 지수가 급락 개장하자 일본은행은 역대급 규모의 개입에 나섰고 일본 주식을 대거 매입했다. 날이 갈수록 그 소문은 확실해지고 있다. 로이터 통신에 따르면 일본은행은 1000억 엔에 달하는 규모로 사들였다. 이 이야기를 하다 보니, 대화의 흐름이 중앙은행을 옹호하는 쪽으로 흘러가게 되었다. 그런데 갑자기 저쪽에서 엘리아스가 일어서서 소리를 질렀다.

"파월 의장이 테이프에 떴어요. 금리 인하를 약속했다고 하네요."

아무래도 휩소가 나타날 것 같다. 시장이 반등하기 시작했다. 정신을 바짝 차릴 때다.

다우지수가 10년 만에 최고치를 기록하면서 주가는 2008년 금융위기 이후 최악의 한 주를 지난 후 다시 급상했다. 다우지수는 5.1퍼센트인 1294포인트 상승하며 장을 마감했다. 2009년 3월 이후 가장 높은 상승률을 기록한 것이다. 젠장, 지난 80년 동안 다우지수가 오늘보다 더 오른 날은 열흘밖에 없었다. 30개 종목의 평균치(다우존스 산업 평균 지수)는 역대 최대 상승 폭을 기록했다.

그럼 그렇지. 연준은 파월 의장이 약속한 내용을 공식 발표했다. **50bp 긴급 금리 인하**가 주요 골자였다. 이론적으로는 달러가 하락할 것이기 때문에 유로화를 더 많이 사들이고, 주식도 매수를 늘리는 방향으로 우리의 거래 전략을 바꿔야 한다. 그런데 나는 확신이 서지 않는다. 연준의 후속 조치를 좀 더 지켜보고 싶어서다. 이번 금리 인하 조치는 2008년 글로벌 금융위기 이후 첫 번째 긴급 감축이니 말이다. 평소 같으면 주식 시장이 반길 일이겠지만, 이번에는 진절머리라도 난 듯 데면데면한 반응이다. 미국 10년물 국채 수익이 사상 처음으로 1퍼센트 아래로 떨어졌고, 달러는 여전히 반등하고 있다. 여전히 안전자산으로 자금이 몰리고 있다. 금리 인하만으로는 효과가 부족하다. 금리 인하는 물자 공급망 차질 문제를 해결하지도 못하고, 박쥐를 숙주로 하는 이 치명적인 바이러스를 퇴치하지도 못할 것이다. 시장은 돈을 더 풀라고 아우성친다. 빌어먹을 양적완화가 더 필요하단다.

데스크에서도 긴장이 감돈다. 감싸는 공기부터 불안하다. 이제부터 '본게임'이다.

거품은 터지기 전에 오랜 시간 동안 쌓이게 마련이다. 하지만 일단 터지면 결과는 잔인하다. 변화가 급작스럽다는 점에서 대처가 어렵다. 현 상황을 지켜보면서, 결국 이러다 말 거라는 사실을 머리에 담고 이런저런 대책을 실행하겠지만, 철저히 신중을 기해야 한다. 거품의 후반부에는 특히 많은 돈을 잃을 수 있기 때문이다. 서브프라임 모기지 사태 때도 사람들은 거품을 직접 봤지만 '배 째라'하면서 모른 척했다. 그러니 거품이 터지기 전, 그저 분위기에 취해 정신을 놓고 있었다. 미국의 집값은 2005년에 최고조에 달했다. 빌어먹을 고위험 채무자에 대한 닌자 론 NINJA loan(NINJA는 'No Income, No Job or Asset'의 약어로 수입이나, 직업, 자산이 없는 사람들을 뜻한다. 즉 2005년부터 고위험 채무자에게 이뤄진 대출이다)은 곧 일어날 사고의 도화선이라는 걸 알고 있었지만, 시장이 '눈 가리고 아웅'하는 3년간 그저 현실을 만끽하고 있었다. 그 무렵 접한 시장에 대한 책 중 하나가《어느 주식투자자의 회상》이다. 저자 에드윈 르페브르는 최초의 위대한 공매도꾼 제시 리버모어가 거품이 끝날 무렵 어떻게 고군분투했는지 기록한다. 당시는 1900년대 초반이었다. 그는 여러 차례 실패한 후 빈털터리가 될 뻔했다. 리버모어는 이렇게 말했다. "다음번 공매도 때는 더 확신이 있어야 할 것 같았다. … 대부분의 사람들은 온통 그 주의 주식시황만 바라봤지만, 현명한 주식투자자들은 한 해 단위로 시장을 보며 여러 변수를 감지했다. 그게 두 부류의 차이였다. 1907년 2월, 나는 포지션을 청산했다. 신주발행을 감행한 그레이트 노던 철도회사는 60~70포인트 폭락했고, 다른 주식들도 동반 하락했다." 참을성이 있어야 한다는 교훈을 시사한다.

거품이 꺼지는 순간 최악의 상황이 펼쳐진다. 물가는 폭락하고, 유동성은 온데간데없으며, 시장은 붕괴하고, 규제 당국이 미친 규칙을 들이대며 시장에 개입한다. 그리고 들리는 소식들은 마진콜, 파산, 그리고 자살….

✕

주가는 여전히 폭락하고 있다. 1987년 블랙 먼데이(1987년 10월 19일 월요일에 일어난 주가 대폭락 사건. 홍콩에서 시작해 유럽으로 퍼졌고, 다른 증권 시장이 폭락한 이후 미국에도 영향을 주었다) 이후 가장 빠른 매도 공세가 펼쳐졌다. 블랙 먼데이는 역사상 가장 큰 일중 하락폭을 보여주었다. 다우지수는 508포인트, 즉 22퍼센트 이상 하락했다. 1987년도에 나는 디트로이트에서 고등학교를 갓 졸업했다. '22퍼센트 폭락'이 무슨 의미인지 몰랐던 시절이었다.

당시에는 중앙은행에 관한 얘기가 많이 오가지 않았다. 수조 달러는 고사하고 100만 달러도 가늠이 안 되던 때였다. 내가 살던 동네는 중산층이 많이 살던 살기 좋은 곳이었다. 특히 이탈리아인들이 많았다. 디트로이트는 남들보다 성공하기 위해서는 더 열심히 일하는 길밖에 없다는 교훈을 일찍부터 느끼게 해준다. 버클리 스퀘어나 나이츠브리지 같은 동네와는 거리가 멀다. 노부나 애나벨 같은 고급 레스토랑도 없는 그런 곳이었다. 우리 동네 사람들은 그런 호화로운 세상이 있는지도 모르는, 가족들의 더 나은 삶과 지역 스포츠팀의 우승 정도를 꿈꾸던 소박하고 순진한 사람들이었다. 나는 유년기 동안 좋은 공립학교에 다녔다.

미국에서 중산층의 부흥기에 입지를 굳힌 디트로이트는 중산층 성장의 선두도시였다. 대이주Great Northward Migration(1916~1970년에 걸쳐 600만에 달하는 아프리카계 미국인들이 시골인 남부를 벗어나 도회지인 미국 북동부, 중서부, 서부로 이동한 사건) 시기에 이곳으로 이주한 사람들은 자동차 업계에서의 직장, 연금이 보장된 양질을 일자리를 찾아 디트로이트로 왔다. 흑인 음악의 본고장인 이곳에서 훌륭한 음악이 탄생했고, 인종 간의 긴장감도 별로 없었다.

이주민들에겐 꿈과 희망의 도시였다. '구인광고', '좋은 일자리를 드립니다' 등의 문구가 구직자들을 설레게 했다. 대이주 당시 600만 명이 좋은 일자리를 찾아 북쪽으로 이주했다. 다양한 부류의 사람들이 공장에 취직해 캐딜락 생산 및 조립 공정에 투입되었다. 그들의 다양성은 음악계를 풍성하게 하는 데 한몫했다. 마빈 게이, 템테이션스, 스티비 원더, 다이애나 로스, 슈프림스, 스모키 로빈슨, 미라클스, 잭슨파이브, 포 탑스 등의 수많은 팝스타가 이곳 출신이다. 세월이 지나 유행하는 음악의 색깔이 변모하면서 보다 다양한 아티스트와 뮤지션들이 끊임없이 배출되었다. MC5, 스투지스, 앨리스 쿠퍼, 그랜드 펑크 레일로드, 밥 시거, 글렌 프레이, 화이트 스트라입스, 키드 록, 에미넴 등 하나같이 내로라하는 팝스타들이다.

라디오 방송도 훌륭하다. 지금까지도 우수한 라디오 방송국들이 활발히 운영되고 있다. 내가 좋아하는 DJ로는 WJLB-FM의 라디오 진행자 짜릿한 모조the electrifying mojo와 WRIF-FM의 켄 칼버트가 있다. 나는 아직도 켄 칼버트를 트위터에서 팔로우하고 있다. 젠장, 내가 어렸을 때 패티 스미스가 우리 집에서 800미터도 안 떨어진 곳에 살았다니. 그녀 집에 찾아가 문을 두드리고 내 소개를 한 다음, 그녀 집의 잔디를 깎거나 삽으로 눈을 치워주겠다고 했으면 좋았을 텐데…. 내가 처음으로 아르바이트를 했던 맥도날드도 그녀의 집에서 길 아래로 내려오면 바로 보이는 지점이었다. 나는 재료를 기름에 튀기는 담당이었다. 맥너겟 같은 메뉴를 담당했는데, 친구들이 오면 몇 개 더 얹어주곤 했다.

거의 모든 게 아름다운 시절이었다. 나는 1968년에 태어났다. 디트로이트 흑인 폭동 직후였다. 나는 80년대의 디트로이트에서 자랐다. 그러니까 버바 헬름스가 디트로이트 타이거즈의 월드시리즈 우승을 축하한 모타운motown(디트로이트의 별명으로 Motor Town의 약칭이다)에서 말이다.

디트로이트는 미국에서 일어날 현상의 전초기지와도 같다. 오늘날 미국에서 가장 가난한 사람들이 사는 곳이기도 하다. 이곳 아이들 중 거의 절반이 빈민층이다. 가계 소득 중위값은 2만 6000달러다. 성인의 거의 절반이 읽고 쓰기를 어려워 해서 사회생활에 지장이 있는 '기능적 문맹 인구'다. 폭력사건도 빈번하다. 폭력을 자율 예술의 한 형태로 미화하는 듯하다.

이곳 사람들은 대체로 도전정신도 없고 별다른 기술도 없어 다른 지역의 주민들보다 뒤처지고 있다. 게다가 외곽까지도 부정부패가 만연해지고 있다. 중산층은 자신의 차례를 기다리는 온덱 서클on-deck circle(벤치와 홈플레이트 사이 경기장 각 사이드에 표시된 원으로, 다음 타자가 타석에 들어서기 전 대기하는 곳)의 야구선수 신세다. 양적완화가 몇 차 례 더 진행되면, 중산층의 존립은 위태해질 것이다.

증시 붕괴 3주 차
(3월 8일 일요일 ~ 3월 14일 토요일)

월요일

금융시장이 1000포인트 상승했다가 다시 900포인트 하락하며 쉴 새 없이 등락을 거듭하고 있다.

지금껏 가장 변동성이 큰 시장이다. 캘리포니아주는 방금 비상사 태를 선포했다. 테이프에는 속보가 계속 올라오고 있다. 불확실성이 높다. 시장은 불확실성을 싫어한다. 원유 생산은 다시 증가 추세다. 공급 과잉에 수요 부족으로 에너지가 차고 넘친다. 항공, 여행, 카지 노, 호텔 산업은 팬데믹으로 직격탄을 입었다. WHO는 코로나19를

글로벌 팬데믹으로 선포했다.

　언론 브리핑에서 트럼프 대통령은 미국 내 바이러스 확산을 통제하라는 행정명령을 발동했다. "우리 행정부는 젊고 건강한 이들을 포함한 모든 미국인이, 가능하다면 재택으로 일하고 수업을 듣기를 권고합니다. 10명 이상의 단체 모임은 피하고, 술집, 식당, 푸드코트에서 먹고 마시지 말 것을 권고합니다. 모두가 새로운 상황에서 엄격히 수칙을 지키고 희생한다면, 우리는 하나의 국가로서 함께 극복하고 바이러스를 물리칠 수 있을 것입니다. 그렇게 되면 함께 성대한 축하할 수 있는 날이 올 것입니다. 몇 주간 우리 모두가 단합하여 실천하면 위기를 극복하고 빠르게 정상화할 수 있습니다."

　"대표님, 뉴욕에 있는 대형 헤지펀드에서 일하는 제 친구가 재택근무를 시작한다고 합니다."

　"알려줘서 고마워, 엘리아스." 내가 대답했다.

　"대표님, ATM 기계에서 현금을 찾을 수 없답니다. 시중은행이 인출 금액에 제한을 두기 시작했다고요."

　"젠장. 안 좋네. 잠 좀 자둬. 내일은 정말로 정신없을 거야."

　나는 새벽 2시에 일어났다. 선물은 급격히 하락했다. 다우지수는 1000포인트, S&P 500은 120포인트, 나스닥은 250포인트 하락했고, 원유도 다시 곤두박질치고 있다. 10년물 국채 수익률은 1퍼센트 미만이다. 감이 안 좋다. 아직 금요일도 안 됐는데 이 정도니 말이다. 사람들이 점점 지쳐가면서 겁에 질려 있다.

　나는 직원들에게 이제 재택근무를 해도 좋다고 했다. 다행히 다들 재택근무가 가능하도록 문제없이 세팅해둔 상태였다. 하지만 나는 이럴 때일수록 최전방 참호가 좋아서 사무실에 나간다. 엘리아스도 모니터들을 감시하면서 사무실에 있다. 그가 항상 자리를 지키고 있다는 사실이 내게 위로가 된다. 보초병이 초소를 지키고 있는 느낌이다. 물론 시국이 시국인지라 우리는 멀리 떨어져 있다. 서로 반대편에 앉아 근무한다.

랍비는 전력을 다해 일하고 있다. 물 만난 고기처럼 내게 하루에도 50통씩 이메일을 보내고 있다. 그는 운 좋게도 중국의 지인을 통해 N95 마스크 한 상자를 얻게 되었다. N95는 시중에 나온 마스크 중에 가장 효과가 좋다고 한다. 라이프코치는 30년간 쌓아온 인맥과 노하우를 활용해 무리 없이 전화로 업무를 이어가고 있다. 엘리아스는 24시간 긴장을 늦추지 않고, 재택근무 중인 제리를 도와 주문량과 헤드라인을 감시하고 있다. 제리가 할 수 있는 업무를 찾아주는 엘리아스에게 고맙다고 느낀다. 제리의 투자 모형은 잠잠하고 유동적인 시장 상황에서는 도움이 되지만 지금과 같은 비상 상황에는 너무 느리고 섬세해서 사실 쓸모가 없다. 아시아에서 주문을 집행할 트레이더를 고용해야 하는데, 지금으로서는 조직 관리 차원에서 불가능한 일이다. 현재 가진 자원을 최대한 활용해야 한다.

하루가 저물면서 시장은 최악으로 치달았다. 카지노 주식은 이날 15퍼센트 하락하며 전멸했다. 신용스프레드가 확대되고 있다. 내일 그 정점을 찍을 것 같다. 과연 주말에 골치 아픈 헤드라인이 쏟아지는 걸 좋아할 사람이 있을까? 하지만 주말이라고 상황이 더 나아질

리 없다. 짜증나게도 내려갈 일만 남은 것이다.

더 짜증나는 사실은 이번 경기 침체로 모든 시간제 근로자들이 타격을 입게 된다는 점이다. 한창 인기를 누리던 레저숙박업이 직격탄을 맞게 되니, 보험이나 연금도 보장되지 않는 시간제 바텐더들이 해고 대상 1순위일 것이다.

대선 상황은 시장만큼이나 빠르게 움직이고 있다. 슈퍼 화요일은 바이든에게 압도적인 승리를 안겨주었다. 그는 9개 주에서 이겼다. 블룸버그와 워렌은 경선에서 전격 사퇴했다. 이제 바이든 대 샌더스, 양자 대결로 압축되었다.

금요일

지금까지 중 가장 어수선한 날이다. 사람들은 공포에 질려 있다. 나는 가족들에게서 401(k)[미국의 퇴직연금]를 어떻게 하면 좋을지 묻는 이메일을 여러 개 받았다. 사람들의 돈이 줄줄 새고 있다. 다우지수는 지난 2주 동안 다섯 차례 가량 1000포인트 폭의 변화를 보였다.

커피를 사 들고 사무실로 걸어가는 도중에 엘리아스의 전화를 받았다.

"대표님, 너무 안 좋네요. 딜러들은 채권매물이 없다고 하고, 매수 심리만 있다고 합니다. VIX는 다시 50이 되었고, 달러도 바닥으로 떨어지고 있어요. 채권수익률이 폭락하고 있고요. 모조리 0을 향하고 있는 모양새입니다. 원유 가격도 43달러로 떨어졌고, 금은 트로이온스당 1700달러에 달할 것 같습니다."

"10년물 국채는?"

"78bp, 역대 최저치예요."

"상황이 안정되면 바로 집값이 폭락하지 않을까? 결국 모기지 금리가 사상 최저로 떨어졌잖아."

"지금 당장은 아닙니다. 떨어질 대로 다 떨어지고 나야죠. 아직은 더 내려갈 게 남아 있어요."

"헤징 규모를 줄여야 할까?"

"아직은 그냥 두는 게 좋겠습니다. 지금 장부 균형이 잘 잡혀 있어요. 나름 잘 움직여주고 있어요."

"우리 장부에 대해 걱정할 만한 건 없고?"

"다 걱정이죠. 외부 상황이 안 좋으니."

채권수익률 폭락세에 이어 주가 하락 폭도 커지고 있다. 오늘 30년물 국채 수익률 변화는 2008년 11월 이후 가장 큰 폭으로 나타나고 있다. VIX는 오늘 장중 최고치인 54.39를 기록했다. 코로나19가 터진 후 가장 높은 수치다.

나는 랍비에게 전화를 걸었다.

"지금 상황, 어떤 것 같아?"

"지금 상황도 상황인데, 그 이면에서 일어나는 일들이 잘못돼도 한참 잘못되어가고 있어요. 사람들이 서로를 두려워하면서 경계합니다. 어떠한 거래상대방 리스크도 원치 않는 거죠. 그 부분에 집중하고 있습니다."

랍비 말이 맞다. 은행 부문 리스크의 핵심 척도인 FRA-OIS 스프레드(FRA는 선물금리계약을 뜻하고, OIS는 금융기관 간 초단기 외화대출 금리를 뜻한다. 은행 간의 상호불신을 나타내는 수치다)는 거의 2년 만에 최고 수준으로 치솟았고, 달러 스와프 스프레드dollar swap spread가 확대돼 미국 금융시장에서 스트레스가 점점 심해지고 있음을 시사한다. 우리는 이런 종류의 위험을 경계할 필요가 있다. 유럽 은행들의 대차대조표 상황이 엉망이라 시스템 전체가 무너질 수 있다. 배관이 분해되고 있달까.

젠장, 젠장! 상황이 너무 안 좋다. 블랙 먼데이의 2020년 버전이다. 시장에 산적해 있는 문제들에 석유 가격 전쟁이 추가될 수 있을 것 같다. OPEC이 와해하고 있을 뿐 아니라, 러시아도 협조할 기미를 보이지 않고 있다. 생산을 제한하지 않고 가격 하한선을 정해두었기 때문이다. 푸틴 대통령은 현재 퍼미언 분지permian basin(미국 남서부 셰일 가스 및 셰일 오일의 생산지로 유명하다)에 직격탄을 가하고자 한다. 사우디 아람코는 지배력을 과시하기 위해 가격 전쟁을 시작하고 있다. 전쟁에서 승리하기 위해 로스 리더loss leader(원가보다 싸게 팔거나 일반 판매가보다 훨씬 싼 가격으로 판매하는 상품)로 승부수를 띄우고 싶어 한다.

국제유가 시장은 내일 배럴당 32달러 이하로 개장할 것으로 보인다. 금요일 종가보다 30퍼센트 하락한 수치다. 시장이 최악이다. 사람들이 모든 걸 날려먹고 있다. 다 휴지 조각이 되어간다. 주식선물은 가격이 낙폭 제한가limit down(거래소가 지정한 가격 하한선)에 도달했고, 고수익 채권의 스프레드는 올라갔으며, 10년물 국채 수익률이 0.5퍼센트 미만으로 떨어졌다. 석유 시장 폭락이 외환 시장에 충격

252

을 주면서 밤새 통화가치가 급락했다. 캐나다 달러, 멕시코 페소, 러시아 루블, 노르웨이 크로네, 남아프리카 공화국 랜드도 직격탄을 맞아 폭락하고 있다. 신용 리스크credit risk(계약에 명시된 조건에 따르는 채무를 이행하지 못할 가능성)마저 더해진다면 최악의 상황이 펼쳐질 것이다. 연쇄적인 파산신청 사태가 일어나리라. 엑손모빌, 셰브런, BP와 같은 석유 기업 주가도 최대 폭락세를 기록하고 있다. 그 결과 전 세계적으로 달러 부족 사태의 악순환을 초래할 것이다. 그 어느 때보다 경각심을 가져야 한다.

랍비가 내게 또 전화했다.

"대표님, 이건 재난이에요. 미국 신용 시장이 2008년 2조 달러에서 현재 7조 달러로 성장했잖아요. 이게 다 미상환된 BBB등급과 A등급 채권 때문인데, BBB 등급 채권은 다 정크본드가 될 거예요. 에너지 분야가 특히 더 그럴 텐데 말이죠. 지금 타이밍에 고수익 채권은 매도가 답입니다."

"엘리아스한테 전화해서 약세에 베팅하는 신용부도스와프CDS(금융기관이 채무불이행 등의 신용위험에 대해 일정한 프리미엄을 지급하는 대가로, 보장매입자가 신용사건 발생 시 손실을 보장받는 일종의 파생보험상품)를 매수하라고 해."

랍비는 전화기에 대고 소리쳤다. "그리고 레포에는 압박이 더 가해지고 있어요. 금융 시스템 전체가 붕괴 직전입니다. 연준도 이제 손을 쓸 수가 없을 지경입니다."

연준은 2008년 글로벌 금융위기 이후 첫 번째 긴급 금리 인하를 발표했지만, 시장은 콧방귀만 뀔 뿐이었다. 지금 연준이 할 수 있는 유일한 조치는, 이미 가시화하고 있긴 하지만 금리를 '0'으로 낮추고 공격적인 양적완화를 다시 시작하는 것이다. 채권, 신용, 주식 등 모든 금융자산을 다시 사들이는 거다.

일요일 밤

오늘 개장하자마자 주식 폭락에 즉시 서킷 브레이커circuit breaker가 발동되었다. 서킷 브레이커는 1987년 블랙 먼데이 이후 도입된 제도다. 증시가 폭락할 때 발동되고, 전날 종가 대비 지수율 하락에 따라 7퍼센트, 13퍼센트, 20퍼센트씩 3단계로 적용된다. 미국 뉴욕 증시에서 주가 폭락으로 서킷 브레이커가 발동된 것은 1997년 이후 처음이다.

유가 폭락과 수익률 붕괴는 2008년 글로벌 금융위기 때만큼 심각하다. 알고리즘도 하락 장세에 기름을 부으며, 롱 포지션을 최대한 청산하도록 압박을 가하고 있다. 신용스프레드도 높다. 시장은 2주 전 최고치에서 큰 폭으로 하락했다. 큰 쓰레기장이 되어버린 것이다. 10여 년 만에 처음으로 약세장bear market으로 들어서고 있다.

오늘 하루가 끝나가고 있다. 주식은 급락세다. 전반적으로 8퍼센트 가까이 빠졌다. 이는 2008년 글로벌 금융위기 이후 최악의 일중 하락세. 투자자들이 엔화 등의 안전한 자산으로 피신하면서 외환시장은 패닉장세다. S&P 500의 에너지 주식이 15년 만에 최저 수준으로 떨어졌다. 위험자산은 자유낙하하고 있다. VIX는 글로벌 금융위기 이후 최고치를 기록했다. 2008년 위기가 재현되나보다.

이렇게 위기가 닥칠 때마다 자동차 사고를 당한 것 같은 충격을 느낀다. 두려움, 아드레날린, 그리고 토할 것 같은 느낌이 한꺼번에 올라온다. 이때도 위대한 트레이더들은 집중력을 잃지 않지만, 취약한 트레이더들은 생각에 마비가 와서 결국 생계를 위해 보험 판매에 뛰어든다. 위기가 닥쳤다면 24시간 100퍼센트 집중이 필요하다. 아주 작은 실수에도 막대한 돈이 오간다. 나는 초인적인 집중력을 발휘하고 있다. 내 앞에 있는 화면들이 살아 숨 쉬는 기분이 든다.

장세가 지금과 같을 때는 심신이 난도질당하는 기분이다. 시장은 매정함 그 자체다. 참여자에게 최대한 큰 피해를 주려는 게 시장의 본능이다. 그래서 많은 사람이 살아남지 못한다. 주가가 하루 5퍼센트씩 오르락내리락하고 VIX가 50을 넘고 채권이 10분마다 VaR 경고를 보내는 상황에서는, 돈을 벌어 대박을 내겠다는 생각은 추호도 못 한다. 헤징을 하기엔 너무 늦었다. 유동성이 온데간데없는 상황에서는 그저 살아남는 게 최선의 목표다. 몇 개 남지 않은 포지션을 유지하고, 어디가 가장 치명적인지 알아내야 한다. 트레이딩을 작게 시작하면 손절선을 넓힐 수 있다. 우습게 보면 안 된다. 대박을 낼 생각도 말아야 한다.

어떻게 이런 악재가 동시에 생길 수 있는지 믿기지 않는다. 한 개도 아니고, 전혀 예상치 못한 글로벌 팬데믹과 오일쇼크가 **동시에** 강타하다니. 지금 벌어지는 이 두 악재의 조합은 우리 경제의 아킬레스건, 즉 부채가 많아도 너무 많다는 점을 드러낸다. 가장 취약한 급소를 말이다. 우린 무려 50년 동안 이런 사기를 쳐왔다. 엄청난 규모의 부채 거품을 기반으로 세상을 만들었다. 거품은 자체적으로 여러 번 터지려고 시도했지만, 매번 우리는 손바닥으로 하늘을 가리는 데 급급했다. 이제 거품은 다시 터지고 싶어 한다. 이 바이러스가 우리의 죄를 폭로하고 싶어 한다.

세계 증시는 전형적인 널뛰기 상황이다. 트럼프 대통령이 코로나19로 인한 경제적 고통에 대처하기 위해 '매우 중대한' 제안을 한 후, 주가는 하루 전 급락으로 인한 손실을 싹쓸이하며 광적으로 오르는 상황이다. 바이러스는 100개 이상의 국가로 확산되었다. 중국 밖에서 확인된 감염자는 지난 한 주 동안 세 배나 증가했으며, 바이러스로 인한 사망자가 어느 국가보다 많은 이탈리아에서는 국가 전역에 봉쇄조치가 내려졌다. 현재까지 바이러스에 대해 알아낸 건, 이 바이러스가 예상할 수 없고, 가끔은 목숨에 치명적인 방식으로 신체를 해칠 수 있는 병원체라는 사실이다.

한편 선거 상황은 샌더스에게 불리해지고 있다. 지난밤 바이든은 미시간주, 미주리주, 미시시피주, 아이다호주에서 샌더스를 이겼다. 이는 샌더스에게는 심각한 타격이 되었고, 바이든에게는 경선을 질주하는 추진력을 가져다줬다. 샌더스는 그날 밤 연설조차 하지 않고 침묵을 유지했고, 곧장 버몬트주에 있는 자신의 별장으로 향했다. 은둔을 택한 셈이다. 좋지 않은 신호다. 지금 그는 궁지에 몰렸다. 라스베이거스 유세에서 잭팟을 터뜨린 게 엊그제 같은데 말이다. 아, 라스베이거스의 영업이 중단되었다. 그렇다. 라스베이거스가 문을 닫았다. 셔터라는 걸 내려본 적이 없을 정도로 문전성시를 이루던 카지노, 식당, 클럽, 수영장 등 모든 업소에 영업정지 명령이 내려졌다. 윈 리조트 그룹의 주가는 1월 최고치였던 152달러에서 일중 최저치인 38달러로 급락했다.

그렇다. 주가가 20퍼센트 하락했다. 강세장은 막을 내렸다. 현대 사에서 가장 길었던 경제 팽창기가 끝난다는 이야기다. 연준과 미국 중앙은행들이 극심한 경기 침체에서 벗어나기 위해 몸부림을 쳐왔지만, 128개월간의 파티는 끝났다. 탄약이 바닥났고, 주방 싱크대 외에는 경기회복을 위해 던질 게 없으며(동원할 수 있는 모든 수단을 쓴 상황을 비유하는 말), 펀치볼에 술을 더 부었다(칵테일을 담는 큰 그릇인 펀치볼은 연준의 양적완화를 상징하는 것으로, 양적완화의 수명이 연장되었다는 의미). 어떤 비유를 쓰건, 글로벌 금융위기 이후 연준의 물량 공세는 끝났다. 이제 미국 금융시장에 곰이 출몰했다. 전 세계적으로 주가는 30~40퍼센트 훨씬 더 하락했다. 다우지수는 이날 1465포인트, 즉 30퍼센트 하락하여 23553포인트로 마감했다. 약세장은 최근 최고치보다 최소 20퍼센트 이상 하락하는 장세를 의미한다. 제길, 한 달 전만 해도 최고치를 기록했는데 기가 막힌다. 그런데 이게 끝이 아니다. 하락세는 더욱 이어질 것이다.

시장은 말 그대로 엉망진창이다. 연준은 RV 시장을 안정시키기 위해 레포 부문에 1750억 달러를 더 투입해야 했지만 도움이 되지 않고 있다. 채권 RV는 수익률 곡선의 작은 꼬임과 베이시스 차익거래basis arbitrage(선물과 현물의 시세 차이를 이용한 차익거래)와 같은 작지만 신뢰성 있는 시장 비효율성으로부터 알파(절대수익)를 추출하는 매우 특화된 고정수익 창출 전략이다. 여기에서 나오는 이윤은 적기 때문에, 실질적으로 수익률을 늘리려면 대차대조표를 적극적으로 활용하는 레버리지 전략이 필요하다. 샤프지수를 최대화하는 전략이지만, 최악의 변수가 등장하면 이 전략도 소용이 없다. 꼬리 리스크tail risk가 직격탄을 날릴 테니 말이다. 발생 가능성이 낮고 예측하기 어렵지만 한번 발생하면 큰 영향을 끼친다. 수십억 달러의 손실은 기본이다. 5년, 10년, 30년물 국채 수익률, 선물 베이시스, 국채 경과물off-the-run Treasuries(발행일이 몇 년 지난 채권)은 표준편차가 10번의 움직임을 보였다. 전례 없는 현상이다.

블랙스톤 그룹(세계 최대의 사모펀드 운용 회사로, 리먼 브라더스를 사퇴한 피터 G. 피터슨과 스티븐 슈워츠먼이 1985년에 설립했다)은 투자 대상 기업들에 신용한도 고삐를 죄고 손실을 낮추라고 했다. 기업들이 현재 신용경색으로 치닫고 있다고 판단한 것이다. 신용 시장은 두 손 들고 항복하고 있다. 하이일드 CDX 스프레드(high-yield Credit Default Swap Index spread의 약어로, 하이일드 신용 파산 스와프 지수 스프레드를 의미한다. CDX 지수라고도 한다. CDX는 북미에서 널리 사용되는 지수로, 신용파생상품 관련 지수의 대표격이다)는 다시 600bps 이상으로 올라갔다. 하이일드 에너지 채권 스프레드는 현재 1600bps다.

수요일

어젯밤 선물거래가 또다시 중단됐다. 주가는 낙폭 제한에 걸렸고, 원유 가격은 6퍼센트 하락했다. 개장하자마자 또 한 번의 서킷 브레이커가 발동되었다. 오늘 밤잠은 다 잤다. 팬데믹의 확산세가 가속화하고, 사람들은 공황 상태에 있다. 3월의 광란March Madness(미국 대학스포츠 연맹이 매년 3월에 주최하는 전미 대학농구선수권 토너먼트의 별칭)은 취소되었고, NBA도 중단되었다. 트럼프 대통령은 유럽 여행 금지령을 발표했다. 문 잠그고 집안에 가만히 있으면서 가진 모든 걸 팔라는 의미다.

대통령의 발표는 황금 시간대에 전국에 중계되고 있다. 그는 새롭게 여행 금지령을 시행한다고 하며, 코로나 때문에 피해를 본 이들에게 재난지원금을 지급하겠다고 했다. 그러나 자세한 설명은 없다. 어떡하나, 상황이 안 좋다. 사람들이 예상했던 내용은 이게 아니다. 이번 발표도 제대로 말아먹었다.

하긴, 늘 이런 식이었지. 트럼프 대통령이 스스로 잘하고 있다고 생각했을 때도 시장의 큰손들은 그에게 등을 돌렸다. 그를 버렸다고 할까. 이게 바로 시장의 행동 방식이다. 금융시장에서 산전수전 다 겪은 베테랑들은 예리한 촉을 갖고 있어서, 상황이 지나치게 순조롭거나 사람들이 이치에 맞지 않는 얘기를 할 때를 귀신같이 파악한다. 전설적인 투자자 제시 리버모어도 촉이 좋은 편이었다. 조지프 케네디(존 F. 케네디 대통령의 아버지로 대공황 당시 공매도 및 불투명한 거래로 막대한 돈을 벌었다)는 1929년 주가 폭락 직전에 자신의 주식 포트폴리오를 청산하고 공매도를 감행했다. 구두닦이 소년이 그에게 주식 투자에 대해 조언을 하는 내용을 들은 케네디는 구두닦이 소년마저 주식에 손을 댈 정도면 너나 할 것 없이 주식에 뛰어들고 있으므로 주식 시장의 상승이 끝자락에 와 있다고 판단했고, 갖고 있던 모든 주식을 처분한 것이다. 회사, 국가, 시장이 유명 투자 경제지《베론즈》의 표지에 실리면 그게 어디든 얼마 지나지 않아 불행을 경험하게 되는 현상과도 맞닿아 있다. 나의 경우, 처남이 전화를 걸어 주식 투자를 할지 말지를 물을 때 상승의 끝자락이라는 생각을 하곤 한다. 미신이나 징크스이기도 하지만, 행동재무학의 논리일 수도 있다.

트럼프는 정말로 11월에 주식 시장이 순조롭게 움직이리라 장담할 수 있다고 생각했을까? 세상은 그렇게 호락호락하지 않다. 시장도 마찬가지다. 잘못된 게 없을 것 같다는 생각이 드는 순간, 시장은 뇌가 귀로 나올 때까지 두개골을 때려 부숴버릴 수도 있다.

우리의 장부에서도 점차 손실이 나고 있다. 최대한 방어태세를 유지해왔다고 생각하지만, 사실 지금과 같은 시황에서는 공수 전술이 의미가 없다. 공매도를 안 하면 돈을 잃게 되어 있는 구조다. 아무리 막연해도 끝까지 버티는 것만이 답이다. 신용물량은 고사하고 국채에서도 유동성은 사라졌다. 모든 금융상품에서 입찰-요청 스프레드 bid/ask spread(자산의 즉시 견적과 즉시 구매 견적의 차이로, 격차가 클수록 가격 차이가 벌어진다. 즉 작은 스프레드는 시장이 유동적이라는 의미다)가 벌어지고 있다. 사람들은 조금이라도 유동적이면 뭐든 매도하기 시작했다. 금값이 반등해야 할 때 하락한 이유이기도 하다. 대형 투자사들은 복잡한 투자 포지션들을 처분하기 시작했다. 베이시스 리스크가 있는 것은 무엇이든 손실을 유발한다. 공매수는 공매도보다 더 빠른 속도로 하락세를 보인다. 일부 헤지펀드가 마진콜을 맞추지 못하고, 외국계 증권사들을 비롯한 프라임 브로커들이 포지션을 대거 청산하고 있다는 소문이 돌기 시작했다.

오늘은 유럽중앙은행 회의가 열리는 날이다. 과연 시장을 안정시키는 데 도움이 될 비법을 풀어 놓을지 두고 보련다. 유럽중앙은행은 이미 4년이 채 안 되는 양적완화 기간에 이미 2230억 달러의 기업 부채를 매수했다. 그 결과 큰 손실로 고통 받고 있다. 이 빌어먹을 난장판을 안정시키려면 시장을 통째로 사들여야 할 판이다. 대규모 청산이 끊이질 않고 있다.

나는 엘리아스와 데스크에 있다. 랍비의 목소리가 스피커를 통해 들린다. 목소리가 평소보다 크다. 엘리아스는 인터폰 두 대를 연결해 두었고, CNBC도 볼륨을 키워놓고 틀어놓았다. 엘리아스는 통화를 마치면서 우리에게 말했다. "안 좋은 제보가 더 많이 들어오고 있습니다. 2008년처럼 기업 어음의 판매가 막히게 됐고, 대형 ETF는 대거 환매되고 있대요. 시장이 이 역풍을 감당할 길이 없고, 신흥 시장 투자상황도 최악으로 치닫고 있다고 합니다. 신흥국의 통화가치가 공격을 받는 상황이라고 합니다."

스피커폰을 통해 랍비의 갈라진 목소리가 들려왔다. "저희 매도량 늘려야 해요."

"알겠어." 내가 대답했다. "거래가 더 터지게 해봐. 신용 시장과 신흥 시장 둘 다 매도량을 늘려. 양을 더 늘리자고."

통계 수치들이 다시 스피커를 통해 나온다. "대표님, 마지막으로 하나 더요. 이런 상황에도 주가가 오르는 외식업체가 있는데 아세요?"

"전혀 모르겠는데."

"디트로이트 출신이시면 아셔야죠. 망할, 도미노 피자에요. 얘네가 10년 동안 최고의 성과를 냈다고 실적서에 썼는데, 표현을 바꿔야겠습니다. 유일하게 상승한 회사라고요. 좋은 토마토소스를 쓰는 게 효과가 있긴 한가 봐요. 젠장, 자가격리하면 도미노 피자 말고 어디서 뭘 시켜 먹겠어요."

엘리아스가 끼어들며, "테이프에 라가르드 총재가 떴어요. 양적완화를 더 한답니다."

랍비가 보도자료를 큰 소리로 읽기 시작했다. "또 1200억 유로를 푼답니다. 충분하진 않은 금액이네요. 방금 총재가 뭐라고 했는데, 잠시만요. '이 자리를 마련한 이유가 단지 스프레드를 축소하는 문제 때문만은 아닙니다.' 지금 진지하게 저딴 소리를 하는 건가, 자기가 하는 일이 그건데. 시장 반응도 안 좋을 듯합니다. 아무튼 우리는 더 매도해야 해요. 시간이 없어요. 대체 라가르드 총재가 뭐 하고 있는 건지도 모르겠고, 지금 선택의 여지가 없다는 걸 본인만 모르는 것 같습니다. 아마추어같이 준비도 제대로 안 하고 저런 말을 하다니."

내가 뛰어들었다. "엘리아스, 랍비 말이 맞으니까 매도를 더 늘려."

"네, 알겠습니다."

랍비의 목소리는 이제 점점 더 스피커 소리에 묻히고 있다. 소리가 겹칠 때는 랍비의 말을 알아듣기 위해 최대한 집중해야 한다. "방법은 하나뿐이에요. 엄청난 양적완화. 그냥 돈을 나눠주기 시작하는 거요. 헬리콥터를 띄워서 돈을 뿌리는 거."

나는 엘리아스를 봤다. "상황이 진짜 최악인데."

시장이 개판이 되어간다. 뉴스에서 독일 증시가 12퍼센트 폭락했다고 보도했다. 유럽 증시 상황은 사상 최악이다. 이탈리아 증시는 17퍼센트 이상 하락했다.

이럴 때일수록 나는 평정심을 찾으려고 한다. 월가에서 뭐라고 하든, 심지어 나이 어린 우리 직원들이 뭐라고 하든 크게 휘둘리지 않는다. 오히려 나와 함께 수차례의 경기 사이클을 겪어본 사람들의 말을 듣는 편이다. 시장이 더 이상 견디지 못하고 사람들이 눈에서 피를 흘리던, 그 극심한 고통을 목격한 이들의 말에 비중을 둔다. 그래서 시장에 대해서는 랍비에게, 펀딩에 관해서는 라이프코치의 생각에 의존한다. 두 사람은 내게 생명줄과 같다. 나는 그들과 콘퍼런스콜을 하기 위해 전화를 걸었다.

"우리가 지금 놓치고 있는 게 뭐지?" 내가 물었다.

랍비가 먼저 답했다. "라가르드의 양적완화 패키지가 너무 작다는 지점입니다. 연준은 라가르드 총재와 같은 실수를 하지 않을 것 같습니다. 라가르드 총재는 이런 일이 생소한 것 같아요. 초짜들이 하는 실수나 하고 있는 걸 보면 말입니다. 파월 의장은 손이 크니까, 미국에서는 규모 있게 대응하지 않을까 생각합니다."

라이프코치는 그의 의견에 동의했다. "라가르드 총재는 은행들을 걱정하고 있어요. 지나치게 몸을 사린 것 같고요. 장외거래를 통해서, 우리가 지금 갖고 있는 거래상대방 익스포저에 대해 원점으로 돌아가서 다시 생각해봐야 할 것 같아요. 지금 같아서는 유럽 은행들에 대해 신용 익스포저를 더 이상 떠안고 싶지 않아요."

랍비가 그녀의 말을 잘랐다. "한동안 변동성이 지속될 거예요. 현재로서는 약세장이 이어질 거고요. 투매가 투매를 부르는 VaR 쇼크를 조심해야 해요. VaR은 계속 높게 유지될 거예요. 우리는 포지션 사이즈를 최대한 작게 유지해야 해요."

"펀딩은 어떨까?" 내가 물었다.

라이프코치가 다시 말을 이었다. "우리 펀딩은 부채를 단기에서 장기로 늘려놓았어요. 펀딩은 문제없어요."

"혹시라도 TALF를 다시 시행하면 어떻게 되는 거지? 변호사를 증원해서 저금리 펀딩 기회를 놓치지 않게 해야 할 것 같은데."

"네. 좋아요." 그녀가 말했다. "므누신 재무부 장관이 위기 대응 행동지침을 잘 따라갈 수 있을 거예요. 재난지원금을 지급하기 시작하면 우리 몫도 잘 챙기자고요. 제 지인들한테도 연락해서 추가 정보가 있는지 알아볼게요."

"아무래도 전염병학자를 자문으로 두어야 할 것 같아. 의료 데이터를 해석하는 데 도움이 필요하니 말이야. 엘리아스에게 괜찮은 전문가가 있는지 찾아보라고 하자고."

랍비는 지금의 약세장에 대해 중요한 점을 지적했다. 약세장은 완전히 다른 게임이다. 강세장과는 전혀 다른 방식의 거래를 해야 하는데, 많은 사람이 약세장에 대한 실제 경험이 부족한 편이다. 시장은 항상 하락할 때보다 상승할 때 시간이 더 많이 걸린다. 그러니 사람들은 오랫동안 강세장의 편안함과 리듬에 익숙해져 있는 상태다. 한편 약세장에서는 변동성이 더 커진다. 헤드 페이크head fake(농구에서 상대방 선수를 속이기 위한 순간적인 동작. 금융에서는 특정 자산의 가격이 갑자기 반대 방향으로 움직이는 것을 뜻한다)가 빈번해지는 패턴을 읽지 못하면 세력의 농간에 당하게 된다. 침착하게 인내하고 절제하면서 기다려야 한다. 리스크에 대한 랍비의 생각이 옳다. VaR 프레임으로는 지금의 시장을 다스리기가 어렵다. 시장은 이런 식으로 움직이지 않는다. VaR 모델은 일반 시장에 맞게 조정되도록 만들어진 것이다. 전체 리스크 관리체계가 뒤집힌 상태에서는 포지션 사이즈를 평가하거나 PnL을 관리하기가 어렵다. 이 '영화'를 한 번이라도 보고 결말을 아는 사람이 필요하다. 극도의 정신적 강인함이 필요하다.

목요일

새로운 하루가 시작했다. 증시는 이전 저점을 깨며 하락하고 있다. 미국 증시가 또 10퍼센트 폭락했다. S&P 500 지수는 1987년 이후 최악의 일중 하락세다. 최고치에서 30퍼센트 떨어진 것이다. 거래일 기준으로 10일 정도 만에 미친 속도로 일어난 일들이다. VIX는 2008년 수준으로 돌아가서, 무려 74까지 올랐다. 미치겠다.

중앙은행들이 반격에 나서고 있다. 유럽중앙은행의 조치는 안타깝기 그지없지만, 전 세계적으로는 금리 인하, 자산 매입, 통화 개입, 유동성 주입 등 더 적극적인 조치가 나타나고 있다. 하지만 이걸로는 충분치 않다. 사람들이 돈을 너무 많이 잃고 있다. 중앙은행들은 이에 맞서 싸울 필요가 있다. 연준은 정책을 완화하고 자금조달시장을 원활하게 돌아가도록 만들기 위해 맹렬히 펀치를 날리고 있다. 레포와 국채 매입 규모를 키워서 완전한 양적완화를 실행하기로 한 것이다. 연준의 자산매수 규모는 5조 5000억 달러로 지금껏 발표된 금액 중 사상 최대 규모다. 금융 시스템에 기름칠을 하기 위해 그만큼 쏟아 부은 것이다. 연준은 자신들이 쏘는 이 바주카포에 시장이 경외심을 가지고 조치에 대해 만족하며, 결과적으로 시장 상황이 나아질 거라고 생각했을 것이다. 그러나 현재로선 시장은 대수롭지 않게 여기고 있다. 별 것 아닌 조치로 여기고, 약간의 반등이 있겠지만 이내 내림세로 돌아서겠거니 하는 것이다.

일상이 완전히 멈춰버릴 지경이다. 트위터에서는 코로나로 인해 #모든 것을 취소하라#canceleverything가 주요 해시태그로 올라오고 있다. 미국에서는 모든 주요 스포츠 리그 경기가 중단되거나 취소되었다. 젠장, 이제 대규모 모임도 다 취소다. 메시지는 분명하다. 지하 벙커에나 처박혀 있으라는 의미다.

증시 트레이딩은 또 멈췄다. 서킷 브레이커가 다시 발동된 것이다. 진정 뉴노멀 시대다. 본격적인 증시 붕괴가 펼쳐지고 있다.

금요일

오늘은 13일의 금요일이다. 원래도 불길하지만 더 신중해야 한다. 현재 시장에 과매도 현상이 이어지면서 반등하려는 조짐을 보인다. 미 의회에서 대규모 재정부양책이 통과될 것이라는 소문이 일고 있다. 연준은 이미 양적완화를 재개했고, 다음 주 회의에서 더 큰 규모의 양적완화를 실행할 전망이다. 재정부양책이 실시되면서 양적완화까지 더해지면 리스크 완화에 어느 정도 도움이 될 것이다.

재정적 상황은 의회에서 발의되는 지출법안을 통해 파악할 수 있겠지만, 어떻게 펼쳐질지 관심 있게 지켜봐야 할 것이다. 수백만 명의 미국 근로자들이 현재 유급 병가 혜택을 받지 못하고 있다. 게다가 수백만 명의 사람들이 곧 직장을 잃을 수 있는 상황에 있으면서 이미 아무런 의료급여 혜택을 받지 못하고 있다. 그 사람들은 현 위기에 어떻게 대처할 수 있을 것인가? 제길, 그나마 희망적인 소식이 긴급 구제금융 혜택일 텐데, 과연 누구에게 그 공짜 돈이 돌아갈 것인가? 소상공인, 호텔 혹은 항공사? 자사주 매입으로 레버리지 효과를 극대화하여 임원에 대한 성과 보상을 늘린 기업들도 보상을 받게 할 것인가? 이렇게 무작위로 퍼주다 보면 도덕적 해이 문제가 도출될 수밖에 없다. 하긴, 이런 문제는 내가 고민할 문제가 아니다. 내 생존이 급선무다.

오늘 가장 큰 이벤트는 시장 마감 1시간 전인 오후 3시에 열리는 기자회견이다. 트럼프 대통령은 30분 늦게 등장했다. 그는 기자회견에서 코로나19 관련 국가 비상사태를 선언했다. 나름 전략적 조치였다. 시장에 자금을 대거 풀기 위한 밑밥을 깐 것이다. 또한 정부가 계획하고 있는 여러 조치에 대해서도 발표했다. 이 소식에 시장은 10퍼센트 반등했다. 그렇다. 단 15분 만에 10퍼센트 반등한 것이다. 제정신인 곳이 없다.

우리는 데스크에서 시장의 변화를 초 단위로 감시했다. 우리는 엘리아스에게 시장 상황을 잘 좀 보라고 소리쳤다. 채찍질이 맞다. 장부 균형을 유지해야 하니까. 불과 트레이딩 마감 마지막 8분 동안 시장은 7퍼센트 이상 뛰었다. 전례 없는 최대 규모의 숏 스퀴즈short squeeze (공매도한 투자자가 주가가 오를 것으로 예상하여 손실을 줄이기 위해 다시 그 주식을 매수하는 것을 의미한다)에 해당된다. 이럴 때는 정부의 조치가 위험해진다. 숏 스퀴즈를 직접 조율하거나, 최악의 경우에는 게임의 법칙을 바꿀 수도 있다. 정부의 시세 조작이 본격화하기도 한다.

그러나 이번 주 세계 증시는 상승세를 보였는데도 시가총액 4조 달러를 잃었다. 역사상 최악의 손실액이다. 게다가 증시가 극도로 불안정해졌다. S&P 500은 5일 동안 매일 최소 4퍼센트씩 움직였다. 마지막으로 이런 현상이 나타난 때가 1929년 대공황이 시작되었을 시기다. 팬데믹으로 안전함이 사라진 요즘, 채권도 전혀 안전해 보이지 않는다. 오늘 글로벌 채권 시장은 폭락했다. 각국 정부가 발표할 추가 지출로 인한 신규 부채 발행 쓰나미가 예상되면서 미국 10년물 국채 수익률이 16bp, 독일 10년물 국채 수익률이 20bp 이상 급등한 것이다. 마음 놓고 숨어 있을 곳이 없다. 현금을 안 쥐고 있으면 망한 거다.

눈을 좀 붙이기 위해 집으로 갔다. 생각해보니 집에 제대로 있어본 지가 한 달이 다 되어간다. 지난 2주 동안 가족들 얼굴을 한 번은 봤는지도 가물가물하다. 집에 가는 날에도, 다음 날 새벽 일찍 나와 밤 늦게 들어가곤 한다.

토요일

이곳 나이츠브리지의 코로나 상황도 점차 심각해진다. 국가마다 셧다운을 하고 있다. 이탈리아, 프랑스, 스페인은 지난 주말 봉쇄에 들어갔다. 말 그대로 휴업령이 내려졌다. 이탈리아에서는 자가격리한 사람들이 베란다에 나와 노래를 부르고 악기를 연주하며 이웃들에게 위로를 전하기도 했다. 미국에서는 사람들이 두루마리 휴지를 사재기하고 있다. 상점들의 재고가 바닥나고 있다. 영국의 보리스 존슨 총리는 혼자서 무슨 평행 세계에 살고 있나 보다. 그는 사회적 거리두기나 격리를 하지 않고, 사회구성원 전체가 감염되어 서서히 집단 면역을 키워야 한다고 주장했다. 동네 술집에 가서 술을 마시고 이웃과 하이파이브도 하며, 슈퍼전파자들에게는 특별 보너스라도 주라는 말이다. 새롭게 여행 금지령이 내려지면 영국 밖으로 나갈 수 있을지도 의문이다. 런던에 갇힐지도 모르겠다. 빌어먹을 정치인들.

뉴욕은 무너지기 시작했다. 대피령이 내려졌다. 병원은 신규 환자수를 감당할 수 없다. 의료진은 이 모든 걸 버티기 위해 애쓰고 있다.

일요일

완전히 개판으로 가고 있다. 일요일은 가족과 시간을 보내지 못하는 날이 되어 버렸다. 시장이 열리기 전, 일요일에 긴급발표를 하기 때문이다. 연준은 한 번 더 긴급성명을 발표했다. 금리를 '제로'로 인하하고, 7000억 달러의 양적완화 프로그램을 시작하겠다고 했다. 양적완화의 규모가 더 커졌다. 파월 의장이 테이프에 떴다. "우리는 한 달

600억 달러 한도에 얽매이지 않을 것이다. 내일 매입량을 더욱 늘릴 것이다." 이때 리스크는 보상이 따르는 리스크positive risk다. 문제는 트럼프 대통령이 동시에 기자회견을 열었다는 점이다. 최악의 타이밍이다. 과연 누가 트럼프의 말을 진지하게 받아들일지 의문이다. 대통령 후보 시절 그는 카니발 호객꾼carnival barker(축제에서 사람들을 끌기 위한 호객꾼)으로 불리었는데 그 꼬리표를 영영 뗄 수 없을 것 같다. 그의 업보인 셈이다. 얼굴은 또 왜 그렇게 주황색인가? 인공 태닝은 왜 그렇게 하는가? 사업가 안젤로 모질로 이후로 이렇게 피부가 주황색인 사람은 처음이다. 그의 말은 위로가 안 된다. 연단에서 끌어 내렸으면 좋겠다. 국립 알레르기감염병연구소NAID 앤서니 파우치 소장의 말을 듣고 싶다. 우리가 믿을 사람은 파우치 소장뿐이다. 제발, 마이크를 소장에게 넘겨라. 선물시장이 15분 후에 개장한단 말이다.

선물시장이 문을 열었고, 가격 하한선에 또 걸렸다. 서킷 브레이커가 또 발동됐다. 트럼프 때문에 다 망한 거다. 2008년 때보다 더 심각하다.

>IX<

이 업계에서 패닉은 금물이다. 항상 계획을 마련해둬야 한다. 시장이 침체될 때 나는 초심으로 돌아가려고 노력하는 편이다. 트레이딩을 다루는 오래된 전문 잡지를 읽으면서 내가 과거에 어떻게 반응했는지, 내가 어떤 실수를 했는지 떠올린다. 이렇게 하고 나면 어느새 힘이 난다. 결국 우리가 하는 일이 확률을 평가하는 일 아니겠는가. 확률에 따라 움직이는 직업에서는 100퍼센트 확실한 건 있을 수 없다.

나는 과거의 경제위기 당시 쓰던 일기장을 다 읽어봤다. 그중 몇몇 글귀가 눈에 들어왔다.

- 신흥 시장에서 멀리 떨어지기. 가치 하락이 예상된다.
- '가치 함정value trap(PER, PBR 등 밸류에이션 수치로는 저평가되었다고 생각하고 산 주식이 영원히 저평가되어 올라오지 못하는 현상)에 빠지지 말자.
- 은행들, 특히 유럽 은행들을 조심할 것.
- 훌륭한 대차대조표는 중요한 신호.
- 내가 트레이더로서 미약하나마 시장에 유동성을 공급한다면 그에 상응하는 대가를 받아야 한다.
- 연준에 맞서는 일은 절대 하지 말자.

2020년 상반기에는 팬데믹이 세계 경제를 불황으로 몰아넣을 것이라는 게 월가 사람들의 공통된 견해다. 단, 이 전망에 대한 오차 범위는 넓다. 바이러스의 지속 기간, 정부의 대응, 그리고 실제로 얼마나 큰 피해를 보고 있는지에 관한 내용에는 불확실한 면이 많다. 실시간으로 경제 상황을 추적하는 데 있어서 가장 큰 걸림돌 중 하나는 결과가 데이터로 나타나기까지 수개월이 걸릴 수 있어서 과거 회고적 분석밖에 못 한다는 것이다. 그런데 우리는 앞을 내다봐야 한다. 그래도 그나마 전망에 도움이 되는 지표들이 있다. 실업수당 신규 청구액과 같은 심리지수 및 고빈도 지표high-frequency indicator(선진국의 오프라인 소비 활동의 회복을 시사하는 지표)에서 첫 실마리를 얻을 수 있고, 지출과 투자 자료를 참조하면 된다. 제리는 실시간 현황을 알려줄 만한 데이터를 찾고 있다. 오픈테이블(식당 예약 플랫폼)과 에어비앤비와 같은 새로운 앱 중 다수가 이런 종류의 데이터를 제공한다. 자동차 판매, 호텔 예약, 배송 상황과 같은 정보도 실시간 확인이 가능하다. 신용카드 사용 내역 실시간 데이터도 소비 패턴의 변화를 파악하는 데 도움이 된다. 금융시장에서 이와 같은 실시간 지표가 더 많아져야 한다.

나는 직원들을 불러놓고 앞으로 어떻게 해야 할지를 논의하기로 했다. 우선 논의 내용을 정부 대응과 정리해고라는 두 가지 주요사안으로 간추렸다. 기업들이 대대적으로 영구적 정리해고로 대응하고 있다는 점이 가장 큰 하방 리스크downside risk(경기 하락으로 이어질 수 있는 위험요인)다. 이 점이 소비심리를 강타하면, 미래의 수요에도 영향을 미칠 수 있으므로 상황이 매우 심각해진다. 소비 호조야말로 우리를 살릴 유일한 요소이기 때문이다. 소비 부진이 이어지면, 시장이 50~60퍼센트는 하락할 것이다. 그렇다면 정부가 어떻게 이 타격을 누그러뜨릴 것인가? 일단 자원을 쏟아 부어야 답이 나올 듯싶다.

회의가 끝나고 랍비를 따로 불러서 물었다. "제리가 일 처리를 어떻게 하고 있다고 생각해?" 내가 지금까지와는 다른 얘기를 하려고 한다는 점, 이 얘기가 다소 심각한 결과를 초래할 수도 있다는 점을 그는 눈치 챈 듯했다. 그는 내 원래 질문을 문장 그대로 받는 대신, 내가 진짜 하고 싶었던 질문에 대해 단순명료하게 답했다. "대표님과 생각이 같아요. 그 친구, 열정이 식었어요." 일단 시장이 안정되면, 직무기술서를 정리해서 제리보다 뛰어난 사람을 찾아봐야겠다. 이쪽 분야에서 열정은 필수다. 시장이 자신의 삶에서 1순위인 사람.

내가 이 일을 시작했을 때는 대학 학위 같은 것도 필요 없었다. 나와 함께 일했던 동료 중에서 큰돈을 벌었던 친구들은 시카고로 이주해서 시카고옵션거래소와 시카고상품거래소CBOT에 취직할 수 있었다. 그러나 이제는 이렇게 안착하는 게 불가능해졌다. 업무 환경이 바뀌었다. 트레이딩 팀에는 미국 투자은행 살로몬 브라더스Salomon Brothers의 모기지 데스크에 있을 법한 뚱뚱한 남자들은 없다. 다들 건강 관리를 중시하는 트레이더들이다. 자신만의 경쟁우위를 위해 노력도 많이한다. 금융시장의 판이 훨씬 커졌기 때문에 명확한 의사결정과 명민한 직업정신이 필요하다.

나는 의사결정을 훌륭히 해내는 트레이더가 최고의 트레이더라고 생각한다. 치열한 경쟁 속에서도 저력을 발휘하고, 일에 임할 때 감정에 휩쓸리지 않으며, 과도하게 리스크를 감수하기보다는 '현명한 리스크 테이킹'을 지향한다. 무엇보다 시장이 못 읽어내는 현상과 관점을 찾아낼 때 짜릿한 희열을 느낀다.

그런 훌륭한 트레이더가 되려면 자기 자신을 알아야 한다. 자신이 어떠한 사람인지 다각도로 살피며 알아갈 필요가 있다. 어떠한 것에서 동기부여를 받는지, 과거 사건에서 어떤 영향을 받았는지, 어느 부분에서 위험을 감수했는지, 어떠한 유형의 의사결정을 하는지,

최고의 성과를 내는 데 있어 주요 걸림돌은 무엇인지, 최적의 성과를 낼 수 있게 하는 환경을 어떻게 만들 것인지를 파악해야 한다. 그 다음에는 꾸준히 실력과 노하우를 쌓아가야 한다. 물론 이 모든 것은 1만 시간을 할애해 금융시장 전문가가 되고, 신뢰할 만한 결과를 도출하고, 신중한 리스크 관리 체계에 기반한 투자 프로세스와 전략을 연마하고 난 후의 일이다.

그나마 다행인 것은 이러한 각각의 부문에서 도와줄 심리상담가들이 이전보다 훨씬 노련해졌다는 점이다. 금융전문가로서 필요한 자질을 전부 가지고 태어나지 않아도 상관없다. 심리상담가들에게 배우면 되니 말이다. 그들이 쓴 책을 읽거나, 업무 효율을 높이는 데 도움을 줄 수 있는 멘토나 코치의 도움을 받아도 좋다.

트레이더의 자질과 기술을 연마하는 5단계는 다음과 같다.

첫째, 1만 시간 동안 시장 전문가로서 필요한 기술력을 개발하는 것이다. 자신만의 투자 프로세스를 구성하고, 효과가 있다는 것을 스스로 증명한 후, 원하는 수익 흐름을 만들어낼 수 있는 리스크 관리 체계와 결합한다. 많은 사람들은 여기에 거의 모든 시간과 노력을 쏟아내고는 트레이더가 해야 할 노력을 다 했다고 생각하지만, 이것은 긴 여정의 시작, 기본 중의 기본일 뿐이다. 이것도 안 하면 시장에서 난도질당하는 신세가 될 테니.

둘째, 자신이 이 일을 하는 동기가 무엇인지, 자신이 가장 중요시하는 가치가 무엇인지 파악한다. 가치관의 균형을 찾는 트레이닝으로서 VBTValue Balance Training라고도 부른다. 내가 이 일을 하는 이유가 무엇인가? 돈, 권력, 스릴 넘치는 기분을 위해서인가? 아니면 사람들과의 의리를 위해서인가? 창의력을 발휘하고 싶어서인가? 혹은 연애나 사랑하는 사람 때문인지 고민해봐야 한다. 나의 동기는 무엇인가? 돈인가? 배움 그 자체인가? 경쟁에서 승리하고 싶은가? 내가 트레이딩을 하는 동기가 무엇인지를 고민할 때, 그 동기는 자신의 핵심 가치관과 동떨어져서는 안 된다. 둘의 괴리가 크면 성취감이 생겨나지 않아 정점에 도달하기 어려워진다. 이 부분에 대해 스스로에게 솔직해질 필요가 있다.

셋째, 결정을 내리는 데 있어 무의식적으로 가진 편견이나 방해요소는 없는지 생각해본다. 바람직한 리스크 테이킹에 방해가 되기 때문이다. 전문 용어로 기준점 편향(특정 주제에 대해 접하는 첫 번째 견해나 정보를 기준점으로 생각하며 신뢰하는 편향)이나 매몰 비용 편향(이미 회수할 수 없는 비용에 집착해 합리적인 선택이 힘든 편향)을 갖게 될 수 있다. 이와 같은 인지 편향의 오류에 빠진 건 아닌지 점검해야 한다. 무식해서 용감해지는 실수를 하지 않길 바란다(더닝 크루거 효과).

넷째, 이러한 편견이나 방해요소가 자신의 리스크 성향에 어떠한 영향을 미치는지 확인한다. 언제 이 생각들이 내 머릿속으로 스며들어 내 성공을 방해하는가?

최고의 실적을 내기 위해 가장 적합한 환경과 마음 상태를 가질 만한 최적의 루틴을 만들어야 한다. 예를 들어 꾸준한 몸 관리, 건강한 식습관 유지, 규칙적이고 균형 잡힌 생활도 실적에 크게 도움이 된다. 작은 습관들도 영향을 줄 수 있다. 그 외에도 자신만의 징크스가 있을 수 있다. 행운을 가져오는 스웨터를 믿는 사람들도 있고, 월급날에 투자 운발이 좋다고 느끼는 사람들도 있다.

다섯째, 모든 과정을 마친 후에 이 분야의 마스터가 되고 싶다면, 완전히 새로운 기술을 개발해야 한다. 바로 훌륭한 비즈니스와 팀을 구축하고 규모를 확장하는 방법이다. 팀원을 뽑고, 관리하고, 그들이 요령과 기술력을 적절하게 조합해 연마하도록 도와주어야 한다. 그만큼 트레이딩보다는 조직 관리에 시간을 더 투입해야 한다는 의미다.

초기 헤지펀드 트레이더들은 에드 소프 Ed Thorp (퀀트 투자의 아버지로 불리는 전설적인 인물)에게서 이 분야에 뛰어들고자 하는 영감을 얻었다. 그는 유명한 책들을 썼는데, 내가 초보이던 시절 나의 첫 번째 상사가 그가 쓴 책을 한 권 선물해줬다. 나는 단숨에 책에 빠져들었다. 그가 쓴《딜러를 이겨라》는 최초로 '카드 카운팅'(카드의 패를 외우는 전략) 기술이 블랙잭의 우수한 승리 전략임을 수학적으로 입증했다. 《시장을 이겨라 Beat the Market》는 다양한 초기 차익거래 전략을 설명한 저서다. 에드 소프는 옵션 차익거래, 신주인수권 모델링, 전환사채를 활용한 차익거래, 지수 차익거래, 통계적 차익거래 등 모든 분야에서 놀라운 혁신을 일으켜왔다.

그는 탁월한 의사결정을 하는 데 독보적인 능력을 발휘한다. 그에게는 항상 명민함이 있다. 통계적 차익거래에서도 돈을 벌었는데, 그 방법을 발명했다고 해도 과언이 아니다. 자신만의 독보적인 수학 기술을 가지고 완전히 새로운 투자 방법을 개발했다.

그는 모든 결정을 확률에 근거해 내린다. 그리고 항상 확률은 그의 편이었다. 소프뿐만 아니라 워런 버핏 같은 극강의 합리주의적 투자자들도 다 마찬가지다. 워런 버핏은 다들 절실히 필요로 하는 유동성과 구매력을 늘 가진 사람이다. 큰 수익을 낼 수 있는 가장 쉬운 방법 중 하나는 다들(특히 실적이 안 좋을 때) 절실히 필요로 하는 유동성을 확보하는 것이라는 사실을 워런 버핏은 잘 알고 있다. 다들 힘들어하는 지금도 그는 여유만만일 것이다. 시세가 30퍼센트 하락했지만, 그는 여전히 현금 1300억 달러를 쥐고 있다. 바에서 만난 아름다운 여자한테 애프터 전화를 끊임없이 걸어대는 것처럼, 여러 기업의 CFO들과 은행에서는 워런 버핏과 연락하기 위해 수소문하고 있다. 그러나 그는 번호를 주는 대신, 냅킨 뒷면에 '8퍼센트 전환'이라고 적어서 건넨다.

특히 지금과 같은 시기에 투자는 포커 게임과 비슷한 점이 많다. 포커에서 매우 중요한 두 가지 부분은 자신의 칩을 관리하는 법과 언제 크게 베팅할지를 아는 것이다. 단, 투자와 도박을 혼동해서는 안 된다. 금융시장에서 도박하듯 거래하면 성공할 수 없다. 이에 관해 에드 소프는 이렇게 말했다. "슬롯머신은 인류에게 가장 한심하고 멍청한 기계다. 사람들은 잘 안 될 거라는 '부정적인 기대'를 안고 게임을 한다. 나는 그런 자세로 임하지 않는다. 나는 복권 한 장 사본 적이 없다. … 카지노에서 게임을 할 때 대략적인 카지노 기계의 승률을 계산할 수 있다. 카드 카운팅을 할 수 있으면 카지노를 상대로 한 자신의 승률을 정확히 계산할 수 있다. 카지노의 승률이 높으면 결국 게임을 하면 할수록 기계에 돈을 다 날리고 만다. 이것은 수학적 사실이다. 그러나 카지노보다 내 승률이 높다면 내 돈다발은 더욱 커질 것이다."

에드 소프는 금융시장에서 통계적으로 우위성이 있는 대상, 즉 트레이딩 엣지trading edge(전략 우위)가 있는 대상에만 투자했다.

"시장에 비효율적인 요소가 존재는 하겠지만 찾아내기란 쉽지 않다. 시장은 결과를 예측하는 데는 능숙하지만, 시장에 파장을 주는 검은 백조를 예측하는 데는 서툴다."

최고의 매크로 트레이더들은 수년에 걸쳐 자신만의 프로세스를 연마하면서, 의사결정을 내릴 때 의존하는 데이터를 개선하기 위해 끊임없이 노력하고 있다. 이것은 시장에서 그들만의 우위를 찾아가는 과정이다. 이 교훈을 명심하라. 자신만의 트레이딩 엣지를 찾고, 확률을 내편으로 만들라.

증시 붕괴 4주 차
(3월 15일 일요일 ~ 3월 21일 토요일)

월요일

시장이 열리자마자 서킷 브레이커가 곧바로 가동되었다. 7퍼센트 추가 하락한 탓이다. 전 세계적으로 시장이 자유낙하 중이다. 대부분의 주요국에서 증시가 자유낙하를 시작했다. 호주 증시도 사상 최악의 하루를 기록했다. 유럽은행 주식도 사상 최저치를 찍었다. VIX는 공개조차 되지 않았다. 시장 조성자market maker(단기적 가격변동이나 수급 상황의 변동을 이용하여 이익을 얻을 목적으로 자기계좌거래를 활발히 하는 거래인 또는 거래회사)들은 가격을 통제할 수 없어 애를 먹고 있다. 변동성이 너무 빠르게 치솟고 있다. 우리의 롱·숏 포트폴리오도 어려움을 겪고 있다. 롱과 숏을 타이트하게 조합했을 뿐, 방향성이나 특별한 요소를 생각지 못하고 베팅한 상태다. 하지만 그건 중요하지 않다. 허리케인에 휘둘리는 배처럼 앞뒤로 흔들리고 있을 뿐이다. 물이 많이 들어찬 배처럼, 시장도 무너지기 시작했다.

시장이 다시 개장했지만, 하락세는 더 심해졌다. 공개된 VIX는 79다. 주식에서는 체감할 수 없지만, 채권에서는 연준의 존재감을 느낄 수 있다. 시장은 연준이 곧 현금을 투입하리라는 사실을 알고 있다. '연준이 다 사주겠지' 하고 생각한다. 믿는 구석이 있는 것이다. 금융 시스템의 배관이 제대로 작동하게 하고, 기업 어음 시장에는 어느 정도 도움이 되겠지만, 주식 시장은 콧방귀를 낄 뿐이다. 무차별적인 주식 매도세가 이어질 뿐이다. S&P 500 종목 중 5퍼센트만 200일 이동평균을 상회하고 있다. 2009년 초 이후 최저치다. 매도 매물로 안 나온 게 없을 정도다. 팬데믹으로 전 세계 정부들이 지출 증가를 대폭 늘릴 것이라는 인식 때문에 수익률 곡선이 엄청나게 가파르게 변하고 있다. 신규 부채가 조만간에 시간을 크게 강타할 전망이다. 극단적인 위험 회피와 주식과 신용에 대한 역사적인 가격조정에도 불구하고 10년물 국채 수익률이 상승하고 있다. 이런 젠장. 리스크 패리티 펀드risk parity fund(주식과 원자재, 채권 등을 적절한 비율로 섞어 어느 한 곳의 손실을 다른 부분에서 만회할 수 있도록 설계된 펀드)도 와해될 수 있겠다. 아니면 당국에서는 이 난장판에서마저 국가의 재정 상태만 고민하는 건 아닌지 모르겠다.

채권 시장자경단bond vigilantes〔인플레이션이나 중앙은행의 통화 정책으로 인해 채권가격이 하락할 가능성이 보이면 국채의 대량 매도에 나서는 투자자들〕이 마지막으로 등장한 때가 유럽발 금융위기가 있었던 8년 전이었다. 짧은 기간이었지만 당시 재정과 예산에 대한 우려가 심각했었다. 그 이후 각국 정상들이 더 많은 지출을 약속하고 집행했고, 중앙은행들은 각자의 경기부양책을 선보였으며 전 세계적으로 '뉴노멀' 패러다임이 자리를 잡게 되었다. 세계는 이 새로운 정상 패러다임에 정착했다. 그러나 패션에서 복고풍이 다시 인기를 끌듯, 금융에서도 모든 과거의 현상이 다시 찾아오기 마련이다. 갑자기 아내의 반대를 무릅쓰고 1990년도부터 안 버리고 쟁여둔 BUM 맨투맨 티셔츠 컬렉션을 꺼내 입어야겠다는 생각이 든다.

오늘 시장이 폐장했다. 세 번째로 최악의 날이었다. 다우지수는 1987년 이후 최악의 일중 하락 폭인 3000포인트, 즉 12퍼센트 빠졌다. 스페인과 이탈리아에서는 공매도 금지 조치를 단행했다.

경제학자들은 성장에 대한 추정치를 축소하느라 연일 바쁜 기색이다. 빠르게 수치를 하향 조정하고 있지만, 현시점에서는 모두 추측일 뿐이다. 요약하면 다음과 같다. 미국의 GDP는 21.7조 달러, 소비는 그중 약 15조 달러를 차지한다. 2개월 동안 각각 20퍼센트씩 하락한다고 보수적으로 가정하면, 각각 7200억 달러와 5000억 달러에 이를 것이다. 어떠한 각도로 보든 금융 시스템에는 최악의 충격이다.

미국은 현재 상황을 진정시키는 데만 올해 3~4조 달러의 재정 적자를 낼 수밖에 없다. 글로벌 인수합병 전문투자은행인 에버코어 ISI의 에드 하이먼에게 연락해서 내가 생각하는 전망치에 동의하는지 물어봐야겠다. 미국 항공업계가 정부에 500억 달러 규모의 구제금융 지원을 요청하고 나섰다. 정부가 이 금액을 지출하도록 지원하려면 연준은 막대한 양의 채권을 사들여야 할 것이다. 이것이 바로 양적완화 게임의 완전히 새로운 국면인가보다.

요즘 같은 시기에는 신용도와 지급 능력에 대해 생각하는 것 자체가 어불성설이다. 워낙 모든 게 무너지기 일보 직전이고 취약성을 갖고 있기 때문이다. 업계의 훌륭한 선두기업들, 기초가 탄탄하다고 믿었던 기업들마저 어느새 위태로워 보인다. 현재 시장에서 지급 능력은 일시적일 수 있다. 최악의 상황에서는 이 모든 주식의 가격이 '제로'가 될 수도 있다. 모든 상장기업이 파산에 이르는 상황일 것이다. 결국 유동성이 없으면 지급 능력이 있을 수 없다. 튼실한 대기업들도 파산 직전까지 몰리고 있다. 너무나도 작은 박빙의razor-thin 마진을 겨우 남기면서 레버리지를 키워오거나 박리다매에 의존해온 기업들도 너무 많다. 비상사태를 대비한 자금을 비축한 기업은 거의 없다. 그리고 이 모든 일이 한 달 만에 일어났다니. 젠장, 누가 보잉이나 엑손모빌이 이 지경에 빠질 거라고 생각이나 했을까?

정부가 새로 도입한 공매도 제한 규정에 대해 자문을 구하기 위해 우리 운용사의 업무를 도와주는 준법감시인과 만나기로 했다. 그는 머리만 좋고 세상 물정은 모르는 타입이 아니다. 똑똑하면서 동시에 세상 이치를 누구보다 잘 안다. 노하우와 실전 경험이 강력한 그를 가방끈이 길지 않다는 이유로 무시할 수 있는 사람은 없다. 그는 공매도 제한 규정을 피해 가기가 어렵다고 했다. 공매도 장부를 몽땅 정리해야겠다.

우리는 유럽에서 어쩔 수 없이 공매도를 손절매해야 하는 상황이다. 현재 우리는 롱·숏 포지션을 처분하는 데 집중하고 있다. 투자 포지션 처분은 큰 비용을 초래한다. 내가 금융위기 때마다 배우는 교훈이다. 우리의 핵심 거래들이 공격을 받는 상황이고, 시장은 우리가 가진 것들을 없애려고 안간힘을 다하는 중이다. 그런데 트레이딩으로 먹고사는 사람들이 아닌, 그저 취미로 하는 사람, 혹은 성장형 주식투자로 시작한 후 가치형 주식투자로 변모하거나 그 반대 방향으로 성향을 바꾸는 투자자들은 완전히 무너지고 있다. 시장은 마음만 먹으면 항상 엄청난 손실을 초래한다. 우리 장부에서 그나마 상황이 나은 것은 공매도, 달러 롱 포지션, 그리고 2년물·10년물 국채 스티프너 2s10s steepener(2년물의 수익률이 낮아지고 10년물의 수익률이 높아지는 현상) 베팅 포지션 정도다. 유럽은 현재 확진자 수가 최고조에 달했던 중국보다 일일 확진자 수가 더 많이 보고되고 있다. 이제 유럽이 코로나19의 진원지가 되었다고 한다. 유럽 시장은 엉망이다. 특히 채권 시장은 완전히 파탄 났다. 유동성이라고는 보일 기미가 없다.

엘리아스는 실시간으로 뉴스를 소화하기 위해 24시간 일하고 있다. 이러한 시기가 올 때마다 그는 일하는 기계가 된다. 5분마다 딜러들로부터 시장에 관한 최신 헤드라인과 컬러 차트가 날아온다. 시간

마다 그는 우리의 장부를 확인하면서 우리에게 매도할 수 있는 종목, 특히 반드시 팔아야 하는 종목을 알려주고 있다. 그렇다면 매수 종목은 어디에 있단 말인가? 지금과 같은 위기 상황에서는 매수세가 없다. 딜러들이 추천하는 그럴싸한 장외거래는 완전히 말장난이다. 해소거래를 요청하기라도 하면 돌아오는 것은 기가 막힐 정도로 높은 딜러 비용 청구서다. 투자 포지션에서도 단순한 게 최고지만, 지금 같은 시기에는 그럴싸한 장외거래도 무용지물이다. 빠져나오기 힘든 개미지옥이다. 난 그를 한쪽으로 끌어당겼다.

"정말 잘하고 있어, 피곤할 거라는 거 알아. 그래도 계속해야 해."

"고맙습니다, 대표님. 전 이 일을 즐기니까요. 근데 이제는 지칩니다. 이놈의 바이러스, 제가 겪은 중에 가장 가차 없는 최악의 일 같아요."

수요일

어제 증시는 5퍼센트 폭락했고, 하룻밤 사이에 낙폭 제한가에 도달했다. 인간의 양면성을 상징하는 지킬 앤 하이드가 떠오른다. 연준은 프라이머리딜러 신용기구PDCF라는 대응책을 도입하겠다고 발표했다. 기업 어음CP 시장을 안정화한다는 취지다. 연준은 기업들이 단기 자금에 접근할 수 있다고 안심시켜야 하는 상황이다. 기업 어음 시장이 동결되었기 때문에 해제하려면 연준이 개입해야 한다. 투자자들이 자신들이 알고 있는 가장 안전하고 유동적인 종목으로 이동함에 따라, 미 달러 가치가 오늘 사상 최고치를 기록했다.

지난 사흘 중 이틀은 증시 역사상 최악의 실적을 보였다. 유럽중앙은행은 이날 오후 긴급회의를 소집했다. 그리고는 예상치 못한 7500억 유로의 자산을 매입하는 양적완화 프로그램을 가동하기로 발표했다. 팬데믹 긴급매입프로그램PEPP이라는 이번 양적완화는 유럽중앙은행이 그리스 부채를 매입하고, 매입할 수 있는 기업 부채의 범위를 넓히고, 은행들이 더 많은 자산에 대해 자금을 조달할 수 있도록 담보 기준도 완화했다. '키친'의 애송이들이 매우 바빠질 것이다. 새로운 프로그램을 발표하면서 라가르드 총재는 드라기 전 총재의 말을 그대로 인용하며 다음과 같은 트윗을 남겼다.

> 예외적인 시기에는 대범한 행동이 필요합니다. 유럽을 위한 유럽중앙은행의 헌신은 한계가 없습니다. 우리는 우리의 권한 내에서 수단과 능력을 최대한 활용하기로 했습니다.

문제는 그녀가 새벽 1시 30분에 이 트윗을 올렸다는 것이다. 중앙은행 총재가 한밤중에 트위터에 글을 남기며 밤새 일을 해야 하는 벼랑 끝 상황이다.

한편 미국에서는 므누신 재무부 장관이 8500억 달러의 긴급지출에 대한 의회 승인을 요청하고 있다. 전 국민에게 1000달러씩 현금으로 지급한다는 취지지만, 충분한 금액이 아니다. 경기 안정화에 실질적으로 영향을 주려면 규모를 늘려야 한다.

전 세계적으로 누적 확진자는 20만 명, 사망자는 7954명이 보고되었다. 사회적 거리두기가 새로운 유행어가 되었다. 한편 대선을 앞두고 바이든과 샌더스가 1대1 TV 토론을 했다. 바이든은 플로리다, 일리노이, 애리조나 경선에서 압승하며 여세를 몰아가고 있다. 이변이 없는 한 그의 승리로 굳어져가고 있다.

목요일

오늘 우리는 완전한 대학살을 경험했다. PnL은 최저치를 기록했다. 모든 것이 무너지고 있고, 거의 모든 전략에서 손해를 보고 있다. 우리의 스티프너와 신용 공매도가 어느 정도 보호장치가 되고 있지만, 주식, 원유, 통화는 모두 불규칙하게 움직이고 있다. 외환 시장이 완전히 마비되었다. 젠장, 파운드화가 똥값이 되어간다. 파운드당 1.31달러에서 1.15달러까지 추락했다. 표준편차가 10번의 움직임을 보인 전례 없는 현상 속에서, 파운드화의 가치가 1985년 이후 최저치로 떨어졌다니. 선진국들의 통화는 기술주처럼 거래되지 않는다. 빌어먹을, 주택 건설사들의 주가가 이번 주에 40퍼센트나 떨어졌다. 고수익 채권의 스프레드는 300bps 미만에서 700bps 이상으로 이동했다. 지방채도 폭락하고, 주요 유통업체 주가도 급락하고 있다.

　또 한 번의 서킷 브레이커가 가동되어 거래가 전면 중단되었다. 나는 일을 보러 화장실로 달려갔다. 오늘이 바로 그날이다. 오늘이 최고점에서 60퍼센트까지 떨어지리라 생각되는 날이다. 토가 나올 것 같은 날, 두려운 날이다. 나만 그런 게 아닐 거다. 실제로 사람들은 일자리를 잃기 시작했다. 지난 사흘 동안 오하이오주에서 7만 8000명의 사람들이 해고되었다. 젠장, 벌써 시작이구나.

'인간성은 내팽개치고 돈에 달려드는 인간 군상.' 트레이더들은 이러한 헤드라인을 봐도 감정적으로 동요가 없다. 그런데 인간의 욕심으로 죽어간 사람들을 가만히 생각하면, 마음이 숙연해지면서 감당하기 어려울 정도로 숨이 막혀온다. 런던의 화장실은 문이 위아래로 길어 다행이라는 생각이 든다. 미국처럼 문 아래의 틈으로 다리가 훤히 드러나지 않으니 말이다. 우리 직원들이 내가 여기 앉아 있는 걸 알게 하고 싶지 않다. 내 멘탈이 무너지는 모습을 보이고 싶지 않다. 그저 이곳에서 느끼는 5분 동안의 고독에 만족할 뿐이다. 화장실에서 나와 사무실로 들어가니 랍비가 나를 한쪽으로 끌어당긴다.

"대표님, 위험균형 펀드가 죽을 쑤고 있습니다."

"맞아. 20년 동안 일하면서 지금처럼 안 좋은 적은 처음이야."

"포지션을 모조리 청산해야 할 분위기에요."

위험균형 전략이 큰 손실을 보고 있다. 대형 헤지펀드들이 포지션을 전환하고 있다는 소식이 들려온다. 디그로싱de-grossing(헤지펀드와 기관 투자자 등이 보유하는 포지션을 정리하고 현금화하는 과정)이 답이다. 위험균형 펀드를 처분해야 하는 상황이면, 아직 최악은 아니다. 원유 가격도 22달러에 거래를 마쳤다. 다들 겁에 질려 있다. 시장은 이제 통제 불능 상태다. 투자 포트폴리오를 안전하게 할 방법은 전혀 없다. 몰아치는 파도에 몸을 맡길 수밖에 없다. 뭐든 팔려는 행위는 자해에 가깝다. 시장 유동성이 바닥났기 때문이다. 손실만 자초해서 파산에 이르는 악순환일 뿐이다. 자기 자산의 덫에 갇힌 셈이다. 시장에 대한 느낌이 이보다 나빴던 적이 없다. 시장이 사람들을 밟고 올라서서는 짓누르고 있다. 나를 쓰러뜨리고는 뾰족한 하이힐로 내 목을 짓밟는 느낌이랄까.

금요일

마침내 트리플 위칭데이triple witching day(3명의 마녀가 빗자루를 타고 동시에 정신없이 돌아다니는 것처럼 혼란스럽다는 의미. 선물을 주가지수선물, 개별주식선물로 나누어 '쿼드러플 위칭데이'라고도 부른다)가 오고야 말았다. 트리플 위칭데이는 선물, 지수옵션, 스톡옵션 만기가 겹치는 날로서 역사적으로 변동성이 큰 날이다. 애널리스트들은 오늘 리스크가 재편될 수 있고, 반등도 기대해볼 법하다고 말한다. 글로벌 증시 폭락으로 이미 최악의 한 주를 보내고 있다. 투자 등급 회사채 ETF가 10년간 이어오던 상승세에 종지부를 찍었다. 단 며칠 만에 일어난 일이다. 신용 시장도 마침내 큰 타격을 입었고, 주식 시장은 장중 11퍼센트 하락했다. 물론 시장이 열리기도 전에 선물 가격이 11퍼센트 하락했다. 현재 팬데믹 충격을 비껴간 시장은 없다. 시장에 공포 심리가 퍼지고 있다. 뉴스에도 갈수록 암울한 소식뿐이다. 사람들이 곳곳에서 일자리를 잃고 있다.

생각을 정리하기 위해 사무실까지 걸어가기로 했다. 무리한 매매는 하지 말아야겠다. 미국 시장이 열리기 전부터 과잉반응은 자제하자. 런던에는 아직 폐쇄령이 내려지지 않았지만, 대부분 자가격리 중이다. 벨그라비아를 지나 하이드 파크 코너로 향한 후, 그린파크를 지나 메이페어로 들어갔다. 런던은 으스스할 정도로 조용하다. 아침 햇살이 내리쬐는 그린파크는 평화로워 보인다. 과거 묘지로 사용되던 공간을 공원으로 개조했다는 사실을 아는 사람은 많지 않다. 한센병 환자들의 묘지였지만 왕의 주도로 용도를 변경한 것이다.

사무실에 도착해서 미국 시장이 열리기 전에 CNBC 채널을 틀었다. CNBC 앵커들은 재택 방송을 하고 있다. 카메라에 비치는 그들의 삶을 엿보는 재미가 있다. 염탐꾼이 된 기분이다. 과거 금융위기에서는 그들의 역할이 지금처럼 두드러진 적이 없었던 것 같다. 그런데 이제는 중요한 정보 전달자의 역할을 톡톡히 하고 있다. 쉽지 않을 텐데. 게다가 대부분 즉흥으로 하고 있다. 평소처럼 옆에서 도와주는 스태프도 없고, 화장도 하지 않은 모습이다. 친숙한 느낌이 든다. 짐 크레이머가 요즘 방송에 자주 나온다. 내가 존경하는 사람이다. 필라델피아 노동계급 출신인 그는 하버드대학교를 졸업한 후, 펀드 회사를 이끌며 헤지펀드를 성공적으로 운영했다. 관리직에서 은퇴한 후 투자전문가로 활약하며 CNBC에서 재테크와 주식해설 방송을 진행해왔다. 그의 고매한 직업정신에 박수를 보낸다. 그는 헤지펀드를 운용하며 벌어들이는 '운용보수 2퍼센트, 성과수수료 20퍼센트'를 기꺼이 포기한 것이다. 짐 크레이머가 이번 위기에 대해 뭐라고 하는지 들어보자. 역시 암울한 해설이다. 우려 섞인 목소리로 비관적인 소식을 전한다.

증시가 개장했는데 모든 금융자산이 한꺼번에 추락하는 모습이다. 경제는 침체기에 빠진 듯하다. 증시 붕괴는 언제나 무서운 현상이지만, 이번에는 격리된 상태에서 붕괴를 마주해야 한다. 투자 포지션에만 신경을 쓰는 게 아니라, 옆 사람과 너무 가까워지지 않도록 주의해야 한다. 두려움과 불안함만 엄습할 뿐이다. 증시 폐장 시간이 지났다. 돌이켜보면 지난 몇 주 동안 2008년 이후 최악의 일중 낙폭, 3일 연속 급락이 있었다. 2008년 글로벌 금융위기 이후 최악의 한 주를 보낸 것이다. 주가는 일주일 동안 17퍼센트 빠졌다.

증시 붕괴 5주 차
(3월 22일 일요일 - 3월 28일 토요일)

일요일

시장이 대혼란 5주 차에 들어섰다. 한 주의 시작부터 낙폭 제한가를 찍었다. 또다시 푸크puke(수익을 토한다는 뜻으로, 매도가 일기 시작했다는 의미)가 본격화됐다.

아직 일요일인데, 아시아에서 선물 시장이 열리자마자 증시는 하락세로 돌아섰다. 갑자기 거래가 중단되었다. 내일 아침이 마치 한 달 뒤처럼 느껴진다.

잠을 못 자겠다. 이메일을 확인하려고 일어났다. 헤지펀드 실적에 대한 이메일도 있다. 현재 시장에서 헤지펀드의 밸류 애드value add(저가매입 후 고가매도) 전략이 조금이나마 통하고 있어 다행이다. S&P 500은 최고치에서 32퍼센트가량 하락했고, 매크로 펀드는 평균적으로 약 3퍼센트 하락했다. 복합전략 펀드는 7퍼센트 빠졌다. 그렇다고 아직 기뻐하긴 이르다. 이 모든 게 순식간에 바뀔 수 있다.

전 세계적으로 코로나19 확진자는 지난 주말 두 배가 되었다. 그 숫자는 점점 커지고 가속화하고 있다. 사망자가 급증하고 있다. 그 누구도 예외란 없다. 사람들은 수백만 명의 일자리 감소와 경제 생산량의 역사적인 감소 현상, 즉 대공황에 대비하고 있다. 푸드뱅크 앞에 인파가 몰리기 전에 빨리 줄을 서야 하는 상황이다.

그런데 이게 또 웬일이란 말인가. 역대급으로 큰 규모의, 최악의 정책 지원이 황급히 마련된다고 한다. 2008년 글로벌 금융위기 때보다 훨씬 더 큰 규모로 구제금융이 제공되는 것이다. 구제금융을 받고 시장에 오래 남아 있을 수만 있다면 어떻게든 시장은 안정화될 것이다. 다만 위기가 닥친 후에 한 달 동안 많은 이들이 이 바닥을 떠나갔다는 것이 문제다. 그들은 리스크 관리를 전혀 하지 못했고, 빈털터리가 돼서 나갔다. 나중에 또 만날 수 있길 바라본다.

뉴욕은 다시 그라운드 제로ground zero(핵폭탄이 폭발한 지점 또는 대재앙의 현장. 9·11테러로 파괴된 세계무역센터가 있던 자리를 지칭하는 말이기도 하다)가 되었다. 며칠 동안 누적 확진자 2만 3000명, 사망자 300명을 기록했다. 도시 전체에 셧다운 명령이 내려졌다. 심지어 거래장도 문을 닫았다. 거리에는 인적이 없다. 소련 체르노빌 원전 사고 이후 황폐해진 도시의 모습을 연상케 한다. 그런데 시내 병원들은 환자들로 북새통을 이루며 마스크와 인공호흡기의 조달 문제로 허덕이고 있다. 하지만 거리엔 으스스한 고요함이 감돈다. 이탈리안 식당 카보네에서 줄 서서 음식 포장을 기다리는 손님들이 눈에 띄는 정도다.

일본과 독일은 현재 불경기다. 빌어먹을 극심한 경기 침체다. 전 세계적으로 경제 활동이 무너지고 있다. 전 세계 경제가 기습적으로 날아 들어온 주먹에 맞았다.

월요일

US 오픈〔매년 개최되는 4대 그랜드 슬램 테니스 대회 중 하나〕을 2시간 남기고 있는 가운데 선물 시장의 매물은 여전히 하락세다. 우울함 그 자체다. 시장의 모든 매물이 하락세를 보인다. 또다시 패닉에 빠지나 보다. 잠깐, 그런데 이게 또 뭐람? 내 블룸버그 터미널에 빨간색 헤드라인이 연신 깜빡인다. 연준이 비상사태를 재선포했다. 세상에! 이번에는 무한 양적완화를 발표했다. **돈을 푸는데, 제한이 없단다.** 필요한 만큼 살포한단다. 또한 회사채, 투자 등급 채무, 상업용부동산 저당증권CMBS〔금융기관이 보유한 상업용 부동산 모기지를 기초자산으로 하여 발행하는 증권〕을 매입할 여력이 있다고 발표했다. 이런 젠장. 무한 양적완화라니. **지금껏 연준이 했던 발표 중 가장 강력하다.** 뭐든 다 사들이겠다니.

시장이 불안해 보인다. 30초 안에 1000포인트 폭으로 선물 등락이 반복되고 있다. 하지만 정부가 지출법안을 통과시키지 못할 것이라는 워싱턴발 루머만으로는 반등세를 유지하며 매도세에 박차를 가할 수는 없는 교착상태. 2008년 9월 29일이 떠오른다. 리먼은 2주 전에 파산한 상태였고, 시장에서는 다음 희생양이 누구인지 혹은 어떤 회사인지 알아내려고 애쓰는 분위기였다. 당시 하원이 첫 번째 연방 구제금융에 대해 투표를 할 때 우리는 CNBC를 틀어 놓고 있었다. 1년 차 애널리스트가 찬반투표 집계를 뚫어져라 바라보며, "실패하겠는데요"라고 평소답지 않게 떨리는 목소리로 말하던 모습이 아직도 기억난다. 아니나 다를까, 실패했다. 하원은 구제금융을 요구하는 시장의 압박에 굴하지 않고 기세등등하게 구제금융 법안을 부결시켰다. 이 충격으로 다우지수는 777포인트 하락하며 장을 마감했다. 그 당시 사상 최대 일중 하락세였다. 이때 논의되던 구제금융 규모는 7000억 달러에 불과했다. 7000억 달러로 야단법석을 떨던 그 시절이 그립기까지 하다.

시대가 바뀌었지만, 같은 이야기를 하고 있다. 단, 지금은 거리가 종말이라도 암시하듯 텅 비어 있다는 점이 그때와 유일하게 다를 뿐이다. 미국 의회에서 흘러나온 소문 때문에 증시는 다시 공황 상태에 빠졌다. 시장에서도 구제금융을 바라고 있던 것이다. 유명 헤지펀드 운용사의 창업자 데이비드 테퍼가 CNBC에 출연해 시장 상황에 대해 논평했다. 어느 정도 시장을 움직이게 할 수 있을 것이다. 2008년, 모든 사람이 은행이라면 벌벌 떨고 있을 당시, 그는 가장 큰 베팅으로 가장 큰돈을 벌었다. 그는 걱정스러운 모양이다. 몇몇 주식을 "조금씩 먹고 있다nibbling"면서, "내가 입고 있는 국부 보호대에 내 물건을 안전하게 보호하고 있다"라고 말했다. 테퍼의 시원시원한 비유가 마음에 든다. 그는 애매하게 돌려 말하는 법이 없다. 의학 분야에서 더 많은 진전을 기대한다고 하며, 빌어먹을 정치인들이 경기부양법안을 통과시켜야 한다고 덧붙였다. S&P 500 지수는 또다시 3.5퍼센트 하락, 새로운 최저치를 기록하며 장을 마감했다.

화요일

S&P 선물 시세가 상한가 제한에 걸리며 서킷 브레이커가 발동되어 거래가 중단되었다. 단, 이번에는 지출법안이 무사히 통과하길 바라며 상한가에 제동을 건 것이다. 여기저기 지킬 앤 하이드 투성이다. 상한가와 하한가의 변동 폭 사이에서 포트폴리오의 매물들에 난도질이 가해진다. 간밤에 니케이지수는 어제 최저치보다 18퍼센트 상승했다. 완전히 미쳤다. 매매 거래를 제발 원상태로 돌려놓아라.

우리의 포트폴리오는 롱 포지션으로 치우쳐 있다. 위험하긴 하지만, 매도세가 도를 넘어섰고 양적완화도 소위 최대 기어를 넣은 같기 때문이다. '절대 연준에 맞서지 말자. 연준이 하라는 대로 하자.' 여기에 대한 베팅이 지난 며칠간 타격을 받긴 했지만, PnL 구제안이 절실하기 때문이다.

사람들은 트레이딩 데스크에서 많은 단어를 사용하지 않는다. 이렇다 저렇다 많은 말을 할 시간이 없다. 요점만 말하라고 배워왔다. 랍비 옆에 앉아 그가 영업자와 통화하는 내용을 듣다 보니 문득 그런 생각이 났다. 대충 이런 식이다.

"ARGY<small>Argosy Education Group, Inc.</small> 2021년 자료 어디서 찾아?"

중얼거리는 답변.

"제정신이야?"

마우스 클릭 소리.

'안녕하세요?'나 '수고하세요' 따위의 인사는 모조리 생략이다. 그런 말은 의미 없다 간주해버린다. 중앙은행들은 싱크대까지 던질 기세로 물불을 가리지 않고 노력하고 있다. 구제책을 추가 승인하기 전까지 최대한 충격을 완화하기 위해 모든 수단을 동원하는 중이다. 연방기금 금리를 '제로'로 내리고, 매입을 통한 자산증대로 대차대조표를 확대하는 등 연준은 2008년 글로벌 금융위기의 첫해보다 지난 2주 동안 더 많은 일을 해냈다. 연준은 현재 전력 질주 중이다.

와, 이게 무슨 일이람. 민주당에서 방금 2조 5000억 달러 규모의 새로운 지출법안을 제안했다. 다우지수는 그 소식에 급등했다. 1933년 이후 가장 큰 폭인 2000포인트, 11.4퍼센트 상승했다. S&P 500 지수는 209.93포인트, 9.4퍼센트 상승했다. 수요일 아침 일찍, 마침내 2조 달러 규모의 경기부양책을 골자로 하는 경기 부양법Coronavirus Aid, Relief, and Economic Security Act, CARES Act이 통과되었다. 이는 2008년 금융위기가 터지고 2009년에 편성했던 예산안보다 거의 두 배 많은 액수였다. 트럼프의 집요한 요구 덕분이었다고 생각한다. 정치적으로 의견이 분열된 상황에서도 막대한 규모의 경기 부양법이 통과되기까지 크게 기여했다. 대부분의 미국인에 대한 현금 지원과 긴급실업수당, 수천억 달러에 달하는 기업 대출 지원과 코로나 대응 의료 종사자 급여 지원이 포함되었다. 또한 역대 최대 규모의 구제금융을 제공한다.

이는 미국 역사상 가장 큰 규모의 피해 구제책이지만, 시장에서는 의회를 통과할 것을 진작부터 예상했고 현재 세계 증시에 영향을 주고 있다. 블룸버그 터미널에 이런 헤드라인이 실릴 때쯤이면, 이미 시장에도 반응이 나타났다는 의미다. 그리고 CNN이나 FOX에서 소개할 때쯤이면 철 지난 뉴스에 불과하다. "소문에 사고, 사실에 팔라"라는 격언이 괜히 나온 게 아니다.

선물이 또 하락했다. 시장은 우리가 시간과 경쟁한다는 것을 안다. 미국은 대공황 이후 가장 급격한 하강 국면에 돌입했다. 2주 후면 많은 근로자들이 월급을 받게 되는데, 월급만으로는 빚을 지지 않고 살기가 힘들다. 현재 대다수가 하루 벌어 하루 살고 있다. 비상금 같은 건 꿈도 못 꾼다. 미국에서는 과거 대공황 기간에 실업률이 25퍼센트까지 치솟았다.

랍비가 아침 일찍부터 내게 전화를 걸었다. "포드 사의 신용등급이 투기 등급까지 내려갔습니다. 최악의 타락천사 신세네요."

"이런 데가 더 늘어날까?"

"물론입니다. 신용평가회사들이 매의 눈으로 보고 있으니까요. 2008년처럼 고소당하는 치욕은 겪고 싶지 않겠죠. 그래선지 지금 신용등급 강등하느라 아주 그냥 난리도 아닙니다."

"알겠어. 일단 다른 직원들과 회의를 해야겠어. 내가 사무실에 들어가자마자 바로 회의부터 하자. 줌 초청 이메일 부탁해."

나는 출근하기 전 커피를 더 마시려고 부엌으로 갔다. 캐럴라인이 있었다.

"새벽부터 깨어 있었던 거야?" 아내는 뒤돌아보지 않고 말했다.

"응. 시장 상황이 너무 안 좋아서."

"어제 TV 보니까 2008년 글로벌 금융위기 이후 요 며칠 최악이라고 하더라고."

"그때만큼 안 좋아."

"아무리 그래도 애들하고 시간 좀 보내. 방학이라 집에 와 있잖아. 애들 크는 거 금방이야."

"무슨 말인지 알아. 근데 지금은 사무실에 가야 해." 복도를 따라 현관으로 향하면서, 일단 지금은 가족에 대한 잔소리를 들을 여유가 없다고 판단했다.

나는 택시를 탔다. 사무실까지는 차로 10분 걸린다. 나는 차를 타고 줌 화면에 로그인했다. 직원들은 이미 카메라를 켜고 화면을 들여다보며 나를 기다리고 있었다.

"지금 우리 투자에 어떤 문제가 있는 거지?" 내가 운을 떼웠다.

엘리아스가 답을 시작했다. "제가 사람들하고 얘기를 해보니까, 지금 반등에 콧방귀만 끼고 있습니다. 다시 바닥을 칠 거라면서요."

"이유가 뭔데?"

"백신이 없고, 경제는 완전히 셧다운되었고, 대공황 때만큼 실업률도 높으니까요. 가혹한 위기 상황이에요."

"지난 10년 동안 시장에 있었던 최악의 실수가 뭐였다고 생각해?" 내가 물었다.

"다들 연준을 전적으로 신뢰하지 않은 거요. 시장을 너무 부정적으로 예측한 거죠."

"맞아. 나는 이제 그런 실수는 안 하려고."

연준은 무제한 양적완화를 발표하는 등 지난 2주 동안 전속력으로 질주해왔다. 2008년보다 큰 금액으로 열 개가 넘는 약속을 발표하기도 했다. 온갖 약어들도 쏟아져 나온다. 현금보상제도Cash for Clunkers를 시행하는 모습이 미국 시트콤 〈비버에게 맡겨둬Leave it to Beaver〉를 연상케 한다. 이것저것 필요한 건 다 해주려는 '이상적인' 부모의 모습이랄까? 연준이 발표한 긴급제도에는 PDCF, MMLF, CPFF, MSBLP, PMCCF, SMCCF 그리고 상대적으로 규모가 큰 TALF 3가 있다.*
금요일에 통과된 구제금융 법안에 따라 연준은 이제 기업, 심지어는 주와 도시에 직접 자금을 조달할 수 있게 되었다. 각 프로그램에 대해 연준은 SPVSpecial Purpose Vehicle(특별목적회사)를 설립한다. 연준은 수조 달러는 아니더라도 수십억에서 수백억 달러를 지원할 계획이다. 그다음 단계로 연준은 금융시장 안정을 위해 각 부문에서 매입을 본격화한다. 연준 소속 트레이더 200명으로는 이 많은 일을 다 해낼 수가 없다고 판단한 그는 '쓰레기'와 같은 각종 채권을 매입하기 위해 세계 최대 자산운용사 블랙록을 SPV 운용사로 선정했다. 이때 눈치 빠른 투자자라면 블랙록이 정크본드를 매입하기 전에 한발 앞서 사

---

* MMLF: MMF 유동성기구(금융기관들이 MMF에서 자산을 사들일 수 있도록 지원하는 프로그램)
  CPFF: 기업어음 매입기구
  MSBLP: 메인 스트리트 대출 프로그램(1만 명 미만의 직원 또는 250만 달러 미만의 수익을 가진 회사의 부채를 매입하는 프로그램)
  PMCCF: 프라이머리 마켓 기업 신용기구(발행 시장을 통한 회사채 발행 및 대출 지원 프로그램)
  SMCCF: 세컨더리 마켓 기업 신용기구(유통 시장을 통한 회사채 발행 및 대출 지원 프로그램)

들일 것이다.

내가 생각하는 가장 어이없는 부분은 이거다. 파월 의장과 무느신 재무부 장관과 같은 사람들은 재무부와 연준 사이에서 온갖 자산을 뒤섞어 주무르기 시작하면 경제에 강력한 효과를 줄 수 있다고 생각한다. 연준은 시장 감시권이 없는 독립기관 아닌가. 그런데 뭐든 원하는 대로 하는 형국이라니.

경기 부양법의 재미있는 조항 중 하나는 의회가 연준의 손실을 막기 위해 재무부에 4500억 달러를 주도록 했다는 점이다. 다시 말해 연준이 그 돈을 가져가서 10번이나 레버리지하여 보증서와 신용지원약정을 대거 발행할 수 있다는 의미다. 파월 의장은 기자회견에서 이렇게 말했다. "사실상 재무부가 1달러의 손실을 흡수하면, 10달러 상당의 대출을 지원할 수 있을 정도로 충분하다. 대출에 관한 한 연준은 아직 탄약이 떨어지지 않았다."

이게 바로 2조 달러 구제금융을 눈 깜짝할 사이에 6조 5000억 달러로 바꾼 비법이다. 정말이지 마법 같다. 시장이 상승세를 보이는 것도 어쩌면 당연할 것이다. 지금까지의 발표된 모든 내용을 종합하면, 아마도 10조 달러에 가까운 구제금융을 논하고 있는 건 아닌가 하는 생각이 든다.

✖

오늘은 내 생일이다. 런던이 아직 완전히 봉쇄된 것은 아니지만,

언제라도 도시 전체에 대한 셧다운이 내려질 수 있다는 소문이 돈다. 캐럴라인이 로열 앨버트 홀 근처의 고어 호텔에서 우리 직원들과 만나기로 했나 보다. 깜짝 생일 파티를 준비하려 했던 모양인데, 랍비가 오늘 아침에 자기가 무슨 선물이라도 가져와야 하는지 내게 묻는 바람에 알게 되었다. 우리는 모두 마스크를 쓰고 사회적 거리두기를 하고 있지만, 고어 호텔은 거의 텅 비어 있기 때문에 크게 불편하진 않다. 우리가 갔던 바는 롤링 스톤스가 그들의 일곱 번째 음반 〈베거스 뱅큇〉을 발매했을 때 파티를 했던 곳으로 유명하다. 이곳이 마음에 든다. 마치 시간이 멈춘 것처럼 롤링 스톤스가 당시 파티를 열었을 때의 분위기와 똑같다.

어두침침한 이곳은 원래 생일파티를 할 만한 공간은 아니다. 칙칙하고 우울한 느낌이 가득하다. 우리 직원들 모두 지칠 대로 지쳤고, 안에 전반적으로 사람도 별로 없는데다가, 밖에는 추적추적 비까지 내린다. 술을 주문했는데 분위기는 축 처졌다.

나는 제리, 랍비와 함께 바의 뒤편에 서 있었다. 제리가 가볍게 대화를 시작했다.

"랍비, 이번에 새로 하는 양적완화가 효과가 있다고 생각하세요?"

"누구한테 효과가 있는지 물어보는 거야?"

"음, 그냥 일반인들이요."

"아니."

"왜요?"

"벌써 해본 거잖아. 돈을 풀긴 풀었는데 엉뚱한 데로 들어가서 엉뚱한 문제만 해결했지."

"연준에서 뭘 할 수 있는 거예요?"

"뭐 딱히 있을까 싶긴 해. 그런데 미국 의회가 뭘 할 수 있는지 물으면, 그건 또 다른 차원의 이야기지."

"의회에서 뭘 하면 되나요?"

"해결책은 하나야."

"그게 뭔데요?"

"시중은행들에 돈을 더 줘서, 2007년에 활동한 경험이 있는 은퇴한 부채담보부증권 전문가들을 다시 영입하도록 하는 거지."

"네?"

"음, 다음번 구제책에서는 그 은행들이 그들을 다시 고용하도록 해야 해. 5X2 방식으로 말이야."

"그게 뭔데요?"

"2년 동안 500만 달러를 보장해준다는 거지."

"잠깐만요. 그게 어떻게 문제를 해결한다는 거죠?"

"연준에서 자산을 대규모 매입하고 지급한 돈으로 은행들은 적립금을 키워서 레버리지를 해야 하니까. 내가 말한 그 부채담보부증권 전문가들이야말로 이 일의 적격자들이야. 창의적으로 미친놈들. 그리고 지금의 상황을 타파하기 위해선 이 방법이 유일해. 거품을 키우는 거야. 일본인 부호들이 해외로 눈을 돌려 골프장을 다시 매입하도록."

제리는 방금 들었던 말을 곱씹으며 고개를 흔들더니 자리를 뜨자, 랍비는 나를 보며 말했다.

"저 친구는 제가 농담하는 줄 아는 것 같은데요. 제가 무슨 소리를 했는지 이해하지 못할 거예요."

나는 아무 대꾸도 안 하고 어깨만 으쓱했다.

세 잔 더 마시니 분위기가 좋아졌다. 랍비가 바텐더에게서 선곡표를 받았다. 록밴드 더 킬러스의 노래가 쩌렁쩌렁 울리기 시작했다.

"대표님, 여기 정말 좋은데요." 엘리아스가 말했다. "이 케이크 사진이 너무 좋아요."

롤링 스톤스 행사 사진이 벽에 붙여져 있다. 믹 재거와 키스 리처드가 어린아이처럼 보인다. 브라이언 존스도 같이 활동하던 시절 모습이다. 엘리아스가 언급한 사진은 멤버들이 음식을 던지며 장난을 치고 난 후의 광경이다. 믹 재거와 브라이언 존스가 서로에게 케이크를 던졌는지 양복에 케이크가 다 묻어 있다. 믹 재거가 입은 양복 재킷의 단춧구멍에 포크가 꽂혀 있고, 브라이언 존스는 흥에 취해 즐거운 시간을 보내고 있다. 이 사진을 보면 난 슬퍼진다. 이 사진이 찍힌 시점으로부터 두 달 후에 브라이언의 사망 소식이 전해졌다. 수영장에서 익사한 채 발견되는 비운을 맞은 것이다. 로큰롤의 최대 전성기와 부를 누리지 못하고 간 것이 안타깝다. 살아생전 브라이언 존스는 밴드가 받는 인기와 사랑이 곧 식을 것에 대해 불안해하며 어떻게든 '파티를 이어가기 위한' 크고 작은 몸부림을 쳤던 것으로 알려졌다.

양적완화와 비슷한 듯하다. 연준에서 2009년 3월에 1차 양적완화를 발표했을 때, 3000억 달러가 필요했었다. 2010년 11월 2차 양적완

화는 6000억 달러로 두 배에 달하는 액수였다. 2013년 1월 3차 양적
완화는 8000억 달러였다. 그리고 지금, 수조 달러를 논하고 있다.

>∞<

지난주 300만 명이 일자리를 잃으며 사상 최대 폭의 실업자 증가
세를 보였다. 하지만 시장은 신경을 안 쓴다. 무엇보다도 돈을 버는
게 중요하다. 다우지수는 1300포인트 이상 반등하며 1931년 이후 연
속 3일 최대의 상승을 기록했다. 330만 명의 실직 소식이 전해진 당
일, 장세는 최저치에서 20퍼센트 상승했다. 내가 가진 빌어먹을 동정
심이 문제다.

"이거 정말 꿈 아니에요? 지난주 S&P 500 지수가 2200선에 거래
된 거 맞냐고요. 다들 기억하죠? 아니면 진짜 꿈이었던 거예요?" 랍
비가 중얼거렸다.

우리는 아침 회의에서 우리의 장부를 한 번 더 검토했다. 3주 동안
많은 사건과 소식이 있었다. 때로는 트레이딩에 발을 디딘 계기나 이
유가 의미 없다는 생각이 든다. 나름 신중히 결정한 포지션이 똥이
됐을 때, 그 똥을 버리지도 못하고 그냥 쥐고 있을 때 그렇다. 내가 갖
고 있는 포지션에 애착이 느껴져서인가보다. 많은 사람은 손실이 날
때 이도저도 하지 못하는 상황을 괴로워한다. 그런데 이쪽 분야에서
는 그러면 안 된다. 잘못된 판단을 했을 때 과감히 인정하고 넘어가
야 한다. 아닌 건 아닌 거다. 똥을 버리고, 손을 털어내야 한다. 그래

야 두 다리 뻗고 잘 수 있다.

마침내 월말이자 분기 말이다. 시장 역사상 최악의 분기였다. S&P 500 지수는 3월 한 달 동안 13퍼센트 하락, 분기 최고치보다 23퍼센트 하락해 2008년 이후 가장 큰 하락폭을 기록했다. 저점에서도 35퍼센트 하락한 것이다. 다우지수는 훨씬 더 떨어졌다. 분기 동안 2.95퍼센트 빠진 셈이다. '다운'은 맞지만 그래도 '아웃'은 아니다. 어찌 되었든 살아남았다. 그나마 잠을 편히 잘 수 있는 금요일 같은 기분이 든다. 그런데 아직 겨우 화요일이다. 늦잠을 포기해야 하는 내일, 자명종 소리는 왠지 괴롭게 들릴 것 같다.

집으로 향하는데 처제에게 전화가 걸려왔다. 대출을 받을 정도로 힘들다고 했다. 미국에서 하는 작은 사업이 잘 안 된단다. 지난 2주 동안 수익도 없고, 직원들도 내보낼 수밖에 없었다고 했다. 나는 즉시 캐럴라인에게 전화해서 상황을 알리려고 했다. 아내는 전화를 받지 않았고 음성사서함으로 연결되었다. 전화를 제때 받는 일이 없는 사람이다. 자기 여동생한테 급전을 보내줬는데, 제길, 전화를 안 받는다.

미국은 지금 불경기다. 갑작스러운 경기 침체기인데도 그 어느 때보다 양적완화 규모는 크다.

3부

회복탄력성

THE AFTERMATH

2020. 4. 1.
- 연준, 대출 확대 효과를
위해 대형은행 자기자본
규제 완화 조치 발표
- ISM 제조업지수
49.1로 하락

2020. 4. 3.
- ISM 비제조업지수가
4.8p 하락하여 52.5 기록,
레저숙박업 분야 일자리
770만 개(47%) 감소
- 일자리 70만 1000개 증발,
실업률 4.4%까지 상승,
2010년 9월 이후 처음으로
일자리 순감소 기록

2020. 4. 14.
- IMF, 대공황 이후 세계
경제가 최악의 침체기로
향하고 있다고 경고

2020. 4. 2.
- 전 세계 코로나 감염자
100만 명 돌파,
5만 1000명 사망
- 주간 실업수당 신청자
665만 명 돌파: 지난 2주간
누적 실업자 1000만 명 기록

2020. 4. 6.
- 보리스 존슨 영국 총리,
중환자실 입원 및 치료 중
- 연준, 대출 및 신용기구 확대
- 신규 프로그램: 메인 스트리트
대출 프로그램, 지방정부 유동성
기구 프로그램MLFP(6000억
달러 지방채 매입을 목표로 함)

2020. 4. 9.
- 4월 4일 기준 주간
실업수당 신청자 660만 명
기록

양적완화라는
일장춘몽

월말 기준: 미국 10년물 국채 금리 0.64%
S&P 500 +12.8%
나스닥 +15.5%
달러 보합세

2020. 4. 20.
• 원유 월물front-month
거래량 마이너스, 배럴당
-37달러 기록

2020. 4. 26.
• 전 세계 코로나19
사망자 20만 명 기록

2020. 4. 29.
• 미국 1분기 GDP
추정치: -4.8%

2020. 4. 16.
중국 1분기 GDP: -6.8%
실업수당 신청자 525만 명,
지난 1개월 2200만 명 실직

2020. 4. 23.
• 실업수당 신청자
443만 명, 코로나 발발
이후 실업자 2600만 명
• 의회, 급여 보호
프로그램 기금 추가 실행

2020. 4. 27.
• 연준, 소도시 등에
지방정부 유동성 기구
프로그램 접근성 확대

2020. 4. 30.
• 연준, 메인 스트리트
대출 프로그램 적격성
기준 확대

증시 붕괴 6주 차

(4월 1일 수요일 ~ 4월 4일 토요일)

시장의 위기는 매번 다른 모습으로 다가온다. 모든 위기에 들어맞는 마법 같은 해결책 따위는 없다. 전 세계적으로 확진자는 86만 명, 사망자 4만 2000명을 돌파했다. 코로나19 봉쇄 조치의 영향을 받고 있는 사람만 35억 명에 달한다. 간밤에 트럼프 대통령은 미국에서 사망자가 10만에서 24만 명에 달할 것이며 지금부터 2주 후인 4월 중순쯤에 최고치에 도달할 것 같다는 예상을 내놓았다.

셧다운 조치는 경제 활동을 완전히 무너뜨렸고, 실업률은 대공황 당시의 수준까지 치솟았다. 이럴 때 가장 먼저 직장을 잃는 계층이 누구겠는가? 다들 알겠지만, 바로 저임금 일자리 종사자들이 해고 대상 1순위다. 앞으로 몇 달 안에 실업률은 '신 대공황' 시대를 맞아 최고치를 기록할 것 같다. 역대 실업률 최고치는 1982년에 기록된 10.8퍼센트였다. 아마 다음 주면 그 기록이 깨질 듯하다. 아이러니한 점은, 복지제도권 밖에서 낮은 임금을 받으며 막다른 골목에 몰린 이 사람들이야말로 사회를 지탱하고 있다는 사실이다. 우리 사회는 이들의 노동에 크게 의존하고 있다. 그런데도 이들은 허망하게 직격탄을 맞아야 한다. 잘리지 않고 운 좋게 살아남은 파트타임 계산원들과 보건 의료 노동자들에게 말하고 싶다. 맙소사, 우리는 그 어느 때보다도 당신이 필요해요. 이들이 있기에 그나마 일상이 정상으로 돌아가는 것 같다는 착각이라도 할 수 있다.

지표를 보니 상황이 최악이다. 데이터를 보고는 있는데, 어떻게 받아들여야 할지 답이 안 나온다. '역사상 최악의 경제 지표 어워드'가 있다면 이탈리아의 서비스 구매자관리지수는 단연코 대상감이다. 상식을 뛰어넘는 현상의 연속이다. 현 시국을 대변하듯, 파우치 소장의 신변이 위태롭다. 그는 바이러스에 대한 그의 평가에 불만을 품은 사람들로부터 살해 위협에 시달리고 있다고 호소했다.

이제 런던 내 상업 시설들은 완전히 영업이 중단되었다. 해러즈백화점도 문을 닫았다. 생필품이 부족하다. 어디에서도 휴지나 손 세정제를 구하기가 어렵다.

화요일

지금 런던은 거의 저녁 10시가 다 되어 간다. 줌으로 하는 '온라인 술자리 모임'이 새로운 트렌드가 되었다. 온라인 술자리에 참여하기 위해 늦게까지 깨어 있다. 고등학교 동창 녀석 하나가 마련한 자리다.

줌에 로그인을 해보니 생각보다 많은 얼굴들이 보인다. 이 중 핵심 멤버들이 나의 평생 절친들이다. 나머지는 동창회에서 가끔 보거나, 경조사 소식을 건너 듣는 정도다. 줌 회의실 기능이 시작되자마자 화면이 자주 끊긴다. 사람들이 많아지니 할 이야기가 없다. 온종일 줌을 쓰는 사람이 아니라면, 사이버 공간에서 하는 사적 모임은 어색하기 그지없다. 같은 장소에서 얼굴을 보는 모임과는 천지 차이다. 뭔가 빠진 기분이다. 사람들의 마이크가 작동하지 않거나 다른 기술적인 문제로 버벅거릴 때도 짜증이 난다. 소소한 잡담이 끝나자 옛날이야기를 하기 시작했다. 좋았던 그때 그 시절 이야기, 1984년의 그 대단했던 파티 이야기, 그리고 축구 이야기로 화기애애해졌다. 듣기는 하지만 머릿속엔 자러 가야 한다는 생각뿐이다. 내일 아침 일찍 일어나야 해서 신경이 쓰였다. 이 친구들은 증시를 걱정할 필요가 없겠지. 게다가 사이버 동창회라는 게 내겐 딱히 감흥을 주지도 않는다. 공감도 잘 안 된다. '나가기'를 누르고 자러 갔다.

수요일

새벽에 일어났다. 중국의 구매자관리지수가 급반등해서 기업들의 생산 및 경영 상황이 반등할 조짐이 보인다는 소식을 들었다. 황소들〔증시 상승론자들을 일컫는다〕에게 탄약을 쥐여주는 느낌이다. 긴 터널 끝에 한 줄기 빛이 보이는 듯하다. 코로나19의 발발 및 확산 경로 확인이 대략 일단락되었다. 중국에서 시작된 이 바이러스는 1개월 후에 유럽을 강타한 후 그로부터 1개월 후에 미국으로 퍼졌다. 황소들은 중국의 반등 소식을 근거로 나머지 국가들이 언제 회복세를 보일 것인지 시간표를 정하고 싶어 안달이 날 것이다. 반등 소식은 경제학자들, 전략가들, 그리고 언론이 간절히 뛰어올라 타고 싶어 하는 시간적 기점temporal anchor이기도 하다. 이제 다음 게임은 2차 파생 모드로 전환된다. 변화 속도를 관찰하고, 데이터 상에서 어떠한 일시적 문제들이 약세장을 자극할 것인지 알아내려고 애쓰는 형국이 될 것이다. 하지만 이런 활동이 항상 근본적인 결론에 제대로 도달하는 것은 아니며, 오히려 케인스의 미인대회(주식 투자에 있어 실제 기업가치보다 미래에 대한 투자자들의 평균 기대가 더 중요하다는 개념)식 결론을 지을 가능성이 높다. 그저 시장이 어떠한 수단으로 굴러가게 될 것인지만 파악하는 정도다. 그런데 1개월간 쏟아지게 될 모든 정보를 얼마나 신뢰할 수 있을지 모르겠다. 특히 중국의 통계만큼 못 미더운 데이터가 있을지 싶다. 중국의 고위급 관리마저 중국의 경제 지표가 인위적일 수 있다는 점을 거의 인정했다. 하지만 다른 국가에서도 정보를 조작하고 있다는 사실 때문에라도 중국의 경제 지표를 예의주시할 수밖에 없다.

시장이 개장하자마자 다시 급락했다. 간밤에 반등한 모든 게 다 쓰러진 거다. 2분기 첫날, 주요 주가지수들은 4퍼센트 하락으로 장을 마감했다.

금요일

오늘은 고용지표 발표일이다. 확진자 수가 100만 명이 넘은 날이기도 하다. 고용시장이 크게 흔들려 우려스럽다. 거의 700만 명에 가까운 사람들이 지난주에 실업수당을 신청했다. 지난 2주 동안 실업수당 신청자가 1000만 명에 달한다. 전형적인 불경기에는 그 정도로 많은 사람이 실직하는 데 2~3년 정도는 걸린다. 그런데 이번엔 2주밖에 걸리지 않았다.

우리의 포트폴리오는 아직 롱 포지션으로 치우쳐 있다. 우리의 RV 포지션과 연준이 매입하는 다른 모든 매물에 대해서도 포지션을 확대했다. 원유 상승세에도 불구하고 에너지 부문, 그리고 연준이 직접 지원하지 않은 다른 상품은 투자를 기피하고 있다. 연준은 증시에서 적극적 행동에 나서고 있다. 매입 방식도 공격적이다. 연준의 대차대조표가 전례 없는 속도로 급격히 불어나고 있다. 현재 6조 달러까지 늘어났고, 매일같이 확대하는 추세다.

나는 랍비와의 전화 통화에서 우리의 다음 단계에 관해 이야기했다. 나는 지금 재택근무 중이다. 그동안 나와 엘리아스는 계속 사무실에 나갔는데, 출근하지 말라는 경고를 받았다. 우리는 어느새 건물 출입 제한을 받는 불청객이 되었다.

"에너지주들이 움직이고 있습니다. 은행주가 싸 보이기는 하는데, 물꼬를 틔울 것 같진 않고, 금리는 거의 제로입니다." 그가 말했다.

"신용대출 시장은?"

"이미 많이 움직이고 있어서, 어떻게 될지는 모르겠습니다."

그가 모른다고 답을 할 때면, 나는 그가 본능적으로 어떻게 생각하는지 캐내는 편이다.

"그런데 연준 개입은 이제 막 시작됐잖아." 내가 말했다. 그도 결국 동의했고, 우리는 매수하기로 했다.

우리의 트레이딩 방향성은 이제 2기를 맞이했다. 더 무분별하게 매도하지도, 분산하지도 않기로 했다. 투자하려는 기업의 대차대조표 상황을 꼼꼼히 살피고, 부실한 기업에는 투자하지 않는다. 산업 부문별로도 실적 편차가 큰 편인데, 특히 소매유통과 운송업이 상대적으로 어려움을 크게 겪고 있다. 지금이야말로 종목 선택을 하기에 유리한 시황이라고 생각한다. 롱·숏 전문가들이 실력을 발휘할 수 있는 타이밍이다. 우리의 포트폴리오도 나름 잘 굴러가고 있다. RV 포지션도 고비를 넘기고 정상화했다. 롱을 줄여야 할지 걱정이 많았는데, 본격적으로 이익을 내기 시작했다. 좀 더 푸시 전략을 써야겠다. 승부 근성을 발휘하자. 익절은 천천히 길게, 손절은 빠르고 짧게 실행해서 최대한 수익을 내도록 하자.

손정의 회장이 위워크를 포기한 것 같습니다.

엘리아스가 보낸 메시지가 채팅창에 올라왔다.

뉴스에 떴어?

내가 질문을 남기자, 그가 전화를 걸어왔다. "주식 매수를 하려다가 철수했다고 합니다. 소프트뱅크가 11억 달러의 채무 상환 지원을 안 할 수도 있다는 의미로 해석됩니다."

"어휴. 희망 고문만 했던 거네."

"맞습니다, 폭망이죠."

나는 기사를 찾아봤다. 위워크의 분기 손실액이 12억 5천 달러에 달했다. 그것도 코로나19 사태가 시작되기 전의 수치란다.

>X<

일전에 참석한 뉴올리언스 콘퍼런스 주최 측에서 보내온 메일에 답장을 쓰고 있다. 담당자가 내게 지금과 같은 위기에 매크로 투자 실적이 좋은 이유를 묻는 이메일을 보낸 것이다.

내 견해를 정리하자면 다음과 같다. 전 세계 매크로 트레이더들이 이 상황에서도 좋은 실적을 내고 있다는 것이 고무적이다. 매크로 트레이더들이 시장수익률을 상회해온 지는 꽤 오래되었지만, 매크로 전략의 묘미는 모든 게 무너질 때 실적을 크게 올린다는 점이다. 지난 두 달 동안 1990년대식 매크로 전성기가 귀환한 듯했다. 재량적 유형의 매크로 전략이 맞는 시기를 만나 최적의 타이밍에 정상화로 방향을 튼 모양새다. 시장수익률을 상회하던 시절의 귀환이다.

증시 폭락 7주 차
4월 5일 일요일 ~ 4월 11일 토요일

월요일

확진자 수는 120만 명, 사망자 수는 거의 7만 명에 달한다. 그러나 미국의 확진자 증가세는 조금 느려진 듯하다. 셧다운이 어느 정도 효과를 거두고 있는 듯하나 확언하기는 힘들다. 믿을 만한 데이터가 충분치 않은 탓이다. 정치인들과 경제전문가들의 말에는 거짓 정보가 판을 친다. 그런데도 시장은 하룻밤 사이에 크게 상승했다.

직원들과 월요일 전체 회의를 한다. 다들 줌에 접속했다.

"지금 상황에서 우리가 어떻게 하면 좋을까?" 내가 물었다.

제리가 답했다. "제가 요즘 관심 있게 지켜보는 것 중 하나가 주요 국가별 재정 대응책인데요. 우리 투자 방향을 미국을 뛰어넘어 전 세계로 확장해야 할 것 같아요. 예를 들어 일본만 해도 상황이 가장 빠르게 변하고 있어요. 아베 총리는 GDP의 20퍼센트에 해당하는 막대한 재정 지원책을 내놓고 있고요. 어마한 규모죠."

"음," 내가 말했다. "일본은 전형적으로 숫자를 과장하는 편이 있으니까, 아마 실제 수치는 훨씬 작을 거야. 그래도 시작치고는 나쁘지 않지."

대학교 경제학 입문 과목에서나 다룰 내용 아닌가. 이 친구 겨우 이 정도라니.

"또 뭐가 있지?" 랍비가 말을 시작하자, 얼굴이 화면 한가운데에 비쳤다. 면도를 한 달은 안 한 것 같았다. "원유가 안정세를 보이려는데 제길, OPEC 협상 때문인지 이틀 동안 40퍼센트 올랐습니다. 에너지 회사들의 자본구조를 전반적으로 볼 필요가 있습니다."

"엘리아스, 랍비 말이 맞다면 관련해서 좋은 정보 좀 찾아보는 게 어때?"

"네, 알겠습니다. 저는 외환 쪽도 봐야 할 것 같습니다. 눈여겨봐야 할 원자재 통화commodity currencies(원유와 철광석 등 원자재 가격과 비슷한 방향성을 보이는 통화로, 원자재 수출이 경제에서 많은 비중을 차지하는 나라들의 통화를 일컫는다)도 있고요."

나는 화제를 바꾸며 물었다. "파운드화는? 그냥 약세 정도가 아니라 최악이던데."

엘리아스가 대답했다. "당분간은 멀리해야겠습니다. 보리스 존슨 총리가 중환자실에 있으니까, 상황을 좀 더 여유 있게 지켜봐야 합니다. 우리 투자 장부에 그런 리스크는 필요 없으니까요. 그나저나 오요 소식 들으셨어요?"

"아니." 랍비가 대답했다.

"직원들이 무급휴직에 들어간다고 한대요."

"아, 세상에. 그럼 손정의 회장이 보증한 대출에 대해 은행들이 더 많은 담보를 요구할 텐데. 엄청난 마진콜을 할 거야. 큰일 났네. 결국 주식을 대폭 할인된 가격에 매도하게 되겠군. 죽음의 소용돌이 속으로 들어가는구나."

우리는 회의를 마쳤다. 나는 내 작업실 옆에 있는 작은 방에서 내 요가 매트를 펼쳤다. 내 일상은 제대로 무너져버렸다. 사무실도 못 나가고, 헬스장도 못 나가고, 외식도 못 한다. 미쳐버리겠다.

런던에서는 이제 마스크가 패션 아이템이 되었다. 전 세계 대부분의 국가에서도 마스크 착용을 권장하고 있다. 요즘은 유일한 외출이 동네 슈퍼에 들리는 것이다. 오늘도 여느 때처럼 슈퍼에 가는 길에 어떤 사람이 롤링 스톤스의 혀와 입술 로고가 박힌 마스크를 쓰고 있는 걸 봤다. 롤링 스톤스의 명곡 〈벤틸레이터 블루스〉('벤틸레이터'는 인공호흡기를, '블루스'는 우울함을 뜻한다)가 색다른 의미로 해석되는 듯하다.

슈퍼에서 집으로 가는 길에 어머니에게 전화를 걸었다. 어머니는 아직도 디트로이트 교외 지역에 거주한다. 디트로이트의 최근 코로나19 확산세가 어마어마하다. 디트로이트의 흑인 주민들, 특히 업무 특성상 재택근무를 할 수 없고, 그럽허브(미국의 식음료 배달 기업)로 점심 식사를 시켜 먹을 형편은 안 되는 도심 지역의 흑인들이 팬데믹으로 힘겨운 나날을 보내고 있다.

어머니가 우리 가족의 안부를 물었다.

"음, 다들 집에 있어요. 집사람이 집이 북적대서 사람 사는 것 같고 좋대요. 하나는 기숙사에 있고 하나는 파리에서 사느라, 다 같이 모인 게 정말 오랜만이잖아요."

"애들은 잘 지내고?"

"엘리자베스는 컴퓨터로 원격 수업을 듣고 있어요. 마지막 학기라 좀 바빠요. 친구들이 보고 싶은가 봐요. 주로 틱톡으로 소통하더라고요. 틱톡 아세요?"

"아니. 모르지. 내가 옛날 사람이잖니. 캐럴라인은 어때?"

"잘 지내요. 애들이 집에 와 있는 걸 좋아해요. 대학원 들어가서 공부를 더 하고 싶대요."

"대학원?"

"네. 본인한텐 좋은 거죠."

"너는 일 때문에 너무 바쁘겠네."

"엄마가 항상 말씀하셨잖아요. '사악한 사람들에게 휴식은 없다!' 라고요."

불현듯 마음이 바빠지기 시작한다. 생각해보면 놀랍기도 하다. 지금 위기에 대한 해결책이 우리가 지난 50년간 사용해온 것과 같은 각본에서 나온다니 말이다. 그 각본이란 그저 빚을 더 지는 것이다. 민간 부채가 이미 사상 최고치를 기록하고 있는 상황에서 각국 정부는 이제 기업들에 대한 대출을 늘리고 있다. 우리는 지금 부채 거품을 더 키워가고 있다. 게다가 미국은 2차 세계대전 이후 가장 큰 적자를 내게 될 것이다. 그나마 낙관적으로 봤을 때의 적자가 대략 3조 5000억 달러이다. 미국에서만 나오는 적자가 그렇다는 거다. 전 세계적으로는 아마도 50조 달러의 적자가 나올 것 같다. 이미 거의 100개의 국가가 IMF나 세계은행에 잠재적인 구제금융을 요청했다.

"아버지는 어떠세요?" 내가 물었다.

"빌이랑 토니즈 스포츠 바에 가는 중일 거야. 코로나 때문에 폐쇄되기 전에 거기서 파는 닭날개를 먹어야 한다고 했거든."

나는 어머니의 말을 듣고는 있지만, 마음 한쪽에서는 깊은 생각에 잠겨 있다. 대화에는 집중하지만 동시에 책을 훑어보면서 특정 단어를 찾을 때와 같은 상황이다. 어머니가 조카들의 운동경기 소식을 알려줬다.

"엄마, 요즘 코로나 때문에 경기도 없는데 TV에서 뭐 보세요?" 어머니는 디트로이트의 아이스하키팀 레드윙스의 열렬한 팬이다. 매년 이맘때쯤 열리는 플레이오프 경기가 손에 땀을 쥐게 한다.

"별로 볼 게 없어." 어머니가 말했다. "채널은 정말 많은데 뉴스만 보게 돼." 오늘 본 몇몇 채널에서 나온 뉴스를 내게 말하는 어머니의 목소리는 다소 격앙되어 있었다.

나는 어머니의 말에 집중하지 못하고 딴생각을 한다. 대부분의 중앙은행에서 양적완화를 늘리기 위해 최대한 빠른 속도로 대차대조표를 확대하고 있다. 월가에서는 연준의 대차대조표가 연말까지 10조 달러를 기록할 것으로 예상한다.

"선거는 어떻게 될 것 같아?" 어머니가 물었다. "누가 이길 것 같니? 이제 버니도 중도 하차했으니, 슬리피 조(트럼프 전 대통령이 트위터에서 바이든 대통령을 '슬리피(생기 없는) 조'라고 부르며 생겨난 별명)가 트럼프 저격수로 나섰어."

"음, 벌써 3주밖에 안 남았네요. 근데 지금 진행되는 상황을 보면 시간이 꽤 많이 남은 거예요. 변수가 많아요. 여론조사를 보면 둘 다 막상막하에요. 누가 이길지는 현재의 불황이 어떻게 되느냐에 달린 것 같아요."

우리 동네로 들어서자, 내 목소리가 자꾸 끊긴다. "엄마, 집으로 걸어가면서 받는 거예요. 이제 끊어야 할 것 같아요. 뉴스 너무 많이 보지 마세요. 열불만 나요."

"그래, 좋은 밤 보내고." 어머니가 말했다. "여동생한테 전화 좀 자주 해. 네가 장남인데, 동생한테 더 자주 전화해야지."

나는 집으로 들어와 슈퍼에서 산 것들을 풀기 시작했다. 캐럴라인은 앉아서 책을 읽고 있다가, 내가 부엌으로 들어가자 내게 고개를 끄덕이며 인사를 한다. 식구들과 같이 먹을 음식을 배달시켰다. 이른 저녁 식사였다.

>X<

아침 일찍 눈을 떴다. 별다른 소식도 사건도 없어 보였다. 간밤에 큰 뉴스거리는 없었고, 시장에서는 미국이 어떠한 방향으로 나아갈지 예의주시하고 있다. 다들 줌에 접속했지만 서로 별말 없이 자신이 맡은 프로젝트를 수행했다.

조용하고 별일 없는 하루지만, 모든 게 일상으로 돌아올 때까지 얼마나 걸릴지 전혀 알 수 없는 모호함이 느껴진다. 뭐든 진도가 안 나가는 상황이다. 그런데 갑자기 무슨 소리가 들렸다. 엘리아스가 소리를 지르고 있었다.

"대표님, 파우치 소장이 테이프에 떴어요. 뭔가 좀 확실해지는 것 같은⋯."

"뭐라고?"

"아직은 확실하진 않은데, 소장이 바이러스의 위험수위를 낮추는 발언을 했어요. 오히려 시장의 비웃음을 살 것 같아요."

"잊어버려. 본격적으로 SPY(미국 S&P 500 지수를 추종하는 ETF로, 미국 ETF 중 시가총액 1위 상품이다)를 매수하자."

파우치 박사의 인터뷰가 끝나자마자 분위기를 이어가기 위해 연준이 새로운 발표를 했다. 연준은 지방정부 유동성 기구 프로그램, '타락천사' 정크본드, 대출채권담보부증권, 상업용부동산 저당증권, 레버리지 론 등을 통해 지방채를 비롯한 **모든** 부채를 매입한다는 것이다. 미약하게나마 남아 있던 자금의 건전성은 산산조각이 났다. 연준은 이제 파티에서 벌거벗고 화려한 실력을 뽐내며 다이빙하는 남자 같다. 채권 시장 전체를 구제해주고 있다. 파우치 박사와 연준이 불가분의 관계 속에서 모든 상황을 바꾸어놓았다.

오늘은 블랙 먼데이와 많이 다른 나만의 '블랙 프라이데이'다. 블랙 프라이데이는 증시 붕괴와 무관한 날이다. 새벽부터 일어나 상점 앞에 줄을 서서 할인된 가격에 물건을 사는 날이다. 상점 문이 열리자마자 달려 들어가서는 사람들을 밀치면서 최대한 빨리, 그리고 많이 물건을 던져 넣고는 계산하고 나와야 한다. 그런데 오늘 시장 상황이 그렇다. 오늘 안 사두면 매물 가격이 올라갈 것이다.

트레이더로 일하면서 결정적인 순간들이 찾아온다. 평생 두어 번 정도 대어를 낚는 귀한 순간들이다. 이번에도 '크게 베팅해보자'는 생각이 강렬해진다. 연준의 조치들이 장기적으로 부정적인 영향을 줄 것이라는 생각은 일단 제쳐둔다. 지금이야말로 트레이더로서 주어진 룰을 최대한 이용해 큰돈을 만질 수 있는 순간이기 때문이다.

지난 3주 동안 거의 1700만 명의 사람들이 일자리를 잃었다. 2008년 글로벌 금융위기 때의 거의 두 배 수준이다. 그러나 증시는 숨을 고르기는커녕 저 높은 곳으로 질주 중이다. 불과 2주 전인 3월 23일만 해도 바닥을 쳤는데. 이 모든 게 순식간에 일어났다.

시장도 시장이지만, 내겐 또 다른 고민이 있다. 제리에게 해고 통보를 해야 한다. 이는 나머지 직원들에게도 조금 더 긴장감을 갖게 할 것이다. 물론 동시에 다음 타자가 누가 될 것인지도 궁금해하겠지. 감시와 통제를 이용한 공포 경영 방식이 조직을 강력하게 이끄는 하나의 수단이라는 주장은 여전히 유효하다. 내가 제리를 해고하는 건 꽤 오랫동안 생각했던 일이고, 오늘이 그날인 듯하다. 나는 제리에게 문자 메시지를 보내 사무실에서 만나자고 했다.

장이 마감한 후, 나는 제리를 회의실로 데려갔다. 노무사들은 내게 해고 통지는 항상 간결하면서도 애정을 담아 하라고 조언했고, 내 계획도 그러했다. 사실 직원을 해고한 경험이 하도 많아 감정적으로는 무뎌졌다. 상대의 사정은 나와는 아무런 상관이 없다는 유체이탈 화법에 가깝다고 해야 할 것이다.

"제리, 이런 말을 해서 미안한데, 우리 이제 각자의 길을 가야 할 것 같아."

"네?" 그가 물었다.

"그렇게 하는 게 맞는 것 같아. 자세한 얘길 다 할 순 없겠지만, 같이 일하는 게 서로에게 도움이 안 된다는 생각이 들어."

그의 눈시울이 뜨거워지기 시작했다. 그는 새 아파트 대출금과 새로 태어난 아기 이야기를 했다. 하지만 난 그의 말이 들리지 않았다. 난 그냥 로봇이고, 명령을 실행할 뿐이다. 그를 이 건물에서 내쫓는 미션을 수행한다.

나는 제리의 출입증을 가지고 엘리베이터까지 배웅해줬다.

기분이 안 좋아야 정상이지만, 오히려 어깨에서 큰 짐을 덜었다는 생각에 홀가분해졌다. 어떤 면에서는 몇 년 만에 느끼는 홀가분하고 활기찬 기분이다.

나는 내 자리로 돌아가서 직원들에게 조직원 변경을 알리는 이메일을 보냈다.

내일은 굿 프라이데이(Good Friday는 '성 금요일'로 번역되며 예수가 십자가에 못 박혀 죽은 일을 기념하는 날이지만, 여기서는 저자가 말하는 '블랙 프라이데이'와 대구를 이루는 중의적 말장난이다)다. 증시도 폐장한다. 우리 모두 쉴 수 있다.

증시 폭락 8주 차
(4월 12일 일요일 ~ 4월 18일 토요일)

월요일

시장 상황이 또 다른 국면에 접어들었다. 감염 곡선이 평평해지고 있고, 시장도 강세를 보인다. S&P 500 지수는 3주 전 최저치에서 25퍼센트 정도 올랐다. 지난주에는 사상 최대 주간 상승 폭을 기록했다. 다우지수는 12.7퍼센트 상승하며 일곱 번째로 높은 주간 실적을 기록했다. S&P 500 지수는 일주일 동안 12.1퍼센트나 급등했다. 1974년 이후 가장 높은 수치의 상승폭이다. 분명 막대한 통화 및 재정 패키지들이 쏟아져 나오고 있는데, 이제 곧 상장기업들의 본격적인 실적 보고 시즌earnings season이 다가온다. 그럼 시장이 경제 재개에 대한 기대감을 언제쯤 갖게 될 것인지에 대한 까다로운 분석이 시작될 것이다.

전 세계 확진자 수가 200만 명, 사망자가 11만 5000명에 달했다. 우리의 실적은 전년 대비 다시 플러스에 들어섰다. 그렇다고 안심할 때는 아니다. 주말에 이메일이 한가득 온 걸 보니, 직원들도 다 같은 생각인 것 같다. 지금이 욕심을 부릴 절호의 기회라는 것을.

랍비가 줌에서 속사포로 메시지를 남겼다.

대표님 계세요?

위워크 채권 더 살까요?

수익률 거의 40퍼센트

1달러당 35센트 할인된 가격으로 채권 청산

곧 채무불이행 예상

매물은 딜러들 손에 있고요

매물을 좀 풀어줘야 할 듯한데

그래도 그 회사가 영 맘에 안 들어요

나는 답장을 보냈다.

연준도 걔네 채권은 안 사.

오늘 4월 13일이 수익실적 보고가 시작되는 날이다. 투자은행들은 항상 가장 일찍 보고하는 편이다. 그중 JP 모건이 첫 번째다. 영업이익은 거의 70퍼센트 감소했다. 리먼 브라더스 사태 이후 가장 하락 폭이 크다. 하지만 우리는 과연 JP 모건이 대손충당금(회수 불가능한 채권을 대비해 일정액수를 비축해두는 것)으로 얼마나 쌓아뒀는지가 궁금하다. 부실채권을 위해 얼마를 적립해뒀는가? 실적발표를 위한 콘퍼런스콜을 시작했다. 미국 최대 은행인 JP 모건의 신용손실액이 83억 달러로 1년 전의 15억 달러에 비해 증가했다. 주로 채무불이행 급증에 대비하기 위한 충당금 형태였다. 엄청난 수치다. 회장이자 CEO인 제이미 디몬은 이번 불경기의 타격이 매우 클 것으로 전망했다.

지금 같은 경기에서는 은행들의 실적 보고를 듣는 건 마치 자동차 사고를 목격하는 것 같다. 결국 사고가 날 것을 알면서도, 최대한 속도를 줄이면서 최악으로 치닫는 상황을 보고만 있는 거다. 이러한 상황에서는 은행이 언제 수익성을 회복할 수 있다고 생각하는지, 아니면 더 많은 해고를 계획하고 있는지에 대한 단서에 관심이 쏠린다.

소프트뱅크가 사상 최악의 연간 실적을 보고했다. 위워크로 인해

84억 달러의 손실을 기록했다고 한다.

소매 부문의 매출 실적도 타격이 크다. 9퍼센트 가까이 하락했는데 이는 역대 최대 하락 폭이다. 지금과 같은 경제 지표로 점철된 경제 사이클이 본모습을 드러내는 순간, 소매유통기업들의 생존 자체가 위험해 보일 것이다. 비상식량과 휴지 사재기가 있었지만, 그 외의 품목에 대한 지출은 크게 줄었기 때문이다. 주택담보대출에 대한 매월 상환금을 못 내는 주택 보유자들이 200만 명에 달한다.

막상 뚜껑을 열고 보니 경제 지표가 예상보다 심각하다. 미국의 산업 활동이 70년 만에 최저 수준으로 곤두박질쳤다. 미국의 실업률에 대한 주간 보고가 오늘 아침에 나올 예정이다. 보고 내용은 이렇다. 추가로 500만 명의 사람들이 일자리를 잃었고, 결과적으로 실업자 수가 총 2200만 명이다. 미국의 경제활동인구는 약 1억 5000만 명인데, 이 중 2200만 명이 아주 최근에 일자리를 다 잃었다는 거다. 놀라움을 금치 못하겠다.

미국만 이런 게 아니다. 전 세계 어느 나라도 예외가 없다. IMF 수석 경제학자인 기타 고피나트는 이렇게 말했다. "올해 세계 경제는 10년 전 글로벌 금융위기 당시를 뛰어넘는, 대공황 이후 최악의 경기 침체를 겪을 가능성이 매우 크다."

그런데 증시는 경기와 딴판이다. 주가는 최저치에서 25퍼센트 상승했고, 금리는 여전히 사상 최저치를 기록하고 있으며, 원유 가격은 배럴당 20달러로 다시 상승했다. 연준이 매수를 시작한 이후 신용 시장은 활기를 되찾았다. 그런데 될 놈은 뭘 해도 잘되고, 안될 놈은 뭘 해도 안 되는 것처럼, 시가총액이 큰 기업들만 살판난 상황이다. 시장 선두에 있는 빅테크주를 제외하면, 시장에서 나머지 80퍼센트는 여전히 고점 대비 20퍼센트 이상 하락한 상태다. 연준과 의회가 '있는 돈 없는 돈'을 다 긁어모아 지원을 했건만, 주식 종목 5개 중 4개는 여전히 약세장에 있다. 그러나 페이스북, 아마존, 애플, 넷플릭스, 구글, 마이크로소프트와 같은 빅테크주들이 이끄는 증시는 활황세를 보인다. 대기업일수록 반등 폭이 컸다. 이런 식의 시장 왜곡 현상을 곳곳에서 목격하고 있다.

목요일

이곳 영국에서는 매주 목요일 저녁 8시에 영국 건강보험공단 의료진들에게 고마움을 담은 박수를 보내는 캠페인을 하고 있다. 영국 전역에 있는 가정의 현관과 창문, 발코니 등에 사람들이 모습을 드러내고 일제히 손뼉을 치며 환호한다. 약간은 진부해 보일 수 있겠지만, 감동적인 광경이다. 나는 손뼉을 치면서 제리 생각을 했다. 그 친구가 해고 소식을 어떻게 받아들이고 있는지 궁금해진다. 그의 아내가 건강보험공단에서 일한 시간도 꽤 흘렀으니, 부부 사이의 문제도 어느 정도 해결되지 않았겠나 싶었다.

박수 세례가 끝난 후 사무실로 돌아간다. 제리에 대한 생각은 구인 광고에 넣을 직무기술서를 작성해야 한다는 생각으로 이어졌다. 사실 내가 가장 쓰고 싶은 말은 "돈을 벌기 위해 벽을 뚫을 정도로 맹렬히 질주할 의향이 있는 정말 똑똑한 동물"이었다. 대신 조금 더 다듬어 세련되게 표현해보자. "훌륭한 실적을 보유하고 탄탄한 경력을 이어왔으며 자기인식이 명확히 설정된 사람. 과정 지향적인 직업관을 갖고 꼼꼼하게 일할 수 있는 사람." 코딩은 기본 중의 기본이니 이 부분은 포함하지 않아도 될 것 같다. 학벌에 대해서만큼은 이제 모험을 하고 싶지 않다. 그냥 아이비리그, 옥스퍼드, 케임브리지, 혹은 런던 경제학교 출신이면 좋겠다.

직무기술서를 마무리하는데 블룸버그 터미널에 헤드라인이 떴다. 어제 미국에서 4500명 이상의 사람들이 코로나19로 사망했다는 소식이다.

상황이 이 지경인데도 우리는 주식, 달러화, 신용을 모두 다 롱 포지션으로 잡고 상승세를 기대하고 있다.

금요일

기분 좋은 날이다. 우리의 실적이 탄탄대로다. 흑자로 돌아왔고, 장부 거래들도 잘 굴러가고 있다. 나는 직원들과 줌으로 온라인 술자리 모임을 갖기로 했다. 직원들 집으로 런던의 맛집 하카산의 음식과 술을 배달시켰다. 이 식당은 요즘 배달 위주로 영업을 한다. 정말 오랜만에 축하하고 싶은 기분이 든다. 술집이 빨리 다시 문을 열었으면 좋겠다.

증시 붕괴 9-10주 차

(4월 19일 일요일 ~ 5월 2일 토요일)

이쪽 분야에서 오래 일하다 보면, 통념과 달리 증권 시황과 경기가 똑같이 흘러가지 않는다는 사실을 거듭 학습하게 된다. 그렇기 때문에 경제학자들이 트레이더로 성공할 확률이 희박하다. 그러나 이번 상황은 기존의 관념을 아예 송두리째 바꿔놓았다. 믿기지 않는 전투가 눈앞에 펼쳐지는 모습을 다같이 넋 놓고 보고 있는 게 지금의 현실이다. 역사상 최대 경기부양책과 가장 극심한 경기 침체가 혈투를 벌이고 있다. 고질라와 킹콩의 대결이랄까.

코로나19는 현재 전 세계적으로 240만 명 이상의 사람들을 감염시켰고 16만 5000명의 목숨을 앗아갔다. 미국에서만 4만 명 이상이 사망했다. 실적 보고 시즌이 한창이다. 이번 주에 5분의 1에 달하는 회사가 실적을 공개할 예정이다.

월요일

여동생의 생일이다. 그 애한테 전화하는 걸 까먹지 말자. 아침 일찍 일어나 원유 하락 소식을 접했다. 하락 폭이 거의 40퍼센트나 된다. 5월분 가격은 11달러까지 내려갔다. 시장은 개장하자마자 완전히 자유낙하 중이다. 증권가에 실물인수도physical delivery(선물 포지션에 대해 만기일에 매도자와 매수자가 실물을 직접 인도 인수하는 방식) 방식으로 거래할 능력도 없이 실물을 매수하다 적발된 투기꾼 소식이 들린다. 한편

330

초짜 투자자가 증권 시황 차트를 보면서, 저가매수의 기회라고 생각하며 '떨어지는 칼날'을 잡으면 일확천금을 얻을 수 있다고 생각하는 일이 빈번하다.

"배럴당 20달러면 바닥이라는 걸 다 알고 있죠."
15달러: "음, 생각했던 것보다 더한데, 더 매수해야 하나요?"
13달러: "이런, 젠장."
5달러: "미친, 기가 막혀 말이 안 나오네요."

라스베이거스에서 테킬라에 절어서 위장에 더이상 아무것도 넣지 못해 연신 토를 했던 제리처럼, 원유를 저장할 창고가 더 없나 보다.

국제 유가의 유례 없는 급락세 속에서 실제 가치에서 매매가격을 뺀 '괴리율'이 계속 벌어지고 있고, 특히 원유에서 최대폭을 나타내고 있다. 방금 나온 시카고상업거래소CME 발표에서는 선물계약이 마이너스가 될 수 있다고 밝혔다. 이런 제길. 레버리지 원유 투자 상품에 대해 원금 전액손실 가능성을 경고하는 거나 다름없다. 가격 하락 리스크가 제로라더니, 이젠 그 말도 쑥 들어갈 판이다. 무한한 손실의 가능성이 새로운 혼돈으로 이어지고 있다. 정유주의 폭풍 매도세가 본격화하고, 5월물 유가 선물은 다시 자유낙하 중이다. 5월 인도분 서부텍사스유의 가격은 -37.63달러로 장을 마감했다. **사상 초유의 '마이너스 유가'다.** 판매자가 원유를 팔려면 구매자에게 돈을 지급해야 한다는 의미다. 세계에서 가장 중요한 원자재가 더 깊은 세계 경제 위기의 조짐을 알리고 있다. 이 모든 상황으로 매도세가 이어지면서, 주식 시장은 5퍼센트 빠졌다.

"음, 대표님. 상황이 이 지경이 될 줄은 모르셨죠." 랍비가 말했다. 마이너스 유가에 대한 말이었다. 그는 그날 상황을 정리하기 위해 나와 엘리아스와 줌 회의를 한 번 더 하길 바랐다. 뉴욕은 이미 마감한 상태고, 이곳 런던도 매우 늦은 시간, 저녁 9시였다. 랍비가 얼마나 흥분했는지 알 수 있었다. 그동안 우리의 트레이딩 전략이 빛을 발했고, 오늘도 데이 트레이딩day trading〔초단기간 내에 주가나 거래량 등의 기술적 지표에 의해 시세차익을 얻는 초단타 매매〕을 훌륭하게 해내서 수익을 냈기 때문에, 썰을 좀 풀고 싶었나보다.

그는 엘리아스에게 말을 건넸다.

"집에 컴퓨터 화면이 몇 개나 설치돼 있어?"

"엄청나게 큰 애플 모니터 하나에 노트북을 연결했고요. 아이패드 두 개를 양쪽에 세워뒀어요. 네 개밖에 안 돼요. 근데 큰 화면을 사무실에서처럼 나눠서 쓰면 되고요."

"요즘 연애는 잘하고 있고?"

"그 얘긴 하지 마세요. 헬스장에 다시 다녀야겠어요. 최근에 13킬로그램이나 쪘어요."

"랍비, 자네는 이발 좀 해." 내가 말했다.

"진짜 하긴 해야죠. 본조비처럼 기르기엔 살이 너무 쪘으니." 랍비는 말을 이었다.

"그건 그렇고, 제가 계산을 좀 했는데요. 이번 주에 1인당 1차 직접 지원금 1200달러가 나갔습니다. 경기부양법에 따라 지급되는 거 있잖아요. 그러니깐 일반 국민 한 사람이 1200달러씩 받는 거거든요. 그런데 상위 1퍼센트의 사람들이 순 자산이 1000만 달러이고 자산이 그 대부분이 증시에 있다고 가정해보세요. 그 사람들이 구제금융으로 받은 금액이 아마도 300만 달러는 될 것 아녜요? 어떤 게 좋겠어요? 1200달러와 300만 달러 중 어떤 게 낫겠어요? 세상이 진짜 미쳤습니다."

난 랍비가 존경스럽고 그에게 정이 간다. 줌 화면에 비친 자신이 어떤 모습인지에는 전혀 관심이 없다. 다른 사람의 시선을 의식해 가꾸려 하는 마음, 심지어 잘 보이고 싶은 마음조차 없다. 상황에 대해 자신이 가진 최악의 관점과 문제를 볼 수 있는 새로운 관점을 준다. 나는 두 사람에게 제리의 공석을 채울 후보를 하나 구했으며, 며칠 동안 사무실에서 그녀를 한번 봐달라고 얘기했다.

이제 각자 휴식을 취하기 위해 줌 회의실을 나갔다.

3월 23일에 장중 최저치를 찍고 이제 한 달이 지났다. 이 기간 동안, 2600만 명의 사람들이 일자리를 잃었다. 마치 누군가가 어떤 스위치를 눌러버렸더니 갑자기 모든 사람의 일이 직장을 잃고, 다음 달 월세를 어떻게 조달해야 할지 고민하게 된 상황 같다. 브루클린의 아파트에 살면서 매일 지하철로 직장을 다니던 중, 다음 날 어떤 이유로 도시에서 쫓겨나 뉴저지 한복판에서 월세를 살게 된 상황일 수도 있겠다. 그나마 재택근무가 가능한 직업군에는 해고의 칼날이 비껴갔다. 그런데 업무 특성상 재택이 안 되면 무조건 퇴출이다.

채권은 여전히 공황 속에서 거래되고 있다. 금리는 다시 최저치로 돌아갔고 마이너스 수치로 향하는 듯하다. 주식 시장은 1987년 이후 최고의 한 달을 보내고 있다. 뉴노멀 시대의 엄청난 불균형이다. 그런데 젠장, 여동생한테 전화하는 걸 까먹었다. 이번에도 때늦은 생일 카드를 보내야 하는구나.

실업자 수치는 어이가 없을 정도다. 나는 트럼프 대통령도 지금 휴가가 필요하다는 생각이 든다. 11월이 되면 본인도 실직 신세가 될 수 있을 것이다. 스트레스와 여러 가지 압박으로 많이 힘들어 보인다. 그의 일일 언론 브리핑은 소란스러운 서커스 판을 방불케 한다. 오늘 브리핑도 새로운 차원의 황당무계함을 보여주었다. 트럼프 대통령은 헛소리를 늘어놓았다. 날씨가 따뜻해지면 코로나바이러스가 죽을 거라는 연구 결과에 희망이 보인다고 하면서, 빛을 쬐면 코로나가 호전될 수 있는지에 관해 물어보기도 했다. "우리 몸에 엄청나게 많은 자외선이나 아주 강력한 빛을 쪼이면 어떻게 되는지 확인되지 않은 것 같은데 한번 실험해보라." 또 표백제가 침 속의 바이러스를 5분 안에 죽였고, 살균제는 이보다 더 빨리 바이러스를 잡아냈다는 연구 결과에 흥미를 보이며 더 실험을 해보라고 권하며 이렇게 말했다. "살균제가 바이러스를 1분 안에 나가떨어지게 할 수 있다. 1분밖에 안 걸린다. 우리가 주사로 (살균제를) 몸 안에 집어넣는 방법 같은 건 없을까? 폐에 들어간다면 어떻게 될지 확인해보면 흥미로울 것 같다."

장이 마감되고 캐럴라인과 산책을 나갔다. 마이너스 유가의 대혼란 속에서도 이번 주 증시는 거의 모든 영업 시설이 문을 닫은 런던과 같은 한산한 모습을 보였다. 우리는 켄싱턴 하이 스트리트에 있는 홀푸드 마트에 갔다. 우리 동네에서는 걸어서 꽤 걸리지만, 걷기 운동하기엔 알맞은 거리다. 우린 하이드 파크 남쪽을 거닐고, 로열 앨버트 홀을 지나갔다.

나는 이 길이 좋다. 좋은 기억들이 새록새록 생각나는 코스다. 공원에 나와서 운동하는 사람도 있지만 많지는 않다. 프레디 머큐리의 오래된 생가를 볼 수 있는 지름길로 가기로 했다. 프레디 머큐리의 첫 번째 여자친구이자 평생의 소울메이트가 아직도 이곳에 살고 있다는 얘기가 있다. 나는 시간이 날 때마다 이곳을 지나가며 옛날 사람들이 여기서 어떤 모습으로 살았을지 상상해본다. 멋진 생활을 했을 것 같다. 프레디 머큐리가 에이즈 치료제가 나올 때까지 조금만 더 버텼더라면 지금까지 살아 있었을 텐데. 완치는 불가능하더라도 바이러스 진행 속도는 늦출 수 있었을 것이다. 코로나19도 끔찍하지만, 에이즈 바이러스의 치명적 영향을 뛰어넘진 못할 것이다.

로건 플레이스를 지나 슈퍼로 향하는데, 캐럴라인이 내 어깨를 쳤다. 난 에어팟을 귀에 꽂고 있었는데, 내게 무슨 말을 하려고 했다.

"이 얘기 하는 것 깜빡했는데." 아내가 말했다.

"무슨 얘기?"

"메레디스가 〈진짜 주부들〉에 출연한대."

"진짜?"

"응. 하고 싶었던 건데, 해냈지. 새로운 시리즈가 방영하는데 거기에 나온대."

335

리얼리티 TV 방송 중에서 가장 인기 있는 프로그램이 〈진짜 주부들〉이다. 나에게 리얼리티 방송과 SNS는 지금의 시대성을 반영하는 상징물처럼 느껴진다. 자신의 인생이 다른 그저 그런 사람들(SNS 팔로워가 100만 명이 안 되기 때문이다)의 인생보다 더 화려한 척 가장함으로써 자신의 개인 브랜드를 만들어가는 것이다. 이런 건 어쩐지 꼭 봐야 할 것 같다. 〈진짜 주부들〉의 인기가 높은 이유다.

"와, 정말 대단하네." 내가 말했다.

"메레디스도 리사나 베서니 같은 스타가 될지 누가 알아." 아내가 말했다.

"리얼리티 방송에서는 평범하면 눈길을 못 끌잖아." 내가 말했다. "유명해지려면 뭔가 확 튀는 게 있어야 해."

우리는 홀푸드 마트에서 장을 본 후에 집으로 돌아갔다.

토요일

신문에는 코로나19에 대한 공포를 잠재우고, 일상과 일터로 복귀하는 시점에 관한 기사로 가득하다. 앞으로 2주 동안 전국의 '안전한 시설' 위주로 제한적인 영업 및 운영 재개가 허용된다. 버몬트주와 미네소타주는 일부 제한조치를 완화한다. 한편 텍사스주와 오하이오주는 영업 재개 준비에 박차를 가하고 있다. 그러나 영업 시설에 대한 무기한 셧다운이 이어지는 가운데 느리고 점진적으로 완화될 전망이다. 한편 가을 정도면 상용화할 수 있는 치료제가 5~6개 가량 개발 중이다. 코로나 치료제에 관해 공개된 데이터가 양적·질적 차원에서 모두 부족하기 때문에, 관련된 예측치도 다른 치료제에 비해 정확도가 낮은 편이다.

현재 전 세계 확진자는 300만 명, 사망자는 20만 명에 달했다. 확산세가 약간 꺾이긴 했어도 증가세는 여전하다. 그래도 전반적으로는 급한 불을 끈 상황이다. 미국에서는 하향안정 추세를 보인다. 강하게 들이친 후 다시 바다로 돌아가는 파도 같다. 증시 상황이 경기와 실업률과 무관하게 움직이면서, 느린 회복 단계에 접어들고 있다. 현재 3000만 명 이상의 미국인들이 실업수당을 신청했다. 전체 인력의 18퍼센트 이상에 해당된다. 이에 아랑곳하지 않고 빅테크주들의 주가는 이미 사상 최고치를 경신했다.

우리의 투자 전략도 큰 결실을 거두었다. 엄밀히 말하면 지금껏 가장 실적이 좋은 달에 해당된다. 우리가 마음 졸이며 유지해온 롱 리스크 전략이 효과를 거두고 있다. 양적완화에 대한 우리의 베팅이 막대한 배당금으로 돌아오고 있다.

미국 신문의 헤드라인은 "최악은 지났다"라고 외친다. 하지만 우리는 그렇지 않다는 것을 알고 있다. 새로운 부익부 빈익빈의 시대에 진입했을 뿐이다. 자본주의를 새로운 형태로 변형시켰을 뿐이다. 이제 훨씬 더 적은 수의 사람들에게 혜택이 돌아갈 것이다. 곧 펼쳐질 시대에서 나머지 사람들은 먹고살기가 더욱 팍팍해질 것이다. 나머지는 다음 장에서 살아남기 위해 고군분투해야 할 것이다.

솔직히 인정하긴 싫지만, 지금 기분이 정말 좋다.

2020. 5. 1.
• ISM 제조업지수 41.5로 하락
• 미 FDA, 코로나19 치료제
  렘데시비르 정식 사용 승인

2020. 5. 6.
• 미국 정부의 보고: 간호사
  9만 명이 코로나19에 감염,
  이 중 사망자는 260명

2020. 5. 5.
• ISM 비제조업지수 41.8로 하락
• 연준, 긴급대출기구에
  참여하는 시중은행들에 대한
  유동성 규제 완화

2020. 5. 8.
• 일자리 20만 5000개 감소,
  실업률 16%로 상승,
  실질실업률 22.8%

8장

2020년 5월

대공황, 대폭락, 대봉쇄

월말 기준: 10년물 미국채 금리 0.65%

S&P 500 +4.8%

나스닥 +6.8%

2020. 5. 15.
• 연준, 다시 한번 은행의
자기자본규제 완화

2020. 5. 27.
• 미국 코로나19 사망자
10만 명 돌파

2020. 5. 17.
• 독일과 일본, 1분기 지표
기준 기술적 경기 침체technical
recession(실질 GDP가 전기 대비
2분기 연속 감소하는 상황)에 진입

2020. 5. 31.
• 조지 플로이드 시위. 주요
도시를 거점으로 확산, 일부
도시에서는 약탈과 폭동 발생

젠장, 런던에서 나가든가 해야지. 코로나19 완화세는 미국보다 두 달이나 늦고, 영업이 재개될 조짐은 보이질 않는다. 이 상태로 어떻게 60일을 더 기다리란 말인가. 감옥이 따로 없다. 하루하루가 똑같이 흘러간다. 그저 길고 긴 하루다. 내게 애정이 없는 아내와 같은 집에 격리되어 있다. 아이러니하지만 내가 지은 죗값처럼 느껴진다. 미국에 가야 할 것 같다. 아직도 너무나 어수선한 뉴욕은 피해야 할 것 같다. 날씨가 따뜻한 마이애미가 괜찮을 것 같다. 이곳 런던이 안전해질 때까지 아내와 엘리자베스와 함께 미국에 가 있어도 좋을 것 같다. 내가 아는 매크로 트레이더 중 상당수가 절세효과를 위해 이미 미국으로 건너갔다. 미국에 머물 아파트를 알아봐야겠다. 코로나19를 피할 만한 곳으로.

　　지난주 연준 회의 내용을 돌이켜보면, 인류 역사상 가장 규모가 크고 가장 제정신이 아닌 정책 실험을 하고 있다는 생각이 들지 않을 수 없다. 양적완화 규모가 어느 때보다 커졌고, 미국 정부 부채도 급증하고 있다. 파월 의장은 아직 양적완화가 종지부를 찍지 않았다고 확신했다. 이미 의회에서는 지난 두 달 동안 3조 달러 규모의 경제 지원책을 제공했다. 파월 의장은 원격 기자회견에서 말했다. "양적완화의 규모를 늘려야 할 것인지에 대한 질문에, 답은 '그렇다'라고 생각한다." 그는 이러한 정책을 실행하면 "많은 대가를 치르게 될 것이지만, 결국 더 강한 경제를 갖게 될 것이다. … 지금은 그러한 우려에 대해 행동할 때가 아니다. 지금은 미국의 위대한 재정력을 활용해야 할 때다"라고 설명했다.

미국의 위대한 재정력이라고? 내가 알기로 미국은 20년 동안 재정 관리가 엉망이었다. 그나마 예산균형을 달성한 빌 클린턴 정권 이후로는 대차대조표가 줄곧 불균형을 이루었다. 감세, 사회복지지출, 그리고 수차례 치른 전쟁으로 인한 비용 등 거의 사기극에 가깝게 재정을 관리해왔다. 재정지출은 가장 효과적이고 신중한 형태로 경기의 흐름에 맞게 대응해야 한다. 경기 소강 때는 지출을 늘리고, 경기과열 때는 억제 수단을 실행해야 한다. 그러나 지금과 같은 재정지출 기조는 지금보다 더 큰 화를 불러올 것 같다.

양적완화가 불평등을 더욱 부채질하고, 산더미 같은 부채가 미래 성장에 암적인 존재가 될 것이라는 사실은 자명하다. 중앙은행이 국채를 직접 매입하든 세컨더리 마켓secondary market〔이미 발행된 채권, 주식 등 유가증권이 투자자들 사이에서 매매되는 시장〕에서 매입하든, 정부는 부채를 수익화 수단으로 간주할 수 있다. 무슨 뜻이냐면, 정부가 상환계획이 없이도 돈을 빌리는 것처럼 보이는 거다. 정부는 중앙은행에 채권을 매도하여 조달한 자금으로 필요한 지출 분야에 조달할 수 있다. 므누신 재무부 장관은 "시간이 지남에 따라" 급증하는 재정 적자에 대해 심각하게 고민해봐야 할 것이라고 말했다. 그러나 문제를 해결하기 위해 계속 빚을 질 수는 없는 노릇이다. 빚이 기하급수적으로 불어나서 점차 우리 모두에게 고통을 줄 것이다.

팟캐스트 〈매크로 보이스〉를 틀었더니 레이시 헌트 박사가 의견을 말하고 있다. 그는 전 세계에서 가장 유능한 경제학자 중 한 명이다. 그는 미국 경제가 극심한 디플레이션으로 향하고 있다면서, 부채 증가의 심각성에 대해 우려를 표했다. 신규 부채가 1달러 생겨날 때마다 수익률을 줄어들고 있다는 것이다. "빌린 만큼 차곡차곡 쌓이는 게 아닙니다. 밑 빠진 독에 물 붓기죠." 미래에서 너무 많은 돈을 빌려서 좀비 회사에 자본을 부적절하게 할당하는 형국이다. 그는 단기적으로는 디플레이션이 심화될 것으로 전망했다. 그의 말이 맞다면, 사람들의 임금이 줄어들 것이다. 디플레이션 환경에서는 임금이 내려갈 수밖에 없다. 가장 심각한 상황은 디플레이션이 지나고 극심한 스태그플레이션〔경기는 침체했지만 물가는 상승하는 현상〕이 뒤따르는 것이다.

정책입안가들은 부채 위기를 해결하기 위해 더 많은 빚을 끌어오는 게 무용지물이라는 점을 깨닫고 나면 다른 조치로 눈을 돌려야 한다. 현대통화이론MMT〔경기 부양을 위해 정부가 국가부채와 상관없이 화폐를 찍어내도 문제가 없다는 이론〕을 맹신하여 국가가 돈의 흐름을 순환하도록 만드는 상태로 향할 수 있지만, 이는 심각한 인플레이션을 불러올 것이다. 현대통화이론의 골자는 법정 통화 제도를 두고 있는 정부는 필요한 만큼 돈을 찍어낼 수 있고 또 찍어내야 한다는 개념이다. 충분히 매력적인 개념 같지만, 근면 성실하게 일하고, 소박한 삶을 살며, 은퇴에 대비하는 사고방식과는 정면 대치되는 부분이 있다.

연준은 한 번도 사들인 적이 없는 자산들을 매입하면서 이미 전례 없는 극단적인 조치를 취했다. 거의 100년 동안 연준은 국채만 매입했으나 이제는 다양한 형태의 기업 및 기타 부채를 매입하는 여러 프로그램을 발표했다. 또한 지방채 매입 자금도 조달하고 있다. 현재 추세로 볼 때, 곧 주식 매입에도 손을 뻗을 듯하다. 채권 시장이 이미 국유화됐다는 얘기가 괜히 나오는 것이 아니다.

이와 동시에 창조적 파괴creative destruction(경제학자 조셉 슘페터가 경제발전을 설명하기 위해 제시한 개념으로, 기술혁신을 통해 낡은 것을 버리고 새로운 것을 창조하여 변혁을 일으키는 과정을 나타낸다)의 논리에 따라 기반이 약한 기업들이 도태되는 상황도 펼쳐지고 있다. 안타까운 사실은, 연준의 조치로 인해 워런 버핏과 같은 거물급 투자자들도 죽을 쑤고 있다는 점이다. 유동성 장세를 이용해 가치주 위주로 신중하게 투자해온 투자자들까지 우물쭈물하고 있다. 시장은 번개같이 모두의 뒤통수를 후려갈기는 중이다. 슘페터의 가설이 소수의 엘리트 혁신기업들이 주도하는 주식 시장의 상승세를 입증하듯, 워런 버핏도 대세를 따라 로빈후드(미국의 모바일 무료 주식 거래 플랫폼. 최근 급증한 개인 투자자를 '로빈후드 투자자'라고 부르는데, 한국의 '동학 개미'와 유사한 의미다) 계좌를 개설하여 FANG 주식들을 사두는 게 나을 듯싶다.

나는 헌트 박사의 의견에 동의한다. 장기적으로 봤을 때 그의 말은 늘 옳았다. 그런데도 그의 주장에 반대하는 사람들도 많다. 이들은 중앙은행들이 화폐를 찍어내고 있으므로, 인플레이션이 다가오는 속도가 더욱 빨라진다는 주장이다. 통화량을 늘리면 통화가치가 훼손된다는 개념, 나아가 화폐유통속도와 신용팽창의 개념을 토대로 한다.

대부분의 중앙은행은 돈을 마구 찍어내면서 통화가치를 훼손하고 있다. 아주 옛날에는 정부가 동전에 금이나 은 외의 다른 물질을 첨가해 화폐의 가치를 떨어뜨렸다. 마치 마약상들이 코카인에 붕산을 섞어 양을 늘리고 코카인의 가치를 떨어트리는 수법과 비슷하다. 주화를 더 많이 찍어내려는 의도였다. 세금을 올리고 지출을 줄임으로써 국민의 원성을 사고 싶지 않았기에 돈의 가치를 떨어뜨리는 대가를 감수하면서까지 돈을 마구잡이로 찍어내 해결하려 했던 것이다. 특히 로마의 네로 황제가 도금 화폐를 뿌려댄 것으로 유명하다. 동전의 은 함량을 100퍼센트에서 90퍼센트로 슬쩍 줄였던 것이다. 이후 150년 동안 은 함량은 50퍼센트로 감소했다. 통화가치가 떨어지면 사람들은 곧 눈치를 채고 같은 물건에 더 높은 가격을 요구하고, 결국 인플레이션이 초래된다.

이 모든 게 참혹한 결과를 낳을 수 있다. 20세기 초반 독일이 좋은 예다. 1920년대 독일 정부는 재정상의 의무를 다하기 위해 화폐를 발행함으로써 법정 화폐인 독일 마르크의 가치를 미화 1달러당 8마르크에서 달러당 184마르크로 낮췄다. 결국은 가치가 거의 다 사라지면서 통화증발로 이어졌고, 경제도 무너졌다. 그러고 나서 히틀러가 권력을 잡았다.

>>く

신축 아파트를 하나 계약했다. 마이애미에서 북쪽으로 약 24킬로미터에 있는 서니 아일즈 비치에 위치한 빌리어네어즈 비치Billionaires Beach 아파트는 해변 앞에 지은 초고층 건물이다. 근처에 익숙한 맛집 체인점들(주마, 하카산, 노부)도 있다. 사실 아직은 영업을 안 하지만, 조만간 문을 열면 마음이 더 편해질 것 같다. 우리 집에는 야외에 멋진 테라스가 있어서 포트 로더데일에서 마이애미까지 훤히 보인다. 나는 창문 앞에 서서 텅 빈 해변을 바라본다. 해변은 아직도 출입 통제된 상태다. 해양순찰대가 사륜 자전거를 타고 해변을 달리며 사람들을 쫓아낸다. 경비행기 한 대가 외로이 날아다니며 하늘에 문구를 새기고 있다. "더피즈에서 메뉴 하나 가격에 두 개를 드립니다." "DJ 케스케이드가 클럽 LIV에서 공연합니다, 바로 오늘 밤!" 이제 또 다른 문구가 보인다. "앞으로 좋은 일만 생길 거예요." 저것도 누군가가 돈을 내고 요청한 문구일 텐데.

이 아파트는 나이츠브리지의 아파트와는 조금 다르다. 짙은 적갈색은 찾아볼 수 없고, 집안 3분의 2에는 조광과 조망이 보장된다. 창문도 많다. 각 공간이 서로 다 연결된 듯한 인테리어도 특징적이다. 바닥 전체는 약한 푸른빛을 띠는 대리석이다. 산뜻하고 모던한 미니

멀리즘이 곳곳에 배어 있다. 내가 가진 정리 강박증과 알레르기에 도움이 될 것 같다. 캐럴라인은 이미 인테리어 디자이너와 상의하면서 집안을 멋진 소품들로 채우고 있다.

공간이 특별히 분리되지 않은 집에 산다는 것은, 아내와 딸과 하루 24시간 같은 공간에 있다는 의미이기도 하다. 우리는 각자 집에서 일하고 공부하며 시간을 보낸다. 대리석으로 된 아일랜드 식탁에 앉아 업무를 보는데, 노트북 화면에 아내의 모습이 비친다. 가을에 시작하는 대학원 수업에 대비하기 위해 발코니에서 책을 읽나 보다.

엘리자베스는 보통 아침 늦게까지 침실에서 나오지 않는다. 방에서 나오는 딸을 나는 안경 너머로 바라본다. 틀어올린 머리가 반쯤 풀어진 상태로 우유를 마시기 위해 냉장고 안을 들여다보며 졸린 눈을 비빈다. 콘프로스트를 우유에 붓고, 시리얼을 먹기 전에 우유갑에 입을 대고 우유를 한 모금 마신다. 그러더니 엄마가 자길 보고 있나 슬쩍 눈치를 본다. 나를 봤는지는 모르겠다. 내가 한가하게 집에 있는 모습이 어색할 것이다. 캐럴라인은 우유를 컵에 따르지 않고 우유갑에 입을 대고 마시는 것에 질색한다. 부엌 싱크대에 머리를 집어넣고 수도꼭지에 입을 대고 물을 마시는 모습을 질색하는 것처럼 말이다. 가족과 집에서 함께 격리하는 시간을 보내며, 내가 딸과 비슷한 면이 많다는 걸 알게 되었다. 엘리자베스는 시리얼 그릇을 들고 자기 방으로 들어갔다.

이 아파트에서는 코로나19의 공격에서 쉽게 벗어날 수 있다. 경제적 여유가 있으니 편하게 격리할 수 있는 것 같다. 나는 요즘 매일 같은 음식을 먹고, 같은 사람들과 이야기하고, 내가 원할 때 언제든지 PCR 검사를 받으며 편하게 격리 생활을 하고 있다. 그렇다고 이곳이 코로나19 확산세가 다른 곳에 비해 나은 건 아니다. 다만, 형편이 어려운 이들의 경우 격리가 제대로 이뤄지지 않아 직격탄을 맞을 뿐이다.

그런데 막상 코로나 이후 바뀐 것은 그리 많지 않다. 아침 출근길 대신 침실에서 책상으로 동선이 짧아졌고, 줌이 새로운 사무실로 활용될 뿐이다. 캐럴라인은 개 산책을 더 열심히 시킨다. 나는 아마존에서 온라인 쇼핑을 더 하고 있다. 우리 직원들이 웹캠의 반대편에 있는 가상 캐릭터들 같다. 비디오 게임의 NPC 같달까. 가장 많이 변한 건 우리에 갇힌 동물이 된 것 같은 기분, 원하는 곳에 자유로이 갈 수 없다는 생각일 것이다.

그래도 남들이 고민하는 심각한 골칫거리는 없다. 다음 달 월세 격정, 작은 공간에 틀어박혀 있으면서 느끼는 갑갑함, 아플까 봐 걱정되고 불안한 마음, 아니면 기사로 읽은 심각한 소외감과 단절감. 감사하게도 이런 고민은 안 해도 된다.

한편 시장은 안정세를 보였고 VIX는 30으로 돌아갔다. 빅테크주 주식들이 최고가를 경신하고 있다. 이제 사람들의 관심이 다시 일상 쪽에 가까워지고 있다. 물론 일상회복까지는 오랜 시간이 걸리고, 체온 점검, 수용인원 제한, 재택근무, 의료진급 성능의 마스크 착용 등 더 많은 조건이 붙을 예정이다. 미국에서는 시장 안정화를 위해 수조 달러를 들었다. 전 세계적으로 경기를 안정시키려면 더 많은 돈이 풀려야 할 것이다. 과거의 팬데믹을 살펴보면, 모든 것이 정상으로 돌아오기까지 거의 2년이 걸린다. 바이러스는 처음처럼 강력하진 않지만 다시 찾아오는 경향이 있다. 여전히 우리 주변에 있다는 것을 상기시키려는 습성이 있다.

일찍 잠에서 깼다. 오늘은 고용지표가 발표되는 날이다. 창문 밖 풍경이 아름답다. 따스한 햇볕과 날씨가 기분을 한껏 띄운다. 발걸음이 가벼워진다. 오늘은 중요한 날이 될 것이다. 복잡한 증시 상황을 들여다보기 전에 집 주변을 달리기로 했다. 서프사이드와 사우스 비치 해변을 향해 달렸다. 아직 폐쇄되지 않은 해변을 따라 멋진 길이 펼쳐진다. 요즘은 런던에서보다 하루가 훨씬 더 길게 느껴진다. 해변의 풍경은 정말 멋진데, 이른 시간인데도 벌써 더워진다. 그나마 아침 일찍 달려 다행이다.

달리기를 마치고 시황 체크를 하기 전에 간단히 샤워를 했다. 서재의 내 책상으로 다가가면서 화면을 보니, 미국 2년물 국채 금리가 새롭게 최저치로 떨어지고 있다. 파월 의장은 미국에는 마이너스 금리가 없을 것이라 주장했지만 연준이 금리를 '제로' 이하로 인하할 수밖에 없다고 베팅하는 트레이더들이 많아져 웃음이 나온다. 지금처럼 연준과 시장이 대치한 상황이 전에도 여러 차례 있었다. 파월 의장은 자신이 하고 싶은 대로 하면서 주목을 받을 수 있겠지만, 채권 시장을 좌절시켰다는 점은 두고두고 욕을 먹을 일이다. 처음 부모가 된 사람들은 교과서에서 배운 대로 아기가 혼자서 잠들게 교육시키겠노라 다짐하지만, 막상 아기가 새벽 3시에 울기 시작하면 어떻게 반응할지는 뻔하다. 이때 조지 소로스의 반사성reflexivity 이론이 적용된다(인식은 현상을 변화시키고, 변경된 현상은 다시 인식을 변화시킨다는 이론을 기반으로 한다. 전통 경제학에서는 가격이 오르면 팔고 하락하면 사야 하는 것이 정상인데, 그는 합리적 가격은 경제 참여자가 이성적으로 가정할 때 성립되는 것이고 실제로는 그렇지 않다고 주장한다). 특히 연준이 오냐오냐 하면서 다 퍼주는 시대에는 징징대는 시장의 고리를 끊어버리기가 매우 힘들다.

고용지표가 나왔다. 추가로 2000만 명의 사람들이 일자리를 잃었다. 오바마 전 대통령의 경제학자 중 한 명인 오스탄 굴스비는 이 수치가 발표되자 CNBC에 출연해서 오늘은 고용 시장 역사상 가장 가슴 아픈 날일 것이라고 말했다. 하지만 주식 시장은 콧방귀도 안 뀐다. 한바탕 더 올랐다. 주식 시장은 채권 시장의 하향 박자에 맞춰 흥청망청 노는 모습이다. 미국이 역사상 최악의 고용 수치가 발표되었는데 주식 시장이 오름세라니 도저히 믿기질 않는다.

랍비가 줌에 접속해 채팅창에 고용보고서를 속사포로 타이핑했다.

2050만

실업률 14.7퍼센트

지금 이 순간에도 실업자가 늘고 있으므로 실제 수치는 더 높을 듯

레저숙박업에서 대거 빠짐: −765만 3000개

실직자 대부분은 소수인종

평균 시급 급증. 이 부분의 시사점은 모호

아, 이해 완료. 실직자들의 대부분이 최저임금자들

갑자기 줌 화면에 그의 얼굴이 크게 떴다.

"대표님, 대박 사건입니다. 노동 시장에서 가장 빠르게 성장한 부문이 중앙은행에서 신규직 고용한 거였대요. 이 모든 일을 다 하려면 트레이더가 더 많이 필요하겠죠. 근데 트레이더만 뽑는 거래요. 제길, 이게 말이 되냐고요."

그의 속사포 타이핑이 다시 시작됐다. 랍비는 지금 실업률에 대해 월가가 어떤 반응을 보이는지 검색하고 있다.

월가에서는 실질 실업률이 20퍼센트에 육박한다고 추정

최저임금을 받는 근로자들이 가장 크게 정리해고의 직격탄을 맞음

식당과 술집에서는 한 달에 550만 개의 일자리가 사라짐

남성보다 여성 실직률 높음

내년에 관련 통계가 개편될 예정인데, 더 안 좋은 결과 예상

그의 얼굴이 다시 화면에 보인다. "이 모든 게 어떤 의미인지 명확하죠." 그가 말을 잇는다. "부의 양극화가 더 심해진다는 의미죠. 10년에 걸쳐 생겨난 일자리들을 한 달 만에 말살해 버린 셈이죠."

설상가상으로 영란은행은 코로나19 위기가 영국 경제를 300년 만에 가장 깊은 경기 침체로 몰아넣으리라 예측했다.

런던에서 마이애미로 오기 전에, 제리를 대신할 직원을 채용했다. 옥스퍼드대학교를 졸업한 영국인으로, 제리보다 더 경력이 짧은 친구였다. 말을 할 때 영국식 표현이 두드러진다. '줄을 서다'라고 할 때 'line' 대신 'queue', '화장실'을 말할 때 'bathroom' 대신 'loo'라고 한다. 비가 내리던 면접 날, 그녀는 헌터 레인부츠를 신고 나타났다. 코로나로 영업 시설이 다 문을 닫은 상태라 하이드 파크에서 면접을 진행했다. 나는 직원을 채용할 때 직접 1대1 인터뷰를 하는 것을 원칙으로 한다. 그녀의 첫인상만 봐서는 과연 우리가 필요로 하는 자질과 센스가 있을까 싶었다. 옷차림은 너무 격식을 차린 듯했고, 요즘 런던에서 유행하는 짙은 스모키 화장을 하고 있었다. 그런데 내가 그녀에게 본인 소개를 부탁하자 한 말은 다음과 같다. "승부욕을 불태우는 걸 좋아합니다." 이 한 마디에 나는 그녀를 채용하기로 했다.

마이애미로 와서 런던에 있는 그녀와 처음으로 줌 회의를 할 때, 중앙은행들이 어떠한 정책을 펴고 있고 이것이 시장에 어떤 영향을 미칠지에 대해 설명했다.

나는 요즘 달러 가치의 훼손 문제에 가장 집중하고 있다. 이 문제에 대해 오랫동안 아무도 그다지 신경 쓰지 않았지만, 이 문제가 시장에서 주요 쟁점이 될 것이라는 예감이 든다. 나는 이 친구가 최신 정보를 알고 있으면서 동향을 살피길 바랐다. 그녀에게 말했다. "우리는 M2〔시중통화량, '광의통화'라고도 한다〕에 초점을 두어야 해." M2는 시장에서 유통되고 있는 현금과 금융자산이 얼마인지를 파악하고 달러의 평가절하 가능성을 검토하는 데 도움이 된다.

"화폐 구매력purchasing power of money(화폐로 살 수 있는 재화와 용역으로 평가한 화폐가치)이 지난 100년 동안 99퍼센트까지 떨어졌어." 내가 말했다. "인플레이션과 더 많은 화폐 발행으로 인해 매년 평균 5퍼센트씩 감소하는 거지. 중앙은행들은 쥐도 새도 모르게 화폐의 가치를 서서히 희석하기 때문에 사람들은 돈의 가치가 떨어진다는 걸 피부로 느끼지 못해. 중앙은행들은 '통화기반을 늘린다' 혹은 '화폐의 공급을 늘린다'와 같은 나름대로 있어 보이는 표현을 쓰면서 그 심각성을 누그러뜨리지. 돈의 구매력이 떨어지기 시작한 건 아주 오래됐어. 예를 들어 자네 할아버지가 1952년 25달러를 주고 매입한 집이 지금 시세로는 32만 7000달러 정도 할 거야. 200달러였던 대학교 한 학기 등록금이 이제는 2만 2500달러 정도 하는 것처럼 말이지. 그런데 사람들이 받는 임금은 분명 이 정도로 오르지 않았지. 그러니까 월급으로만 생활하는 사람들, 하루 벌어 하루 사는 사람들은 가난에서 벗어나기 어렵지."

M2는 화폐가치의 절하를 측정하는 가장 좋은 방법이다. 나는 설명을 이어갔다. "옛날에는 동전을 녹여서 얼마나 많은 양의 금을 추출할 수 있는지 측정하기가 어려웠어. 그런데 지금은 연준에서 매주 관련 자료를 발표하니까 세인트루이스 연방은행 사이트에 가면 최신 차트를 볼 수 있어. 구글에서 검색하면 돼. 화면에 바로 올라올 거야."

"우와." 그녀가 말했다. "하키 스틱처럼 보여요. 쭉쭉 올라가네요."

"맞아. 신규 화폐가 세상에 얼마나 많이 투입되는지를 보여주는데 꽤 놀랍지. 이론적으로는 인플레이션의 상승 속도를 나타내기도 해. 꼭 알아둬야 하는 건, 이전에 비해 인플레이션 상황이 더 복잡해졌다는 거야. 디지털화 때문이기도 하고, 대부분의 국가가 자국의 법정통화를 갖고 있다는 점에서도 그렇지."

"무슨 뜻인가요?"

"인플레이션에 미치는 영향을 측정하는 것이 훨씬 더 어려워졌어. 아마도 현재 모든 경제학 논리에서 가장 큰 난제이기도 할 거야. 중앙은행들은 오랫동안 이 문제에 대해 잘못 알고 있었으니까. 내가 처음 설명하던 내용으로 돌아갈게." 내가 말했다. "연준의 임무는 '실업과 인플레이션의 균형을 맞추는 것'이야. 역사적으로 연준이 했던 방법에는 M2를 조절하는 게 있었어. 통화량은 2000년 1월 약 4조 6000억 달러에서 현재 18조 달러 선까지 증가했어. 새로 찍어낸 달러가 시장에 많이 풀렸고, 은행 준비금도 많아졌다는 의미지. 경험적으로 보면 연준은 매년 새로운 화폐를 약 2퍼센트 정도 찍어낸다는 목표로 갖고 있어. 분명 불경기에는 통화량 공급에 불을 지피겠지만, 지금은 거의 불에 훨훨 타는 수준까지 왔어. 매년 25퍼센트씩 늘려왔으니깐."

"잠깐만요." 그녀가 말했다. "2000년 이후 유통된 달러가 정말 말 그대로 4조 6000억 달러에서 18조 달러로 증가했다는 말씀이죠?"

"그렇지."

그녀는 잠시 아무 말 하지 않고 머릿속으로 숫자를 계산하는 듯했다.

나는 말을 이어갔다. "과도한 유동성 팽창이 위기로 이어진 시기는 2001년 9월, 2009년 1월, 2012년 1월로 M2 증가율이 10퍼센트를 넘었어. 그런데 이전 위기들이 무색할 정도로 현재 M2 증가율이 25퍼센트를 넘는다니 기가 찰 노릇이지."

"그럼 그 기간 동안 주화에서 금의 함량을 75퍼센트 제거했다는 의미네요."

"바로 그거지."

그녀가 말했다. "맙소사."

>|<

TV를 켰다. 내게 TV란 하루 종일 미술품처럼 존재를 드러내지 않고 있다가 리모컨으로 전원을 켜는 순간 생명을 발하는 것 중 하나다. 로빈후드 재단의 자선행사 방송으로 채널을 돌렸다. 미국에 돌아와서 좋은 점 중 하나는 미국의 TV 프로그램을 다시 볼 수 있다는 거다. 즐겨 보는 영국 TV 방송도 있지만, 내 고향 미국의 프로그램들이 아주 그리웠다. 게다가 그동안 바빠서 놓친 미니시리즈 〈타이거 킹〉도 봐야 한다. 주인공인 사육사 조 이그조틱은 전성기의 미국을 상징하는 듯한 인물이다.

로빈후드 자선행사는 큰 헤지펀드 행사였지만, 지금은 그 이상의 의미와 영향력을 보여준다. 폴 튜더 존스, 피터 보리쉬, 글렌 더빈과 같은 헤지펀드 트레이더들이 함께 만든 재단에서 주최하는 행사다. 코로나19가 확산된 이후 뉴욕에 사는 빈민층을 위해 이미 많은 돈을 모금했다.

나는 라이프코치에게 전화를 걸었다. 그녀도 나처럼 미국에서 자가격리를 하기 위해 시카고에 돌아왔다.

"우리가 로빈후드 자선행사에 처음 갔을 때 기억나?" 내가 말했다.

"그럼요. 2007년이었던 것 같은데, 거기서 기네스 펠트로를 봤어요. 그때 완전 팬이었는데…. 요가에 빠진 그녀를 보면서 저도 다시 요가를 하게 되었죠."

"그때 경매에 나온 물건들도 대단했는데…." 내가 말했다.

"내가 기억하는 건, 유명 요리장 마리오 바탈라가 직접 조리하는 저녁 식사 코스요리 10인 식사권이 13억 달러 정도에 낙찰되었다는 거예요."

"당시는 거품이 절정이었을 때지."

"거품이 많을 때는 시장의 포식자들과 함께 저녁 식사를 하는 비용이 커지는 것 같아요." 그녀가 말했다.

"하비 와인스타인(미투 운동을 촉발한 할리우드 거물급 영화 제작자)이 그 식사권에 입찰한 건 아니지만, 쨌든 그날 밤 그 자리에 있었던 건 기억나요. 보기만 해도 소름 끼쳤는데…." 그녀가 말했다.

로버트 드 니로가 TV에서 사람들에게 행동을 요청하고 있다. "우리 도시 뉴욕은 현재 공격을 받고 있지만, 우리는 지금처럼 뼈아픈 경험을 한 적이 있습니다. … 우리에게 아무리 큰 시련이 와도 우리의 정신을 꺾을 수는 없습니다." 한편 티나 페이는 텅 빈 록펠러 플라자 30번지에서 뉴욕 시민들에게 요즘 생계가 힘든 사람들이 많아졌다는 사실을 상기시켰다. "오늘 아침 식사를 했다면, 당신은 주린 배를 쥐고 잠에서 깬 200만 명의 이웃들보다 운이 좋은 사람입니다."

화면에 더 많은 데이터가 올라오는 가운데 우리는 줌 회의를 하고 있다. 미국의 인플레이션이 하락세를 보인다. 월간 하락 폭은 역대 최대를 기록했다. 게다가 4월 한 달 동안 연방정부는 그 어느 때보다 많은 돈을 지출했다.

"장기채를 매각해야 할 것 같습니다." 랍비가 말한다. "적자 수치가 믿을 수 없을 정도입니다. 장기채를 어마어마하게 새로 발행할 것 같아요."

"그러면 커브 스티프너에 더 넣자고."

"그거 아세요?" 그가 말했다.

"뭐?"

"도이치 은행에 있는 제 친구가 그러는데 새롭게 차트를 만들었다고 합니다. 좀비 차트요."

"좀비?"

"네. 영업이익보다 부채조달비용 debt servicing cost〔기업이 외부 자본을 이용한 대가로 부담하는 이자 비용〕이 더 높은 회사들을 '좀비 회사'라고 부른다고 합니다."

"그런 회사가 얼마나 있대?"

"말도 마세요. 걸어 다니는 송장 같은 회사들이 현재 상장기업의

20퍼센트에 달한다고 합니다."

"와…."

"제가 최근에 들은 새로운 이론이 하나 있는데요." 그가 말했다.

"그게 뭔데?"

"말할 때 목소리가 큰 사람들 있잖아요. 이 사람들이 코로나를 더 많이 옮기고 다닌대요. 제가 보는 세균 전문 블로그에서 읽었어요."

우리가 랍비 본인도 목소리가 크다고 이야기하고 있는데, 엘리아스가 채팅창에 트윗 하나를 가져왔다. 놀랍지 않게도 트럼프 대통령의 트윗이었다.

> 다른 국가들이 마이너스 금리로 혜택을 입고 있으니, 미국도 이런 선물을 받아들여야 합니다.

"웃기고 앉아 있네." 랍비가 말했다. "전형적인 부동산 전문가답네. 자기가 뭐라고 지껄이는지를 몰라요. 지금 상황이 얼마나 안 좋은지도 모르고."

엎친 데 덮친 격으로, 파월 의장이 매우 암울한 연설을 발표했다. 경기회복에 대한 기대감에 찬물을 끼얹는 내용으로 주가는 거의 2퍼센트 하락했다. 파급력이 높았던 그의 연설* 일부를 인용한다.

---

* 제롬 파월 의장, 워싱턴 DC의 피터슨 국제경제연구소에서의 연설, 2020. 5. 13. www.federalreserve.gov/newsevents/speech/powell 20200513a.htm

현재 경기 침체의 범위와 속도는 근래에 보지 못했던 수준으로 제2차 세계대전 이후 가장 심각한 것으로 판단된다. 경제 활동과 고용이 급격히 하락하고 있고, 지난 10년간 창출된 일자리들이 사라졌다. … 내일 발표되는 연준 조사 결과는 다른 많은 조사 결과와 비슷하다. 2월에 경제 활동을 하던 사람 중, 연소득 4만 달러 미만 가구의 약 50퍼센트가 3월 중 일자리를 잃은 것으로 나타났다. 미래에 대한 큰 불확실성 속에서 삶이 피폐해지면서, 경제적 행운의 반전은 말로 담기 힘든 고통을 안겨주었다.

>x<

해변을 걸으며 주말 운동을 하고 있는데 전화벨이 울렸다. 엘리아스였다.

"응, 나야." 내가 말했다.

"대표님, 제리 와이프가 코로나 양성이 나왔대요."

"정말이야?"

"네. 코로나에 걸렸대요. 대거넘 병원에서 환자를 치료하다가 옮았나 봐요. 이제 제리 아기한테도 검사를 하나 봐요."

"아."

"같은 병원에 다른 간호사는 좀 전에 죽었대요."

나는 곧바로 핸드폰에서 관련 기사를 찾기 위해 구글 검색을 시작했다. 건강보험공단에서 100명이 넘는 근로자들이 바이러스로 인해 사망했다는 기사가 나왔다. 엘리아스의 말대로 대거넘 병원에서 일하던 간호사 하나가 사망했다. 그녀는 살아생전 가족들에게 간호사로서 일하면서 환자들을 도와야 하는 의무감에 대해 말했다고 한다. 4월, 코로나19에 의해 사망한 건강보험공단 근로자 수가 일주일 만에 거의 2배로 증가했고, 그 숫자는 계속 증가하고 있다.

>X<

집으로 걸어서 돌아오는 길에, 최신 뉴스를 요약한 팟캐스트를 들었다. 추가로 300만 명의 사람들이 지난주에 일자리를 잃었다. 현재 3650만 명의 미국인들이 실업수당을 신청했다고 하니, 주춤할 조짐이 전혀 보이지 않는다. 공장, 광업 및 수도 사업 생산을 집계한 수치인 산업생산지수는 100년의 역사 동안 가장 가파른 하락세를 보였다.

그러나 S&P 500 지수는 3월 중순의 최저점에서 30퍼센트 상승했고, 2020년 기업 실적 전망이 밝아 보였던 작년 10월 수준으로 돌아갔다. 기업들은 최근 몇 주 동안 기록적인 양의 부채를 팔아치웠다. 역사적으로 경기 침체기에는 주춤하던 정크본드가 다시 활개를 친다.

이번 주말 오바마 전 대통령의 연설 영상이 올라왔다. 2020년에 졸업하는 고등학생들을 위한 졸업식 축사 영상에서 그는 직접적으로 트럼프 대통령을 언급하지는 않았지만, 셧다운에 동참하며 이 영상을 보는 모두가 트럼프 정권에 대한 비난의 화살을 느낄 수 있었다. "하기 좋은 일, 편한 일, 쉬운 일만 하는 건 어린아이들의 생각입니다." 올해 대면 졸업식을 하지 못하는 수백만 명에 달하는 고등학생들에게 전하는 그의 메시지는 여러 채널로 중계되었다. "불행하게도 많은 '어른들'도 그렇게 생각합니다. 그중에는 화려한 직함을 갖고 있고 중요한 직책에 있는 사람들도 있습니다. 세상이 이렇게 잘못된 이유가 바로 거기에 있습니다. 물론 최고의 정부가 대응해도 결과가 나빴을 수 있습니다. 그러나 '내게 득이 되는 게 뭐지?', '다른 사람은 알 게 뭐야?'와 같은 사고방식이 정부 내에서 작동될 때, 완전히 혼란덩어리 재앙이 됐습니다."

나는 아내에게 제리의 아내 이야기를 하기 위해 집으로 올라왔다.

아내가 무엇을 하나 보니 옆방에서 전화 통화 중이었다. 장모님이나 처제랑 통화하는 것 같지는 않았다.

아내는 상대방에게 마이애미가 좋다고 말했다. 젠장, 말투를 들어보면 격리돼서 방콕하는 생활이 마음에 드나 보다. 그녀가 말했다. "일상의 속도를 늦추며 살고 있지. 요리도 더 하고, 독서도 더 하고. 동네 슈퍼에 장 보러 가거나, 해변을 거니는 시간이 기다려지고 말이지. 계속 집에만 있다가 길 건너 슈퍼에는 그냥 살살 걸어갔다 오고 있어. 여기에서 동네 친구를 하나 사귀었거든. 옆 동 사는 사람인데, 내일 같이 멀리 산책이나 다녀오려고. 난 있지, 이렇게 사는 게 참 좋다. 내가 무슨 말을 하면, 시늉으로라도 잘 들어주는 사람도 곁에 있고. 단순한 게 좋은 거 같아. 런던에서 정신없이 살던 때로 돌아가고 싶은 마음은 없긴 한데, 그래도 당신이 보고 싶어."

'당신'이 누구야? 누가 보고 싶다는 거지? 아무튼 난 하루빨리 일상으로 돌아가고 싶은 마음뿐이다. 트레이딩 데스크에서 사람들과 부대끼며 쌓는 동료애도 그립고, 내가 마음을 터놓고 지내는 바텐더들도 보고 싶다. 사무실의 내 자리로 돌아가 원래대로 일하고 싶다.

아내는 어색한 톤으로 대화를 마치는 느낌이었다. 나는 아내에게 다가가 제리의 와이프 소식을 전했다. 그녀는 아무 말 없이, 울음을 터뜨렸다.

>X<

주말 동안의 주요 소식은 파월 의장이 CBS 〈페이스 더 네이션〉에 출연해서 했던 발언이었다. "우리가 할 수 있는 일이 더 많다"라고 말하며, 연준의 역할을 강조하는 차원에서 그는 이렇게 덧붙였다. "연준은 디지털 달러 작업을 본격화했다. … 연준은 디지털 통화를 만들 수 있는 능력을 보유하고 있다. 미국의 단기채와 같은 국채 혹은 기타 정부보증 증권 매입을 통해 가능할 것이다." 이젠 그나마 인정은 하는군. 눈 가리고 아웅은 그만할 생각인가 보다. 그렇지, 위기를 기회로 만들어야지.

미국 정부가 훨씬 더 큰 규모로 매입할 준비가 되어 있다는 파월 의장의 발언에 시장은 환호를 보내며 널뛰기 양상을 보였다. 달러는 급격히 하락했고, 원자재 통화는 강세를 나타냈다. 우리는 원자재 통화에 발을 담가왔는데, 다행히 강세라는 뉴스가 들린다. 주요 10개국의 통화 가운데 노르웨이 크로네와 호주 달러가 강세를 주도했다. 그 결과 국제유가가 2개월 만에 배럴당 30달러를 다시 돌파할 수 있었다. 그런데도 채권 시장이 꿈쩍도 하지 않을 것 같다는 사실이 흥미롭다. 여전히 채권 시장의 앞날이 녹록지 않을 듯싶다.

오늘은 온종일 PnL 업무만 했다. 기쁜 소식은 마이애미 식당들이 영업을 재개했다는 거다. 물론 수용인원에 제한을 두긴 하지만, 영업은 한다. 기분이 좋다. 이탈리안 식당 카사 투아의 테라스에 앉아서 보니 사람들도 들뜬 기색이다. 고객들과 서빙하는 직원들을 비롯한 모든 이들이 일상으로 돌아온 것에 마냥 행복해한다.

수익실적 보고 시즌이 거의 끝났지만, 또다시 거시경제적 관점에서 분석해야 할 데이터가 산더미다. 앞으로 몇 주 동안 주요 뉴스는 경제 지표와 백신 개발 관련 소식이 될 것이다. 가장 유망한 백신 후보들을 개발하는 일부 대기업 제약사들이 성과를 내고 있다. 전 세계 5월 PMI 지수와 미국 주간 실업수당 청구에 대한 보고 내용이 주요 거시경제 관련 소식이 될 것이다. 이번 주에는 중앙은행 행사도 봇물 터지듯 쏟아질 것이다. 마지막으로 금요일에는 중국에서 전국인민대표대회가 열린다.

미국의 50개 주 모두에서 경제 활동 재개의 움직임을 보였다. 코네티컷주를 비롯한 몇몇 주는 가장 마지막으로 거리두기 지침을 완화했다. 그런데도 주요 대도시 지역을 포함한 대부분의 주는 아직 영업정지 조치를 유지하고 있다. 또한 여러 도시에서는 단계별로 영업 중단을 해제하고 있다.

엘리아스가 줌 화면에 등장했다.

"대표님, 피닉스에 있는 쇼핑센터에서 총격 사건 난 거 보셨어요?"

"아니, 확인 못 했는데."

"격리되니깐 그런 꼴 안 겪어도 되고 좋네요." 그가 말했다.

"맞아. 공기도 맑아지고, 총기사건 위험도 없고, 해변도 깨끗해져서 좋아."

✕

이제 마이애미의 영업 시설이 본격적으로 재개장함에 따라 식사, 운동, 이발을 자유자재로 할 수 있고, 야외 활동도 자유롭게 할 수 있다.

전 세계적으로 33만 7000명 이상의 사망자를 비롯해 확진자가 520만 명에 달했다. 미국의 경우 확진자가 160만 명 이상을 차지하고 있고, 거의 10만 명이 사망했다. 코로나가 경제에 가하는 영향은 형언할 수 없을 정도다. 지난주에 추가로 240만 명의 사람들이 실업수당을 청구했다. 근로자 4명 중 1명 꼴로 실업수당을 신청한 꼴이다.

금요일

지금은 마이애미의 이른 아침, 화창한 햇살이 눈부시다. 어젯밤에 친구들을 만나 야외에서 저녁 식사를 하며 와인을 많이 마셨더니 머리가 약간 아프다. 오늘은 긴 현충일 연휴를 앞둔 금요일이다.

하룻밤 사이에 들려온 주요 뉴스는 중국의 전국인민대표대회 소식이었다. 중국은 2020년 경제 성장 목표를 발표하지 않음으로써

25년 이상의 전통을 깼다. 당국에서 발표하는 모든 수치가 유동적이라는 점을 시사하는 대목이다. 게다가 앞으로 중국이 홍콩의 자유를 탄압할 가능성이 커질 전망이다. 전 세계 정상들이 자국의 감염곡선과 경제적 여파에 특별히 집중하는 동안, 중국은 자국의 지배력과 통제권을 새롭게 주장하고 나선 것이다. 중국은 시위자들에게 넌덜머리가 났다. 또한 위기를 헛되이 흘려보내지 않고, 중국에 유리한 기회가 되도록 하는 데 총력을 기울이고 있다.

그 결과 홍콩 증시는 밤새 큰 폭으로 하락했고, 외환 시장에 대한 압박이 거세질 전망이다. 중국이 위안화 기준금리를 10여 년 만에 가장 큰 폭으로 인하했다. 중국이 위안화 통화가치를 크게 절하시킨 결과 해외 매수자들이 중국 제품을 지속해서 구매하게 되고, 중국 제품의 경쟁력은 올라가게 된다. 중국 런민은행은 이날 하루 위안화 환율을 달러당 7.1293위안으로 책정했고, 이는 2008년 2월 이후 최저치다. 지난해 미국은 비슷한 수준에 이르렀을 때 중국을 환율조작국으로 규정했다.

한편 민주당의 바이든 대선후보는 오늘 아침 CNBC에 출연했다. 그의 첫 번째 주요 방송 출연이었다. 11월 대선에 대한 대중의 관심을 다지는 계기가 되었다. 그는 장황한 연설에서 기업들에 대한 법인세 인상을 약속했다. 대부분의 기업이 문을 닫고 고전을 면치 못하고 있는 상황에서 왜 하필이면 대선공약을 널리 알리기 위한 TV 첫 출연을 CNBC(이 채널은 미국에서 경제방송 채널 최강자라 불리며 기업들 광고가 넘쳐날 정도로 들어온다)에서 했는지 궁금하다. 11월 대선 결과에 법인세 인상 소식이 유리하게 작용할 것 같지 않다. 대선 후보로서 더욱 전략적이고 짜임새 있는 술책이 필요하겠다.

초등학교에서 쉬는 시간이 늘어날 때 설렜던 마음처럼, 매크로 트레이더로서 현재 상황을 바라보는 내 마음이 한껏 들떠 있다. 굵직굵직한 이슈들을 제대로 분석하고 투자하면 수익이 날 것이라는 확신이 들기 때문이다. 이래서 매크로 트레이딩이 매력적이다. 팬데믹에 대한 역학 조사는 물론, 원유, 홍콩 기본법 제23조(홍콩 기본법 제23조는 홍콩 정부 스스로 국가보안법 관련 내용을 제정하도록 규정하고 있음에도 중국 정부는 이를 재해석해 홍콩 국가보안법을 제정했다. 반역, 분리독립, 국가전복 행위에 대해 최장 30년의 징역형에 처하는 법이다), 환율 조작, 미국 선거를 훤히 들여다보고 있어야 한다. 내겐 흥미진진하기 그지없다.

이번 한 달을 활기차게 마감하고 싶다. 나는 이번 달 마지막 며칠 동안이라도 실현손익을 늘리고 싶다. 아침에 깨어서 살펴보니 선물은 상승세. 독일이 방금 경매에서 2년 만기 채권을 추가 매도했다는 소식이다. 거의 15년에 걸쳐 가장 강력한 매수세였다. 게다가 채권수익률이 -0.66퍼센트인데도 매수세가 있었다는 점이 놀랍다. 정말로 세상에 망조가 든 걸까?

폭풍 같았던 한 달이 지나고 찾아온 이번 달은 상대적으로 온화했던 것 같다. 감사히도 우리의 투자 실적은 평균 수익률을 상회하며 만족스러운 결과를 보여주고 있다. 장부 실적이 제대로 운영된다는 의미다. 별 기대 없이 매수한 아르헨티나 국채도 아르헨티나 정부의 채무 구조조정 소식에 10bp 올랐다. 간절히 원하면 우주가 도와준다는 말을 체감하고 있다. 다른 분야도 그렇겠지만, 특히 트레이딩 분야에서는 시대를 앞서가야 성공할 수 있다. 현실에 안주하지 않고 개선책과 향후 방향을 고민하며 남들보다 한발 앞서 움직이면 성공은 자연히 따라온다. 게임의 법칙을 준수하며 게임에 임한다. 단, 이기기 위한 게임으로 만들어야 한다.

2020. 6. 1.
• ISM 제조업지수 43.1,
고용지수 32.1로 소폭 상승

2020. 6. 5.
• 일자리 25만 개 추가 창출,
실업률 13.3%로 감소

2020. 6. 3.
• ISM 비제조업지수 45.4,
고용지수 31.8
• 연준, 지방정부 유동성 기구에
대한 조건 다시 한번 완화.
• 일리노이주, 연준에서 주채권
최초 매입

2020. 6. 8.
• 연준, 메인 스트리트 대출
프로그램에 대한 조건 완화:
최소 대출 규모 하향 조정, 최대
대출 규모 상향 조정, 대출 상환
기간을 4년에서 5년으로 연장

도금시대의 교훈

월말 기준: 10년물 국채 금리 0.66%
S&P +2.08%
나스닥 +6.0%

2020. 6. 10.
• 미국 코로나19 확진자 2만 명 돌파
• FOMC 회의에서 금리 동결, SEP는 적어도
2022년까지 인상 계획 없다고 발표, 연준은
현재의 국채와 주택 저당증권 매입 속도 유지할
계획, 파월 의장의 접근은 '무슨 수를 써서라도
금융 시스템 붕괴를 막는다'는 것임

2020. 6. 30.
• 파우치 소장, 하루 확진자가
10만 명에 달할 수도 있다고 경고

시장의 위기가 이젠 막을 내렸다고 봐도 될 것이다. 다시 강세장으로 돌아섰으니 말이다. 상위 0.01퍼센트에 속하는 자본가들이 최고의 자산운용가에게 자산운용을 맡기면서 시의적절히 주식을 매수했다면, 그 어느 때보다 큰 부를 거머쥐게 되었다는 의미다. 그 외의 사람들은 다 망한 셈이다. 이번 달까지 전 세계 코로나19 확진자 수가 1000만 명, 사망자 수가 50만 명을 돌파할 듯하다.

심지어 뉴스 기사도 예전으로 돌아왔다. 총기 난사 사건, 인종 갈등 고조, 성희롱 의혹과 같은 소식이 주를 이룬다. 미네소타주에서 발생한 화재가 잡히지 않고 있다. 격리 조치가 겨우 며칠 전에 풀렸을 뿐인데 벌써 애틀랜타, 디트로이트, 미니애폴리스, 뉴올리언스, 뉴욕 등 20여 개 도시에서 대규모 시위가 벌어지고 있다. 시위는 어느새 폭동으로 변했다. 사람들은 차를 태우고, 가게를 뒤지고, 로데오 거리에 '부자들을 없애자 Eat the Rich'라는 낙서를 쓰며 소요를 일으켰다. 경찰의 흑인 살해 사건에 대해 정의를 요구하는 행동들이었다.

미니애폴리스에서 백인 경찰관이 조지 플로이드라는 흑인 남자의 목을 거의 9분 동안 무릎으로 눌러 사망에 이르게 한 것이다. 경찰은 어떤 남자가 20달러 위조지폐를 사용했다는 신고를 받고 출동해 그를 길 한복판에서 질식시켰다. 플로이드는 경찰관들에게 숨을 쉴 수 없다고 말했다.

코로나 사태 장기화로 실업자 수가 기하급수적으로 늘어나 폭동이 예상되던 차에, 트럼프 대통령의 시위대에 대한 위협적 발언은 시한폭탄을 터뜨리고 말았다. 미니애폴리스의 곳곳에서 일어난 화재와 폭력적 시위 영상이 전파를 타자 트럼프 대통령은 트위터에 이렇게 올렸다.

터그들THUGS(주로 빈민가의 흑인 폭력배들을 비하하는 말)이 조지 플로이드의 추모를 방해하고 있습니다. 저는 이 사태를 수수방관하지 않을 것이고, 미네소타주의 팀 월츠 주지사에게 군대를 동원해도 좋다고 했습니다. 어떤 난관이 생겨도 통제할 것이지만, 노략질이 발생하면, 총격이 시작되겠죠. 땡큐!

도심은 현재 폐쇄된 상태다. 증권 시황이 뉴스에 떴다. 시장도 폭도들처럼 가게의 진열장을 깨고 물건을 탈취하면서 공매도를 잔인하게 다루는 듯하다.

언론의 새로운 먹잇감이 많기도 하다. 석 달 만에 처음으로 언론에서 코로나19에 대해 아무런 언급이 없다.

트럼프 대통령은 또다시 트위터에 글을 남겼다.

> 미국 역사상 흑인 공동체를 위해 저만큼 많은 일을 한 대통령이 없습니다. 또 다른 전직 공화당 대통령인 위대한 에이브러햄 링컨을 제외하고는 아무도 내가 한 만큼 하지 못했죠.

인터넷으로 사고 싶은 물건들을 보고 있다. 아직 도박판이 끝난 게 아닌데 돈을 꺼내 쓰려는 내 모습이 보인다. "테이블 떠나기 전에 돈 세지 말아요. 게임이 끝나면 돈 셀 시간 충분히 있을 테니."(케니 로저스의 노래 〈더 갬블러〉의 가사다. 다음 가사는 이렇다. '언제 버텨야 하는지, 언제 접어야 하는지, 언제 도박판에서 일어나야 하는지, 그리고 언제가 도망칠 때인지 알아야 해요')라는 가사도 있지 않은가. 그러나 나는 지금 시장의 흐름에 대해 다시 감을 찾았다. 지금처럼 계속 돈이 벌릴 거라는 감도 온다. 여름 휴가 때 프랑스 칸이나 생트로페에 가면 억지로 누르고 있는 구매욕이 좀 없어지려나. 그런데 갈 때 가더라도 지금 몇 가지 나만을 위한 물건들을 사고 싶다. 군용차로 오랫동안 사용된 빈티지 랜드로버는 언제나 내 위시 리스트에 있긴 했다.

캐럴라인과 나는 로드아일랜드주의 뉴포트로 가고 있다. 방역수칙을 준수하며 진행하는 결혼식에 참석하기 위해서다. 아내는 로드아일랜드에서 자랐고 그곳에 아직도 친구들이 많이 살고 있다. 나도 아내의 친구 크리스를 만나는 걸 기대하고 있다. 크리스는 로드아일랜드에서 교사로 일하며, 실력 좋은 셔플 보드 선수이기도 하다. 우리 부부는 마이애미에서 보스턴으로 가는 비행기를 타고 가서, 차를 타고 뉴포트로 내려갈 예정이다. 공항은 여전히 조용하고 줄을 서 있는 사람들도 거의 없다. 모두가 마스크를 쓰고 있지만, 미국의 모든 것들이 그렇듯 각자의 방식으로 수칙을 따른다. 마스크를 귀에만 걸어둔 사람들도 있고, 직접 제작한 방호복을 입고 방역수칙에 무심한 듯한 사람들을 경멸하는 눈빛으로 바라보는 사람들도 있다. 웃음이 나온다. 극단적이고 특이한 사람들은 항상 있게 마련이다. 다행히 아메리칸 항공 라운지인 애드미럴 클럽이 운영 중이다. 우리는 라운지에 들어가서 음료수를 마셨다. 나는 블룸버그 터미널에 온라인으로 접속해 항공사 주식이 여전히 거의 최저치인 것을 확인했다.

뉴포트에 도착하니 비가 조금씩 흩뿌리듯 날리고 있었다. 우리는 큰 선박들과 요트 선착장을 끼고 있는 도로로 내려갔다. 캐럴라인은 방금 받은 문자 메시지에 정신이 팔려 있었다. 표정을 보니 꽤 즐거워 보였다. 그녀는 곧바로 답장을 보내더니 바로 대화를 삭제하는 듯했다.

뉴포트는 매력적인 역사가 있는 도시다. 1639년에 세워진 최초의 정착지 중 한 곳이었다. 얼마 지나지 않아 유대인들이 종교적 박해를 피해 스페인과 포르투갈에서 미 대륙으로 대거 이주했으나, 뉴포트를 제외한 다른 곳에서는 대부분 문전박대를 당했다. 당시 유대인 중에는 훌륭한 무역상들이 많았고, 이들은 뉴포트가 상업적 발전 도시이자 유대인들의 허브 도시가 되는 데 일조했다.

그러나 대부분의 장소가 그러하듯 뉴포트에도 흑역사가 있다. 당시 뉴포트는 미국의 주요 노예무역 중심지였다. 특히 카리브해에서 노예들이 생산한 설탕과 사탕수수를 로드아일랜드로 수송해 럼주로 제조한 후, 이를 서아프리카로 수출하고 다시 그곳의 노예를 수입하는 삼각무역triangle trade의 거점이었다. 1764년, 뉴포트에는 22개의 증류소가 있었다.

북미 대륙에서 시작된 노예무역 가운데 66퍼센트(몇 년 후에는 90퍼센트 이상)가 로드아일랜드를 거점으로 했다. 당시 노예무역은 불법이었지만 오랫동안 자행되었다. 로드아일랜드에는 노예무역으로 큰 부를 거머쥔 몇몇 가문이 있다. 윌리엄과 사무엘 버논 형제는 뉴포트에서 상인으로 활동했는데, 훗날 이곳에 기지를 두고 있는 미 해군 창설에 중요한 역할을 했다. 형제는 많은 돈을 벌었다. 심지어 다른 사람들도 자신들의 사업에 동참시켜 돈을 벌게 하는 방법까지 찾아냈다. 평범한 상점 주인들과 무역상들이 노예무역에 대한 지분을 매수할 수 있는 구조를 고안해낸 것이다.

19세기 중반부터 미국의 부유한 남부인들이 벨뷰 애비뉴에 별장을 짓기 시작하면서 뉴포트는 피서지로 각광을 받기 시작했다. 영국으로 치면 햄프턴 같은 핫한 동네가 되어간 것이다. 최고급 맨션들이 많은 것으로도 유명하다. 1800년대 후반까지 미국에서 가장 부유한 사람들이 뉴포트에서 여름철을 보내곤 했다. 호사스러움의 단계를 끌어 올렸다고 해야 할까. 그들은 관광지로도 유명한 마블 하우스, 더 브레이커즈, 더 엘름스와 같은 고급 별장을 지었다.

당시는 부의 독점과 사치가 극에 달했던 시기였다. 미국 소설가 마크 트웨인은 이 시기를 **도금 시대**Gilded Age 라고 표현했다. 셰익스피어의 작품에 나오는 글귀, "정련된 금에 도금을 하고 백합에 색칠을 하는 것은 … 낭비이고 우스꽝스러운 과잉이다"에서 영감을 얻어 만든 표현이었다. 풍자적 요소가 깃든 용어다.

뉴포트는 여전히 호사스러움을 뿜어낸다. 여전히 핏줄과 가문을 중시하는 곳이다. 주변을 둘러봐도 사람들의 인종이 다양하지 않다. 뉴포트에서 시위대를 본 적도 없다.

우리는 벨뷰 애비뉴 근처의 호텔에 체크인했다. 나는 혼자 운동을 하러 나왔다. 비가 그쳤기에 나는 대저택의 널찍한 뒷마당과 아래 해변의 바위 사이에 있는 약 5.6킬로미터 길이의 절벽을 따라 걸을 생각이다. 걷다 보면, 도금 시대를 가까이 들여다볼 수 있을 것 같다. 여름 사교철에 이 잔디밭에서 열린 화려한 파티를 쉽게 상상할 수 있을 것이다.

길을 따라 걷다 보면, 이 거대한 저택들은 《위대한 개츠비》를 떠올리게 한다. 나는 주인공 개츠비의 내면에 공감하지 못했다. 나라면 그저 새로운 인생에 적응할 방법을 찾고 한 여자에 대한 미련과 순애보는 마음에 묻어두기만 했을 듯싶다. 나는 내 인생에서 개츠비가 했던 실수를 하지 않았다고 확신한다. 나는 주어진 환경에 대한 소속감을 터득했고, 내게 주어진 게임의 법칙도 파악해냈다.

결혼식 피로연은 제니퍼 로렌스의 결혼식 장소로 유명한 '벨코트 오브 뉴포트'에서 열렸다. 이곳은 1894년에 지어졌고, 그 이후로 뉴포트에 대해 전해져 내려오는 이야기에서 빠질 수 없는 장소가 되었다. 베르사유 궁전에 있는 루이 14세의 사냥용 별장처럼 보이도록 설계되었다. '도금 시대'의 시초가 바로 이곳을 두고 한 말이다.

캐럴라인과 나는 행사장에 도착했고 신랑과 신부의 이름이 새겨진 N95 마스크를 받았다. 전통적인 결혼 피로연 방식이 아니었다. 야외 칵테일 파티 분위기가 물씬 풍겼다. 단 하객들은 서로 거리두기를 해야 했다. 이전처럼 사람들과 음식으로 가득 찬 피로연장도 없고 밴드 연주나 춤도 없었다. 신랑과 신부가 시청에 가서 혼인신고를 하는 대신, 비대면으로 시청 직원으로부터 결혼 허가서를 받게 되어 있다고 했다.

하객들은 이곳 대저택의 역사에 관한 팸플릿을 받고 내부를 둘러보는 것이 허용되었다. 난 이 모든 게 한심하고 같잖아 보였다. 이렇게 큰 저택의 주인이 결혼 안 한 청년인지도, 1층 전체가 자신의 말들을 위한 공간인지도 몰랐다. 게다가 말의 여물통은 대리석으로 만들었다. 전체 넓이가 약 3712제곱미터(약 1124평)인데, 방은 하나뿐이다. 조상들에게서 받은 유산을 이딴 식으로 써버리다니…. 전형적인 부모 등골 빼먹는 자식이다. 이 집을 짓는 데 요즘 돈으로 치면 대략 8500만 달러를 써버린 것이다. 1940년, 그의 상속자들은 이 집을 1000달러에 처분했다고 한다.

나는 이 청년의 이야기가 거슬린다. 사람들이 돈을 허투루 썼다는 얘기를 들으면 진절머리가 난다. 이렇게 한심한 사람한테는 애초에 큰돈이 쥐어지면 안 된다고 생각한다.

안뜰에 서서 샴페인을 마시며 신부가 오기를 기다리고 있는데 엘리아스에게서 전화가 왔다.

"방해해서 죄송합니다." 그가 말했다. 그는 내가 결혼식 피로연에 온 걸 알고 있었다.

"괜찮아."

"대표님이 뭔가 조치를 취해야 할 것 같아서요."

"무슨 말이야?"

"직원들이 이건 좀 너무하다고 생각하고 있어요."

"뭐에 대해?"

"저, 제리가 해고된 거요. 다들 대표님이 너무 가혹했다고 생각합니다."

"아, 그래."

직원들의 반응이 충분히 이해가 간다. 제리는 누구나 좋아할 만한 사람이니 말이다. 그런데 그런 그를 해고만 한 게 아니라, 아내가 코로나 확진 판정을 받고 아직도 입원 중이라는데 전 대표란 사람이 아무런 조치를 취하지 않았다. 그나마 다행인 건 아기는 음성이라고 한다. 그렇다. 내가 도울 방법을 찾아야 한다. 어떻게 해야 할지 고민하고 있을 때 신랑 신부가 모습을 드러내었고 우리는 하객석으로 안내를 받았다. 하객들은 사회적 거리두기 지침에 따라 6피트(약 183센티미터)의 간격을 완벽히 유지하고 있었다.

그날 밤늦게 피로연장에서 나와 호텔로 돌아가는 길에 아내에게 도금 시대가 지금의 현실과의 평행이론 같다는 얘기를 했다. 전례 없는 부의 불평등과 수많은 사회 문제가 마지막으로 불거진 시대였다.

포퓰리즘과 사회주의의 등장, 그리고 더욱 추악해지는 위선의 정치가 본격화된 게 이 시대부터라고 한다. 그 결말은 처참했다. 도금 시대의 종말과 함께 1893년 불황이 찾아왔다. 처참한 경제 공황은 이어지는 세계대전의 발판을 마련했다. 우리가 차를 타고 지나가는 이 맨션들은 사치와 불평등의 시대상을 고스란히 나타내고 있었다.

아내가 내 말을 듣고 있기나 한 건지 모르겠다.

✖

지난 몇 달간의 소란과 분노가 있었지만 월가는 다시 활기를 되찾았다. 대형은행들은 다음과 같은 골자의 보고서를 대거 발표했다.

> 경제 상황에 대한 자사의 전략적 입장은 건설적인 관점을 유지하는 것이다. 경제 지표상에서 경기 개선의 조짐이 유의미하게 나타나고, 리스크 프리미엄은 일반적으로 평균 이상으로 유지되며, 정부의 정책 지원은 공격적이고, 투자심리는 상당히 신중한 상태이기 때문이다. 자사는 이와 같은 긍정적인 견해를 표출하는 가장 좋은 방법이 기업 신용과 증권화 신용을 매수하고, 변동성이 큰 주식과 신용을 매도하며, 주식과 신용 지수를 업데이트하는 것이라 생각한다.
>
> — 모건 스탠리 리서치 리포트

인사팀 임원을 지내다 정리해고된 처남에게서 연락이 왔다. 데이

트레이더가 될 생각이란다. 매일 나에게 관련된 정보를 문자 메시지로 보낸다.

DFEN 좀 봐주세요

전체적으로 우량주에요

제가 10년 동안 TQQQ 주식들을 쭉 봐왔는데, 차라리 QQQ를 살 걸 그랬어요

3x 항공사 ETF를 찾고 있는데 안 보여서 그냥 TPOR를 샀어요

3x 구조의 원리가 어떻게 되는지 잘 모르는데, 혹시 아세요?

3주 만에 4만 4000달러를 9만 5000달러로 불렸어요

투자가 회사 일보다 훨씬 더 재미있네요

HZT 주가 보고 계세요? 제대로 대박인데요

이 친구 말대로라면 재미를 보고도 남을 듯싶다. 처남이 이렇게 흥분해 있는 모습 자체가 내게는 개미의 투자심리를 보여주는 시그널이다. 그래도 HZT가 대박을 터트린 게 아니라 제대로 망한 거라고는 말해줘야 할 것 같다. 이미 허츠 글로벌 홀딩스(미국의 렌터카 업체)는 코로나19 여파로 파산신청을 한 상태다. 허츠의 소유주인 사모펀드가 20억 달러 정도의 손실을 낸 모양이다.

파월 의장은 프린스턴대학교에서 주최한 온라인 질의응답에 참여했다.* 그는 연준의 조치를 옹호하는 발언을 펼쳤다. "연준은 전례 없는 과도한 조치들을 실행했습니다. 일단 이렇게 급한 불부터 끄고 구체적인 실행방안을 물색하는 것이 맞다고 확신합니다."

나는 마이애미로 돌아왔지만, 소프트뱅크의 실적발표 때문에 한밤중에 일어났다. 소프트뱅크는 도쿄에 본사를 두고 있다. 메신저에 로그인했는데 랍비가 이미 접속해 있었다. 그는 실적발표에 참여하는 걸 매우 좋아한다.

아. 실적이 개판이다. 비전 펀드는 가장 최근 회계 연도에 180억 달러에 가까운 손실을 보았다. 일본 회사로서는 지금껏 최악의 손실이다. 소프트뱅크는 소유하고 있는 대형 유니콘 기업들의 기업 가치를 대폭 낮춰야 했다. 위워크의 기업 가치는 올해 95퍼센트 하락했다.

손정의 회장은 두 번째 비전 펀드에 외부 투자자를 끌어들이지 않을 것이라는 추측에 대해 인정한 바 있다. 한때 그가 소프트뱅크가 IT 사업에서 손을 떼면서 이 펀드에 사활을 걸 것이라고 공언하기도 했다. 그런데 최근에 와서는 펀드에서 출자를 받는 신생기업 중 15개가 파산할 전망이라는 소식을 전했다.

실적발표를 위해 띄운 자료화면에, 하얀 유니콘들이 산을 뛰어오르는 모습이 보인다. 그런데 유니콘 중 두 마리가 빠져버린 도랑, 혹은 계곡도 나타났다. '코로나바이러스의 계곡'이라는 이름이 붙여졌다. 유니콘 한 마리만이 계곡을 벗어나 산을 올라간 것처럼 보인다. 손정의 회장은 온라인 청중들에게 "제가 설명해드리자면, 힘들게 오르막길을 오르던 유니콘들이 갑자기 코로나바이러스 계곡을 마주하

* www.rev.com/blog/transcripts/fed-chairman-jerome-powell-princeton-online-forum-transcript

게 되고, 그들은 그 계곡으로 떨어지고 있습니다"라고 말했다. 제리가 관심 있게 지켜본 위워크의 CEO 애덤 뉴먼은 소프트뱅크를 상대로 소송을 제기하면서 바쁜 나날을 보내게 될 것이다. 그는 소프트뱅크가 뉴먼 대표와 다른 주주들로부터 30억 달러 규모의 위워크 주식 매수 계약을 이행하지 않았다는 이유로 고소장을 냈다. 소프트뱅크는 자금난을 겪고 있는 위워크를 위해 구제금융 패키지를 제안했었지만, 위워크가 계약 조건을 이행하지 않는다는 점과 미국에서 법무부와 증권거래위원회의 조사를 받고 있다는 점을 이유로 주식 매입 계획을 철회한 것이다. 손정의 회장은 "뉴먼은 그를 비롯해 수천 명의 사람이 너무나 힘들게 만들어온 위워크에 힘을 실어주는 데 총력을 기울인 소프트뱅크, 그리고 소프트뱅크의 비전 펀드를 신뢰"했었지만, 결국 무모할 정도로 '뻔뻔한' 방만 경영으로 손정의 회장에게 실망만 안겨주었다.

거품이 터지기 시작하면 처참한 결말을 자주 맞이하게 된다는 교훈을 주는 사례다. 나는 컴퓨터를 끄고, 몇 시간이나마 눈을 붙이기 위해 자러 들어갔다.

✕

라이프코치가 느닷없이 비어퐁 게임이 하고 싶다고 했다. 그녀는 마이애미에 사무실을 알아보는 걸 도와주기 위해 마이애미에 와 있는 상태다. 내가 작은 사무실을 마련하면 좋겠다고 생각했기 때문이다. 음, 비어퐁을 하면 스트레스도 풀리고, 집 밖으로 나갈 구실도 생기고 괜찮겠다 싶었다. 사실 어젯밤에 부부싸움을 크게 했다. 코모도 식당에서 다른 세 커플과 저녁 식사를 함께하던 중이었는데, 캐럴라인이 완전히 정신 나간 사람처럼 화를 내며 소리를 지르기 시작한 것이다. 그녀는 한참 동안 내게 공격을 퍼부었다.

"제리 부부에 대해 어떻게 그렇게 신경을 안 쓸 수가 있어? 어쩜 그렇게 아무 생각 없이 앉아서 우쭐거릴 수 있어? 본인이 엄청 똑똑하다고 생각하는 것 같은데, 당신, 뭐가 그리 잘났어? 지금 다들 힘든 시기고, 당신도 도움 많이 받았잖아. 그런데도 어쩜 주변 사람들이 다들 얼마나 힘든데, 당신은 어떻게 다 무시하고 살아!"

그녀의 입에서 원한 서린 독설이 쉴 새 없이 쏟아져 나왔다. 아내처럼 진실하고 올곧은 사람에게서 미움을 받는 기분은 참 엿같다. 아내에게도 문제가 없는 건 아니다. 돈을 물 쓰듯 쓰고, 자기만의 기준만 내세우며 자기중심적일 때도 많다. 그러나 아내는 악한 사람은 아니다. 그런 사람의 입에서 쏟아지는 증오를, 특히 다른 사람들 앞에서 받아들이는 건 꽤 힘든 일이었다. 가족의 치부를 밖으로 드러내지 말아야 하는데, 이 금기를 깨버린 거다. 테킬라 한 잔씩을 주문했고, 잠시 후에 또 주문했다. 난처한 상황을 무마하는 단순한 방법이었다. 우리가 소호 비치 하우스 호텔에 도착했을 때 나는 완전히 만취한 상태였다.

이제 정신이 좀 돌아왔다. 끔찍한 숙취를 안고 차에 앉아 있다. 라이프코치와 함께 마이애미 북쪽에 있는 포트로더데일에 있는 술집으로 향하고 있다. 초봄에 있는 부활절 휴가 때 고주망태가 될 정도로 술을 마신 사람들이 와서 편하게 해장술을 마실 수 있는 곳이다. 내가 지금 가기에 딱 좋은 곳이다. 테킬라로 인한 두통이 어느 정도 해소될 듯싶다.

우리는 검은색 서버번 뒷좌석에 앉아 있다. 라이프코치는 핸드폰을 확인한다.

"소프트뱅크 소식 확인하는 거야?"

"아뇨. 새로운 펀드 개설 소식요."

"진짜?"

"네. 기회 성장 펀드opportunity growth fund라는 건데, 유색인종의 창업자나 기업가가 운영하는 회사에만 투자하는 거래요. 사회적 불안을 최대한 활용하려는 거죠."

"이건 또 무슨 개소리야?"

"이런 걸 정말 만든대요. 월가 기준으로 봐도 철저한 기회주의죠."

그녀는 잠시 멈추더니 내게 물었다. "어젯밤에 소호 하우스에 있었던 사람들이 누구였어요?"

"런던에서 알고 지내던 사람들."

"그 이탈리아 남자는요?"

"아츠 클럽에 있는 캐럴라인의 강사 중 한 명일 거야. 근데 왜?" 내가 물었다. 이런 질문을 하는 분위기가 영 불쾌하다.

"아, 확실한 건 아닌데. 그분하고 사모님이 좀 가까워 보여서요. 원래 사모님이 그런 성격이 아니잖아요. 그렇게 크게 웃고 하는 걸 전에 본 적이 없어서…. 별 거 아닐 거예요. 그냥 생각이 나서….”

우리는 아무 말 하지 않았다. 그때 마침 내 전화가 울렸다. 증시에 대한 논평을 부탁하는 어느 기자의 전화였다.

우리는 바에 도착했다. 사람들로 꽤 북적였다. 아마 여기 있는 사람들 대부분이 직업이 없을 거란 생각이 들었다. 술을 몇 잔 마셨더니 아드레날린이 흘러들어오는 기분이었다. 간밤에 하도 마셔서 혈액순환이 안 되는 것 같고 답답했는데, 술을 들이켜니 몸 안에 다시 피가 도는 기분이다. 부어라, 마셔라, 신나게 놀자. 이런 날에는 정신을 놓고 논다. 사고를 칠 수도 있다.

라이프코치는 상태가 좋아 보인다. 폭탄주를 말고 있다. 어느새 사람들의 환호를 받고 있다.

그녀가 차 안에서 한 말이 뇌리를 떠나지 않는다. 술기운까지 있다보니 이상한 상상마저 든다. 생각해보니 우리 부부가 외출할 때면, 여러 차례 생뚱맞은 장소에서 그가 어김없이 나타나는 것 같았다. 게다가 아내는 그 빌어먹을 헬스장에서 시간을 가장 많이 보내고 있다. 직장이 런던인 그 인간은 대체 마이애미까지 와서 뭐 하는 거지? 제길, 아내는 가끔 나한테 이상한 문자라도 와 있는지 보려고 내 핸드폰을 뒤진다. 그런데 빌미를 잡힐 만한 게 나온 지도 꽤 됐다. 이제부턴 내가 아내 핸드폰을 뒤져야 하는 건가? 저번에 카드 내역을 확인해보니 내가 라스베이거스에 갔을 때 소호 팜 하우스에서 돈을 쓴 흔적이 있었다. 대체 누구랑 있었던 거야?

문득 라스베이거스 여행이 생각났다. 비어퐁 게임을 같이 하던 한심한 청년들. 불쌍한 놈들, 게임에서 이기지도 못하고, 대학도 졸업하지 못한 인간들. 지금쯤이면 직장도 못 구하고 빈털터리가 됐을 것이다. 과거에 연준이 이런 문제에 대해 조사한 적이 있었다. 경제위기와 같은 불경기에 대학을 졸업하는 사람들에게는 평생 불운이 따라다닌다는 것이다. 평생 수입에도 영향을 주면서 여생을 괴롭힌다. 단순히 경제적으로만 힘든 게 아니다. 중년이 되면 불황기 졸업생들은 적게 벌고 더 많이 일한다. 결혼할 가능성도 적어지고, 중년이 되면 사망률이 더 높다. 절망사로 죽게 될 확률도 높다. 파리에 있는 내 친구 하나도 절망사로 여생을 마칠 것 같다는 얘길 했다. 불혹의 나이에 평생의 꿈이 산산조각이 나면 절망의 늪에서 빠져나오기 힘들 것이다. 인간답게 살고 싶다는 희망은 점차 짓밟힌 채 날마다 송장처럼 살아갈 것이다.

테킬라를 더 마시니 미국의 빨라지는 '부채 시계'가 뇌리를 스친다. 실적이 바닥을 치는 PnL을 분석하는 날 같은 느낌이다. 라스베이거스에 다녀온 이후로 미국의 빚이 엄청나게 늘었다. 연말까지는 29~30조 달러에 이를 것으로 보인다. 부채 시계가 아직도 째깍대며 작동하고 있는지, 라스베이거스 스트립의 영업 시설을 폐쇄한 이후에는 국채 현황이 표시되던 그 전광판을 아예 꺼버렸는지 모르겠다.

낮술은 곧 밤술이 되어 진짜로 술이 떡이 되도록 마셨다. 코가 비뚤어질 정도로 퍼마셨고, 비어퐁 게임도 개차반이 되었다. 입에서 식초처럼 신맛이 느껴진다.

￼

워런 버핏의 이야기 중에서 플로리다대학교의 워싱턴경영대학에서 그가 했던 연설*을 가장 좋아한다. CNBC에서 방영되어 유명해지기도 했다.

그는 청중에게 큰 통에 58억 개의 공이 있는 모습을 상상해보라고 했다. 당시 세계 인구가 58억 명이었는데, 각자에게 주어진 한 개씩의 공이 통 안에 들어 있다. 비어퐁에 사용하는 탁구공과 같은 크기의 작은 공들이다. 각 공에는 각자의 운명이 적혀 있고, 각 공에 따라 각자의 출생지, IQ, 성별, 인종, 특기, 그리고 부모가 정해진다.

"여러분이 자신의 공을 통에 다시 넣을 수 있고, 사람들이 임의로 꺼낸 100개의 공들 중의 하나를 다시 선택해야 하는 상황에서, 자신의 공을 다시 통에 넣겠습니까?" 그가 물었다.

자신이 어떤 공을 고를지 모르는 것 외에 또 다른 함정이 있다. "그 100개의 공 중 5개는 미국인으로 살아갈 운명을 나타냅니다. 따라서 미국에 살고 싶은 사람은 그 5개 중 하나를 선택해야 할 것입니다." 100개의 공 중에서 "절반은 여성, 나머지 절반은 남성입니다. 또한 100개 중에 절반은 지능이 평균 이하, 나머지 절반은 지능이 평균 이상입니다"라고 설명했다.

---

* 1998년 워런 버핏이 플로리다대학교의 워링턴 경영대학에서 한 연설. www.youtube.com/watch?v=2MHIcabnjrA

그는 학생들에게 다시 물었다. "그럼 혹시 모를 리스크를 떠안고 공을 한 번 더 골라보겠습니까? 자신의 인생을 다시 한번 선택해보겠습니까?"

그는 이렇게 이어갔다.

"대부분은 공을 돌려놓고 싶어 하지 않을 것입니다. 그 말은 여러분은 지금 세계에서 가장 운이 좋은 1퍼센트라는 것입니다. 세계의 상위 1퍼센트라는 거죠."

맞는 말이다. 나도 내 공을 통에 다시 넣지 않을 것이다.

하지만 더 나은 삶을 위해 위험을 감수하면서 전면 공격을 마다하지 않으려는 사람도 많다. 지금의 열악한 삶에서 벗어날 길이 없는 사회적 약자라면, 충분히 다른 공을 선택하고 싶을 수 있다. 과감히 자신의 운을 시험해보는 것이다.

지금처럼 부의 양극화가 심화한다면, 아마 더 많은 사람이 다른 공을 고르고 싶다고 생각할 것이다. 오바마 전 대통령은 불평등이야말로 '우리 시대의 결정적인 문제'라고 말했다. 그러나 민주당과 공화당 정권을 거치면서 양적완화가 본격화되고 자금조달이 쉬워지자 불평등은 계속 악화되었다. 그 과정에서 우리 모두가 혼란스러워했다. 우파 대 좌파, 민주당의 상징색 파랑과 공화당의 상징색 빨강의 대결이려니 했지만, 그건 틀린 생각이었다. 그것은 계급전쟁에 가까웠고, 우리 시대의 집단적 의식ethos에 대한 전면 공격을 가한 셈이었다.

안타까운 부분이다. 수조 달러의 막대한 금액이 최근 지출된 분야를 살펴보라. 교육 혹은 미래 세대가 더 나은 환경에서 살 수 있도록 하는 부문에는 쓰이지 않았다. 지출액은 전부 다 현상 유지를 위해 쓰였다. 규모만 큰 밴드에이드 솔루션에 지나지 않았다.

부채를 키우는 현재의 접근은 경제 성장을 전제로 한다. 경제가 성장하다 보면 부채에서 벗어날 수 있다는 논리다. 경기가 풀리면 빚을 갚을 수 있게 될 것이고, 그렇게 되면 모든 게 잘 풀린다는 논리다. 하지만 그건 허황된 꿈이다. 절대 일어나지 않을 이상적인 시나리오일 뿐이다. 미국 경제가 회복되려면 10년이 걸릴 수 있다. 미국의 초당파적 조직인 의회 예산처에서는 현재의 경기 침체가 2029년 4분기까지는 회복되지 않을 것이라고 분석했다. 상황이 회복되지 않더라도 크게 상관없다고 주장하는 사람들도 있다. 그저 돈을 더 풀고 더 지출하면 된다는 주장이다.

바로 어제, 2020년 6월 16일, 파월 의장은 의회에 다음과 같이 경고했다.[*]

> 미국 연방 예산은 수년째 지속 불가능한 길을 걷고 있다. 이는 경제 성장 속도보다 부채가 더 빠르게 증가하고 있고, 따라서 GDP 대비 부채 비율이 상승하고 있다는 의미다. 다시 말해 미국 연방 예산은 지속 불가능한 경

---

[*] 미 상원의 은행, 주택 및 도시 문제 위원회U.S. Senate Banking, Housing, and Urban Affairs Committee 앞 제롬 파월 의장의 연설, 2020. 6. 16.영상: www.banking.senate.gov; 대본: www.rev.com/blog/transcripts/jerome-powell-semiannual-monetary-policy-testimony-transcript.

로에 있다. … 경기 침체는 모든 미국인을 동일한 수준으로 강타하지 않았다. 경기 침체 상황을 극복할 여력이 가장 없는 계층이 가장 큰 영향을 받았다.

두 마리 토끼를 다 잡을 수 있다는 생각, 현재 일어나는 현상에 대해서는 어떠한 대가도 치를 필요가 없다는 생각. 이 두 가지가 나를 진정으로 힘들게 한다. 경기 침체가 우리에게 다가올 때마다 중앙은행들은 그저 돈을 더 찍어내고, 우리는 그 돈으로 더 많이 지출할 수 있게 된다.

그러나 무엇보다도 마이너스 금리, 양적완화, 그리고 적자 지출에 대한 정책들이 근본적인 경제 엔진에 손상을 입히고 있다. 자본을 엉뚱하게 할당하고, 불평등을 초래하며, 저축에 대한 의지를 꺾고, 열심히 일하는 것보다 많은 돈을 빠르게 버는 것이 더 낫다고 주입한다. 그리고 아메리칸드림을 짓밟아버린다.

지금 시대의 흐름과 맞아떨어지는 부분도 있는 듯하다. 누구나 실제보다 더 있어 보이고 멋있어 보이고 싶은 욕구가 있다. 그러다 보니 장밋빛 색안경을 끼고 세상을 바라보려는 경향이 있다. 이것이 진정 현재의 시대상이 아니겠는가. SNS와 리얼리티 방송, 그리고 대통령이 강조하는 '역대 최고의 미국 경제'에 이르기까지 피하고 싶어도 피할 수 없는 게 바로 이 허세욕과 과시욕인 것 같다.

바로 이 점에 대해 사람들은 잘 모르는 듯하다. 양적완화와 재정지출은 새로운 차원의 대량살상무기다. 새로운 부채담보부증권인 셈이다. 매일 돈이 풀리고 재정지출이 실행되는 동안 사람들은 승자와 패자로 갈리게 된다.

내가 연준을 비난하는 건 부당한 면이 없지 않다. 결국 연준도 중앙은행으로서 주어진 임무를 수행하는 게 아닌가. 국민이 힘들지 않게 하려는 선한 의도를 갖고 있다. 이때 반드시 규칙을 따라야 하는데, 불행하게도 그 규칙에서 제안하는 선택지는 몇 개 되지 않는다. 고작해야 금리를 조정하고, 돈을 더 찍어내고, 자산을 더 매입하는 것 외엔 손을 쓸 방법이 없다. 그런데 이 모든 조치는 결국 주가와 채권 가격을 높이고 만다. 그러니 지극히 평범한 사람들에게 보탬이 될 수 있는 능력이 연준에는 없다.

그렇다면 그 능력은 누구의 손에 있을까. 상원 및 하원 의원들을 비롯한 의회의 공직자들에게 세금을 부과하고, 재정지출을 집행할 수 있는 능력, 지출을 통제하고 입법할 수 있는 권한이 있다. 하지만 정치판은 지저분하다. 정치인들이 문제를 바로잡으리라 기대할 수 없다. 그들은 국민을 진심으로 헤아리지 않는다.

그렇다. 이게 현실이다. 약자들을 비롯한 대부분의 사람이 시대에 역행하고 있다. 그들에게 불리한 규정과 정책만 늘어갈 뿐이다. 카지노에서 도박을 할 때 어떻게든 주야장천 버티면 원금이라도 돌려받으리라 생각하는 사람들인 셈이다. 한편 규칙에 따라 돈을 많이 따는 사람들은 결국 돈을 계속 따기 위해 편법과 술수를 쓰고 만다.

내 글은 여기에서 마칠까 한다. 시대적으로 중요한 시점을 포착하면 좋을 것 같다는 생각에 시작한 글이었다. 금융제도가 자기 꾀에 자기가 넘어가는 줄도 모른 채 붕괴하고, 전 세계의 금융 히어로들은 세상을 구할 수 없는데 그들만 믿었던 이들이 결국 히어로들의 실체를 알고 진정한 현실을 보게 되는 의미 있고 중요한 순간을 분석하고 기념하고 싶었다.

음, 그런데 내가 꿈꿨던 결말은 나타나지 않았다. 대신 3300만 명이 실직하고, 불만을 품은 시민들은 거리에서 시위를 벌이며, 빈부격차는 어느 때보다 커지고, 시장은 다시 고점을 찍고 있다. 결과적으로 역사상 가장 큰 '부의 이동'이 일어났다. 하지만 이런 현상들은 내가 머리 싸매고 고민할 문제는 아니다. 서두에서 언급했듯, 내 직업은 주어진 돈다발을 돈더미로 만드는 일이다. 내 미션은 성공이다. 이 바닥의 게임의 법칙을 꿰고 있는 나로서는 순조롭게 내 일을 해냈고, 지난 몇 차례의 경제위기 때처럼 다가올 위기에서도 내 역할을 잘 해낼 것이다. 지금이 내 전성기다. 나는 이 분야에서 최고가 되겠다는 마음으로 발을 들였다. 그 꿈을 이뤘다고 자부한다.

VIP 카지노 호스트 모에게서 문자 메시지가 왔다. 라스베이거스 수영장이 곧 있으면 개방한다는 소식이었다. 슬슬 여행 준비나 해야겠다.

주식 용어

AUM: 운용자산규모assets under management

BOJ: 일본은행Bank of Japan

Call rate(콜금리): 일시적으로 자금이 부족한 금융기관이, 자금이 남는 다른 곳에 자금을 빌려달라고 요청하는 것이 콜(call)이며, 이러한 금융기관간에 발생한 과부족 자금을 거래하는 시장이 콜시장이다. 콜금리는 콜시장에 적용되는 금리로, 급등 시에는 실물 경제에 타격을 줄 수 있다.

CAD: 캐나다 달러Canadian dollar

CDO: 부채담보부증권collateralized debt obligation. 회사채나 대출채권 등 기업의 채무를 기초자산으로 유동화증권을 발행하는 금융기법의 한 종류

CDS: 신용부도스왑credit default swap. 채무 불이행과 같은 신용위험에 대비하기 위한 일종의 신용파생상품의 일종

CLO: 대출채권담보부증권collateralized loan obligation, 대출채권을 기초자산으로 하는 부채담보부증권의 한 종류

ECB: 유럽중앙은행European Central Bank

EM: 신흥 시장, 신흥국emerging markets

Eurostoxx(유로스톡스) 50: 유럽의 50개 우량주로 구성된 주가 지수. 필립스, 아디다스, BMW 등이 포함된다.

EWZ: 브라질 시장 전체를 추종하는 아이쉐어즈 ETF의 티커명

FANG: 페이스북Facebook, 아마존Amazon, 넷플릭스Netflix, 구글Google의 앞 글자로, '빅테크'를 대표하는 네 기업의 주식을 통칭한다. 여기에 애플Apple까 지 포함해 'FAANG'으로 일컫기도 한다.

FRA-OIS 스프레드: 3개월 리보금리(은행 간 대출금리)와 1일 단기금리(중앙은행 이 설정하는 무위험 지표 금리)의 차이를 나타낸다. 이 수치가 높을수록 유동성이 경색되어 자금조달이 어려워지고, 경기 침체를 야기할 수 있다.

GBP: 영국 파운드화. 영국의 공식 화폐로 별칭으로 '파운드', '스털링', '케이블' 이라고 한다.

GFC: 글로벌 금융위기global financial crisis

HY: 신용도가 낮은 하이일드high yield 채권. 리스크가 큰 하이일드 채권의 금 리와 리스크가 가장 적은 국채금리의 차이를 '하이일드 스프레드'라고 하며, 대 체로 이 수치가 클수록 증시는 하락한다.

IG: 투자 등급investment grade. 신용평가사에서 BBB등급 이상으로 평가한 채 권을 말하며, 투자 적격 등급이라고도 한다.

LTROs: 유럽중앙은행의 장기대출프로그램long-term refinancing operations

MAGA: 미국을 다시 위대하게make America great again

MXN: 멕시코의 화폐 단위인 페소

Nikkei(니케이) : 도쿄증권거래소의 주가 지수 중 하나

NOK: 노르웨이의 화폐 단위인 크로네

PBOC: 런민은행. 중국의 중앙은행

RUB: 러시아의 화폐 단위인 루블

SNB: 스위스 중앙은행Swiss National Bank

S&P 500: 뉴욕증권거래소에 상장된 500개 대기업의 주가를 추종하는 지수

QE: 양적완화quantitative easing. 중앙은행 또는 이에 준하는 통화 발권 기관이 화폐를 발행한 후, 그 화폐로 국채나 민간이 가지고 있는 일정 신용등급 이상의 채권을 매입하여 통화량을 늘리는 적극적인 통화정책이다.

Sharpe ratio(샤프 비율): 위험 대비 투자 수익률을 이해하는 데 도움이 되도록 설계된 비율로, 샤프 지수라고도 한다. 샤프 지수가 높을 수록 더 적은 리스크로 더 높은 수익률을 내는 것이라고 볼 수 있다.

TLTROs: 유럽중앙은행의 장기대출 프로그램targeted longer-term refinancing operations

US10s: 미국 10년물 국고채US Ten Year Treasury Notes

VIX: 시카고옵션거래소에 상장된 S&P 500 지수옵션의 향후 30일간의 변동성에 대한 시장의 기대를 나타내는 수치로, '공포 지수'라고도 한다. 지수가 높을수록 시장에 공포가 만연하다는 의미다.

ZAR: 남아프리카 공화국의 화폐 단위인 란드

감사의 글

시장 추세(그리고 인생)의 방향을 예측하고 수익을 내도록 물심양면으로 도와준 우리 직원들, 그리고 전폭적인 사랑과 지지를 보내준 가족에게 깊은 감사를 전한다. 내 생각을 글로 옮기도록 영감을 주고 편집장 역할을 자처한 딸 빅토리아에게 아빠로서 특별한 감사를 표한다. 이 책의 내용 전반에 걸쳐 자문을 아끼지 않은 라이언 맥코트에도 감사하다. 마지막으로 이 책이 세상의 빛을 보게 해준 크레이그 피어스와 해리먼하우스 출판사에 깊은 감사를 전한다.